Découvrez l'histoire par les archives de presse

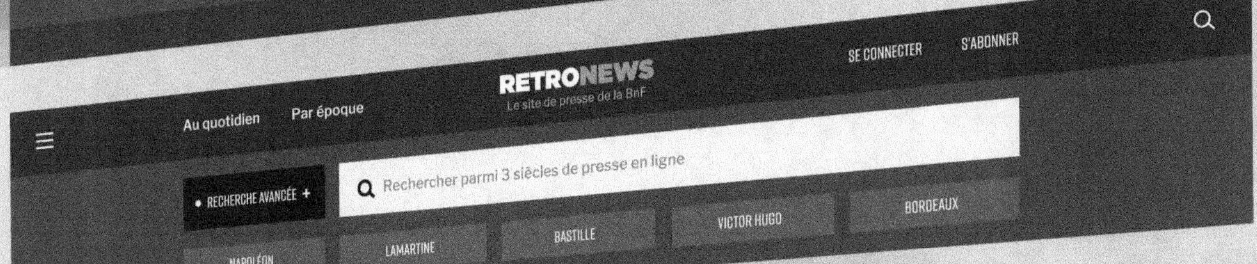

RETRONEWS

Le site de presse de la BnF

www.retronews.fr

REVUE

DU

DAUPHINÉ.

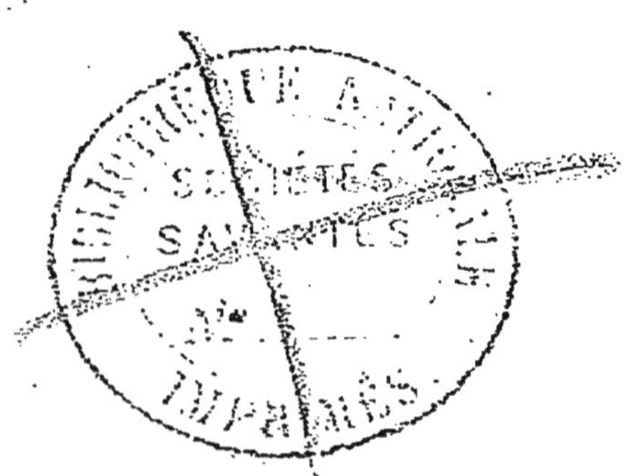

IMPRIMERIE
de BOREL
VALENCE

REVUE

DU

DAUPHINÉ

PUBLIÉE SOUS LA DIRECTION

DE MM. OLLIVIER JULES ET COLOMB DE BATINES.

TOME CINQUIÈME.

GRENOBLE,

REY-GIRAUD, LIBRAIRE, PLACE SAINT-ANDRÉ.

VALENCE,

L. BOREL, IMPRIM., RUE SAINTE-MARIE.

M DCCC XXXIX.

AVERTISSEMENT.

————◆◆◆————

Depuis sa création, la *Revue du Dauphiné* s'est efforcée de remplir les engagemens qu'elle a formulés au commencement de sa carrière[1]; elle s'est attachée surtout, parmi ses diverses investigations littéraires, à réunir des documens historiques, qui, peut-être, un jour, ne seront pas sans utilité aux yeux des personnes qui se livreront à l'étude des annales de la province. Mais cette direction serait incomplète si elle n'embrassait dans le cercle de ses recherches une des plus fécondes spécialités historiques, la *biographie*. De nouvelles mesures prises par les directeurs de la *Revue* vont leur permettre de publier

---

[1] Voyez l'*Introduction*, en tête du tome I de la *Revue du Dauphiné*.

une série d'articles biographiques, dont la réunion formera une biographie complète de la province divisée par départemens : le département de l'Isère aura la priorité. Des investigations faites au sein des dépôts publics et particuliers donneront aussi la facilité de livrer à la publicité un plus grand nombre de pièces historiques originales ; documens dont on apprécie chaque jour davantage l'importance, parce qu'eux seuls nous offrent la véridique et fidèle image du passé. La réunion de tous ces élémens fera un jour de la *Revue du Dauphiné* une véritable bibliothèque historique de la province, que l'on ne consultera pas sans fruit et sans intérêt.

Tous les matériaux dont il vient d'être question, quelles que soient leur utilité et leur valeur sous le point de vue historique, offriraient peut-être un caractère trop empreint de gravité et propre à procurer à l'esprit une instruction solide plutôt qu'une récréation agréable et variée. Il sera facile de parer à cet inconvénient en introduisant dans la *Revue* quelques récits dramatiques puisés dans les annales du pays, et divers articles d'observation critique empruntés à la chronique contemporaine. Toutes ces ressources nous seront offertes par la plume des nouveaux collaborateurs que s'est attachés la *Revue.*

Les Directeurs de la Revue du Dauphiné,

OLLIVIER Jules, COLOMB DE BATINES.

Grenoble, le 1er janvier 1839.

REVUE

DU

DAUPHINÉ.

SOUVENIRS LITTÉRAIRES
de la Révolution
EN DAUPHINÉ.

Parmi tant de grandes choses que la Révolution a faites, elle en a enfanté de si cruelles et de si flétrissantes, que les esprits prévenus ou sans portée, n'arrêtant leurs regards que sur ses excès, l'ont frappée de leur réprobation, sans lui tenir compte du bien immense qu'elle a produit. Lorsqu'un ébranlement aussi énergique que celui qui vint, en 1789, agiter la France jusque dans ses plus profondes entrailles, régénère tout un peuple, brise ses mœurs antiques, sa législation, son gouvernement, pour lui créer une vie nouvelle, une aussi complète rénovation ne peut s'opérer sans froissemens et sans déchiremens. D'ailleurs, où a-t-on vu qu'une grande nation, fatiguée de son passé, émue de ces incroyables agitations que la Providence envoie de temps à autre à la société humaine, afin de retremper les ressorts de sa vitalité, se lève en masse pour rompre ce qui lui pèse, sans faire répandre bien des larmes et bien du sang? C'est là sans doute une triste condition des révolutions, mais c'est une condition inévitable que ne détruiront jamais les rêveries des économistes et des inventeurs d'utopies politiques, parce qu'elle émane de la constitution même de l'homme, qui est d'être imparfaite et vicieuse.

La Révolution française offre tour-à-tour, dans le cours de son existence, des phases d'élévation, de force et de puissance, d'abaissement, de folie et de cruauté, dont le phénomène a trouvé de nombreux et bien souvent de trop passionnés interprètes; mais les incroyables niaiseries proférées pompeusement dans le sein de ses assemblées, la grammaire hybride de son vocabulaire parlementaire, les absurdités théâtrales de ses cérémonies publiques, les parodies bouffonnes des souvenirs de la Grèce et de Rome étalées aux jours de ses solennités, n'ont jamais trouvé de plume vengeresse qui, dans une nouvelle *Satire Ménippée*, les ait condamnées au ridicule et au sarcasme. On retrouve, il est vrai, dans les *Actes des Apôtres* quelques étincelles de cette mordante et fine plaisanterie à laquelle les ingénieux railleurs du XVIe siècle livrèrent la démence de la Ligue; mais on voit que la terreur ne tarda pas à étouffer le libre essor de leur verve. D'ailleurs, le ridicule s'offrait mêlé à tant d'atrocités, que l'on ne devait guère avoir l'envie de rire ni le courage d'écrire une *Satire Ménippée* en face de la guillotine.

Les leçons du passé n'ont jamais empêché une sottise de se faire, un crime de se commettre; aussi les déclamations que l'on a écrites sur les excès de la Révolution ne seront-elles pas un obstacle à ce que les mêmes sanglantes aberrations ne se reproduisent un jour avec les mêmes conditions. Une expérience de six mille ans est là pour prouver aux Amadis de la perfectibilité que les hommes ont toujours été et seront toujours les mêmes dans les mêmes circonstances. Mais un livre qui nous retracerait les ridicules de la Révolution serait peut-être une plus sage et plus utile leçon que celui qui nous en dépeindrait les fureurs, parce que les hommes sont ainsi faits qu'ils rougissent plus facilement d'un ridicule que d'une méchanceté.

Les matériaux ne manqueraient pas pour alimenter les pages de cet immense recueil de nos folies : il suffirait de puiser à pleines mains dans les archives révolutionnaires, pour y trouver des lois et des décrets d'une incroyable imbécillité, des harangues empruntées aux tréteaux de la foire, des libelles écrits en style de taverne avec une plume trempée dans la fange, des productions littéraires modèles d'emphase, de bouffonnerie et des plus étranges logomachies, des programmes de fêtes civiques et religieuses rédigés par les bâtards avilis de *Diafoirus*. Qui ne connaît le décret du 19 brumaire an II, qui invite à faire des *offrandes à la patrie en chemise,* celui du 14 mars 1793, qui permet *de faire des culottes de toute étoffe,* cet autre du 15 septembre 1793, par lequel la Convention *renonce à toute idée de philanthropie,* enfin ce miraculeux décret, qui serait une excellente facétie si la monstruosité de la bêtise pouvait être facétieuse, ce décret qui déclare *Williams Pitt ennemi du genre humain?* Qui n'a ouï parler des motions burlesques faites à la Convention et dans les assemblées populaires? Qui n'a lu le récit de cette insolente farce, inouie dans les annales des extravagances humaines, dans laquelle, au nom de trente millions d'hommes, leurs représentans eurent l'audace de reconnaître l'existence de l'Être suprême et de célébrer avec pompe cette immense découverte de la civilisation moderne? En voilà un progrès bien fait pour servir de preuve à la perfectibilité indéfinie de la société! Et que l'on ne dise pas, pour trouver une excuse à toutes ces monstrueuses et atroces folies, qu'elles eurent pour organe la classe la plus grossière et la plus ignorante de la nation, qui, toujours aveugle en ses fureurs, n'est qu'un outil que font mouvoir des mains intelligentes. Non certes! elles éclatèrent en pleine civilisation, alors que les sciences et les arts étaient arrivés à leur plus haut point de perfection, et leurs instigateurs furent les esprits les plus cultivés de la France. Celui qui, du haut de la tribune nationale, demanda et obtint la destruction des richesses littéraires de l'État, n'était pas un homme vulgaire, de bas lieu et de petit entendement : le marquis de Condorcet n'était-il pas un des membres les plus illustres de l'Académie des sciences? C'est qu'à vrai dire, le corps social, comme celui de l'homme, quelque saine et robuste que soit sa constitution, n'est pas à l'abri des envahissemens d'une fièvre soudaine qui jette le transport et le délire dans ses facultés, sans que l'on puisse découvrir la cause de cet inexplicable phénomène.

C'est parmi les monumens sortis des assemblées populaires et des presses des départemens que s'offrent en foule les documens originaux des extravagances révolutionnaires, et ceux que je vais citer, pris au hasard au milieu d'une immense collection de pièces fugitives formée sur la révolution en Dauphiné [1], feront voir tout le parti que saurait en tirer une plume intelligente, en fouillant dans ces étables d'Augias.

La première pièce est un rapport fait à la *Société des surveillans de Valence*, le 13 février 1791, par son comité de correspondance, sur *l'installation de la Société de surveillance au bourg de Loriol*. Le style furibond des cannibales de la terreur n'était pas encore devenu le style officiel et de rigueur pour tout bon patriote qui voulait faire éclater son civisme; tandis que le genre pastoral et sentimental semblait avoir été adopté pour exprimer l'effusion de tendresse fraternelle des heureux citoyens d'une république naissante. Le rapport fait à la *Société des surveillans de Valence* est orné d'un fleuron symbolique représentant un œil entouré de branches de chêne, et surmonté d'un bonnet de la liberté que le burin naïf de l'artiste a fort exactement configuré comme un bonnet de coton; on lit au-dessous de cette légende :

---

[1] Cette collection, composée de plusieurs milliers de pièces, appartient à l'auteur de cet article.

Sous l'œil de l'Être suprême [1]. L'Être suprême était encore à la mode; il devait être supprimé peu de temps après comme une superfluité gothique, et de nouveau reproduit à la lumière comme une institution bonne à conserver. N'oublions pas que tout cela se faisait par les ordres de l'élite de la France, la Convention nationale.

La Société des frères surveillans de Valence, jalouse de se reproduire en créant d'autres sociétés sorties de son sein, afin d'étendre par ce moyen les réseaux de son institution sur toutes les populations, avait donné à quelques-uns de ses membres la mission de fonder au bourg de Loriol une *surveillance*, et c'est le récit de l'installation de cette *surveillance*, rédigé par son comité de correspondance, que l'on va lire : il sera reproduit *textuellement*, parce que mutiler ou analyser des documens de ce genre, c'est les déflorer et leur enlever ce caractère d'originalité qui fait tout leur mérite; seulement les noms ne seront pas révélés, parce que quelques-uns pourraient éveiller des susceptibilités ou froisser quelques amours-propres. Il eût été facile de montrer à nu ces visages menteurs qui ont changé de masque selon les circonstances, et les intérêts de la justice et de la vérité eussent exigé peut-être que l'on eût flagellé au vif ces bateleurs politiques, sans-culottes sanguinaires en 1793, barons de l'empire et adorateurs du despotisme sous Bonaparte, dévots congréganistes sous la Restauration. On nous tiendra compte, je l'espère, de notre discrétion. Voici le rapport du comité de correspondance de la Société de surveillance de Valence dans toute sa pureté :

« FRÈRES,

» Vous avez été témoins mardi dernier, de notre séparation
» douloureuse d'avec nos Frères chéris, Amiel et Duprat, Députés
» d'Avignon.

[1] *Rapport fait à la Société des Surveillans, le dimanche 13 février 1791, par son Comité de correspondance.* Valence, impr. de P. Aurel, 1791, in-4° de 4 p.

» Précédés d'une musique militaire, ils ont traversé Valence et
» le faux bourg *Saunière,* couverts du bonnet de la liberté :
» les mains des patriotes ont applaudi, et celles des aristocrates
» se sont crispées de dépit et de rage. Tous nos Frères de la sur-
» veillance qui formoient le cortège de ces hommes, idolâtres de
» notre Constitution, leur ont donné le baiser fraternel et ont
» suivi long-temps des yeux, le char qui reportoit dans leurs
» foyers ces vrais Amis de notre liberté, en faisant les vœux les
» plus ardents pour leur conservation.

» Pour embellir leur triomphe, plusieurs de nous se sont
» attachés à leur char, mais loin de ressembler à ces esclaves
» malheureux qu'autrefois un vainqueur féroce, traînoit à sa
» suite orgueilleuse, nous n'avions pour chaînes que la douce et
» sainte amitié.

» Ils étoient ainsi que nous, attendus à *Loriol, Loriol* qui est
» digne d'être l'Émule des Surveillans par son Patriotisme, brûloit
» de semer quelques fleurs sur les pas de nos bons Amis, et de
» renouveller dans ses murs, les fêtes d'Athènes et de Sparte.

» Ni le vent glacial qui régnoit alors, ni les tourbillons de
» poussière qui nous déroboient les rayons du soleil, ne nous ont
» point empêché de conserver notre gaieté fraternelle, ni de
» goûter d'avance les plaisirs qui nous attendoient.

» Arrivés à un mille de ce Bourg si justement renommé pour
» son Patriotisme, Nous avons été reçus par MM. les Maires et
» Officiers Municipaux : nos Frères d'armes de Loriol, de Livron
» d'Ambonil, de Miremande, de Cliou, de Saulce, embellissoient
» notre marche, et nous avons traversé les principales rues de
» ce Bourg, électrisé par son Civisme et son Amour pour nos
» nouvelles Lois, au son des Cimbales bien sonnantes de la Jubi-
» lation.

» Nous avons tous donné la plus tendre Accolade à un jeune
» *Catalpa* (arbre d'amérique) planté par des mains patriotes, le
» jour-même où brilla l'aurore de notre liberté : ce superbe arbre

» grandira comme elle, il sera comme le *Laurier* que la foudre
» n'ose frapper, et nos neveux liront sur son écorce endurcie ces
» mots sacrés, *la Liberté.*

» Nous nous sommes ensuite rendus dans une salle où nous
» attendoit un Banquet Civique.

» On voyoit briller sur ses murs, des emblêmes tracés avec un
» stile de feu : je dois les rapporter ici, pour satisfaire à vos
» désirs. Tel étoit le quatrain amical, que la Muse de Loriol avoit
» puisé dans son hypocrène.

I.

» Loriol; l'horreur, l'effroi de tout mauvais François.
» Est l'Éternel Ami du brave Avignonois,
» Cher Amiel, cher Duprat, témoins de notre ivresse.
» A vos Concitoyens portez notre tendresse,

II.

» La Constitution Françoise, sera bien-tôt la Constitution Uni-
» verselle.

III.

» Le Patriotisme et la Surveillance peuvent seuls resserrer les
» liens de la fraternité.

IIII.

» L'amour de la Liberté, élève l'ame des plus simples mortels
» et les rend intrépides.

» Après avoir parcouru rapidement ces Devises frappantes, qui
» se sont aussi-tôt gravées dans nos cœurs; nous sommes entrés
» dans une salle voisine, pour y tenir séance Patriotique et y
» recevoir *Surveillant,* nos excellents voisins.

» Le Frère Faujas a été nommé par acclamation *Surveillant* en
» exercice, c'est-à-dire Président de l'assemblée. Nous avons

» librement discuté sur l'admission des sujets proposés, et nous
» les avons fait entrer pour entendre notre réglement : ils ont
» tous prêté et chacun individuellement le serment Civique, et
» au même instant, ils se sont couverts du bonnet de la Liberté;
» ils étoient au nombre de trente.

» Pendant le festin la Muse de Loriol a repris sa lyre Patrio-
» tique, et a rempli les voûtes du Cénacle de ses plus tendres
» accents. Cette immortelle Romance sera déposée dans nos
» fastes.

» La Muse Valentinoise a fait tous ses efforts, pour répondre
» d'une manière digne, d'elle, à ce Cantique de jubilation; et un
» de nos Frères brûlant d'un feu tout divin, s'est distingué dans
» notre aimable Agape.

» Au milieu des Motions, plus ou moins délicieuses, qui rani-
» moient les convives, nous devons, Frères, vous rapporter
» celle-ci.

» Le mardi, improprement dit, *mardi-gras*, se nommera doré-
» navant le mardi de la fraternité; et tous les ans nos Frères de
» Valence, viendront à Loriol, célébrer la même fête.

» *Cet Autre.*

» La religion fait le bonheur des Empires. Des imposteurs
» courent dans les palais comme dans les chaumières, et disent,
» que, des mains sacrilèges ont brisé l'autel du vrai Dieu :
» Prouvons-leur, Frères, qu'ils ont blasphémé, et courons
» embrasser cet autel qui sera toujours l'asile des ames sensibles
» et pures. Qu'ils y viennent ces hommes qu'un seul point sépare
» encore de nous, quant au dogme, mais qui professent la même
» morale ! qu'ils soient témoins de nos cantiques, comme nous
» le serons des leurs !

» Tous les convives se sont rendus alors à l'Église avec leurs
» Frères les Protestans. M. le Curé a applaudi à cette démarche

» aussi morale que religieuse, et nous avons chanté le *Te Deum*.
» Chaque verset étoit répété en françois par nos Frères, et le
» Dieu de tous les François a reçu l'humble encens de tous.
» M. le Curé est ensuite monté en chaire, et ami de la tolérance,
» parce que la tolérance est fille de l'Évangile, il a paraphrasé
» avec beaucoup de tendresse, le Cantique de Simeon.

» De longs embrassemens ont terminé cette imposante céré-
» monie, après qu'un de nos Frères de Valence a eu harangué
» les assistans avec autant d'aménité que de patriotisme.

» Nous avons tous été reconduits jusqu'à la salle du festin, où
» après avoir pris un court repas, chacun s'est retiré et est allé
» rêver à de nouvelles fêtes.

» Le lendemain, un Frère de Loriol a dit aux Frères assemblés :
» Nous avons hier fait un grand pas contre nos Calomniateurs,
» faisons-en un aujourd'hui qui leur porte un nouveau coup.
» C'est le jour où l'homme reçoit des mains de la religion, une
» leçon bien puissante. Celle qui lui apprend qu'il est cendre : c'est
» la fête de la mort et de l'égalité. Allons tous faire écrire sur
» notre front, le signe lugubre du néant et qu'ils y viennent de
» même nos bons Frères les Protestans.

» Quel ordre régna dans notre marche ! Nous étions pressés,
» entourés du peuple qui, pour la première fois, alloit jouir d'un
» pareil spectacle.

» Nous entrons dans le lieu saint, et formant un cercle autour
» du sanctuaire, nous attendons que le Prêtre paroisse. Nous flé-
» chissons les genoux devant lui, et nous entendons sortir de sa
» bouche ces mots terribles et pourtant consolateurs, *homme,*
» *souviens-toi que tu n'es que poussière, et que tu retourneras en*
» *poussière.*

» Une danse animée, connue sous le nom de *farandoule*, et que
» le bon Roi RÉNÉ recommandoit au peuple de Provence, même
» au sortir de l'Église, s'est dans l'instant formée, et nous avons
» dansé, comme David, devant l'Arche d'Alliance.

» L'heure approchoit où nos Frères Amiel et Duprat devoient
» se séparer de nous, déjà ils montent dans leur voiture, mais
» nous nous sommes disputés long-temps le bonheur de les serrer
» tour-à-tour dans nos bras; enfin leurs coursiers s'envolent, et
» nous voyons encore de fort loin leurs bras étendus vers nous,
» et des yeux qui pleurent de les voir partir.

» Tel est, frères, en abrégé, le récit de ce qui s'est passé à
» Loriol; nous avons omis mille circonstances plus ou moins
» attendrissantes, qui se perdent dans la foule des faits, mais
» vous en connoissez assez pour bénir ces heures mémorables et
» pour vous attacher à jamais à des voisins, qui ont pris le titre
» modeste de *première fille de la Surveillance*, et qui se rendront
» dignes d'elle, par une conduite ferme et inébranlable dans les
» sentiers du civisme, de l'amitié et de la reconnoissance. »

Veut-on maintenant un échantillon de l'éloquence des orateurs
des assemblées publiques? l'honorable citoyen Jean-Antoine Paulet,
électeur du canton de Châteauneuf-de-Mazenc, district de Montélimar, va nous en offrir un modèle, dans son Discours *adressé à
l'Assemblée électorale du département de la Drome, séante à Valence, le 3 septembre* 1791[1]. Le style champêtre de sa harangue
permet de croire que M. Paulet était un électeur rural, étranger
aux finesses et à l'élégance de la langue, et qui d'ailleurs, en bon
républicain, avait secoué le joug de la grammaire, par aversion
pour toute espèce de tyrannie. Il existe encore aujourd'hui
beaucoup de républicains de ce genre. On serait tenté de croire,
si elle n'était imprimée et par conséquent de facile vérification,
que l'oraison de M. Paulet est faite à plaisir, tant la haine de la
tyrannie grammaticale y est poussée à l'excès; mais le sublime
de la bêtise, de l'absurde et de l'incompréhensible ne s'élabore

---

[1] In-4° in-plano, sans nom d'imprimeur et de ville.

pas à tête reposée ; le génie seul le fait éclater impétueusement. Sous ce rapport, le discours de M. Paulet mérite d'être connu ; seulement on me permettra de ne pas *le traduire de baragouin en français*, comme dit Rabelais, parce que, malgré toutes mes recherches, je n'ai pu découvrir la langue dont s'est servi l'orateur.

« Nous voici donc, Messieurs, sur l'Autel de la Patrie, brûler
» au flambeau de la Constitution, où nous avons juré de choisir
» des Législateurs les plus dignes de la confiance ; mais j'ose me
» flatter, Messieurs, que chacun de nous ne voudroit s'écarter de
» la Loi, et par-là tromper la confiance publique et se tromper
» soi-même, aux dépens du seul objet de la Constitution.

» Il me semble d'entrevoir à travers des murailles un lion
» rugissant, qui roule autour du corps qui compose cette Assemblée
» électorale, prêt à lancer son aiguillon, et par-là répandre son
» venin jusques dans nos cœurs, à nous attirer au tombeau de la
» Constitution.

» O vous tous, braves Electeurs, qui me faites l'honneur de
» m'entendre, poussez la voix jusqu'à placer sur le Trône nos
» très-dignes Représentans, qui feront retentir au son de leurs
» trompettes la Majestueuse Constitution, jusqu'à porter la crainte
» aux ennemis qui bordent la haie qui renferme le cercle de la
» vénérable Constitution Françoise.

» Voyez ces braves Cultivateurs, grand matin, ramper la face
» contre terre à puiser la manne et tendre le bras, déposer au
» bureau la substance alimentaire qui nourrit le Corps Législatif
» de l'auguste Constitution.

» Ayant mis le comble de nos vœux, fasse le Ciel répandre ses
» lumières, placer au plus haut du siècle nos très-dignes Repré-
» sentans de la liberté Françoise. »

Laissons M. Paulet et son langage de Huron, et jetons les yeux sur cette autre production qui semble être émanée d'un rhéteur, tant elle se distingue par la pompe du style, l'enflure des images et l'affectation de sensibilité : c'est la *Description de la Fête funèbre, en l'honneur des Victimes de la tyrannie, immolées près de la Caverne du Monstre des Tuileries, célébrée à Grenoble, le 24 août, l'an Ier de l'Égalité (24 août 1793), à neuf heures du soir* [1]. — Les *Victimes de la tyrannie, immolées près de la Caverne du Monstre des Tuileries* ne sentent point du tout l'expéditionnaire de bureau chargé, pour un écu, du soin de rédiger en style municipal le récit des fêtes publiques : sa plume, impassible et sans exaltation, ne se fût pas avisée d'employer ces gentillesses de rhétorique, qui nous semblent fort être l'œuvre de quelque membre émérite du corps enseignant. Au reste, il est facile d'en juger; écoutons le narrateur :

« Le vingt-trois au soir, le son des cloches annonça aux Ci-
» toyens que la journée suivante seroit consacrée à la douleur.
» Le vingt-quatre au matin, on immola l'agneau sans tache à la
» Cathédrale, pour effacer les suites des foiblesses humaines de
» ces Héros morts pour la Patrie. A huit heures, le Département,
» le District, la Municipalité, réunis aux Corps Judiciaires, et
» escortés par la Garde Nationale, partirent de la maison Com-
» mune au bruit des cloches et de l'artillerie, et défilèrent par la
» place St. André, la Grand'rue, la place de la Liberté et la rue
» Neuve, pour aller prendre MM. les Commissaires de l'Assemblée
» Nationale, qui se rendirent, avec eux et le Général Montesquiou,
» au champ de douleur.

» La Place Grenette, aujourd'hui Place de la Liberté, étoit le
» lieu consacré à cette lugubre cérémonie; on avoit élevé au
» centre une pyramide triangulaire, appuyée sur un socle pro-

[1] In-8° de 4 pages, sans nom d'imprimeur et de ville.

» portionné, semblable, pour la forme, au plan de l'éguille, et
» de trente pieds d'élévation, large à proportion, couvert de drap
» noir avec des larmes argentées, garni de lampions dans toutes
» ses tranches, et sur tous ses appuis; au sommet de la Pyramide,
» et aux quatre coins du socle, des urnes funéraires, enflammées,
» mêloient leurs feux à celui des lampions; autour des quatre
» faces, on avoit pratiqué des grottes profondes, entourées de
» feuillages, à travers desquels on voyoit plusieurs femmes vêtues
» de blanc, avec des ceintures ou des écharpes noires; leur
» figure ingénue et leur beau teint, contrastoient avec la draperie
» de l'obélisque et la couleur de leurs ornemens. A quelque dis-
» tance du monument, on avoit planté quatre arbres en forme de
» Cyprès, auxquels étoient suspendus des drapeaux et de vieilles
» armes, formant des trophées militaires; un peu plus loin, dans
» le sombre, étoit une tribune pour l'Orateur; près de-là, une
» estrade pour la musique. Telle est la topographie de ce Temple
» de douleur. Toute la Place étoit entourée des bataillons de Vo-
» lontaires, et de la Garde Nationale de la ville; derrière les corps
» armés, une foule innombrable de Peuple en silence, l'ame
» occupée des causes de ce rassemblement, plein d'un sentiment
» profond de haine pour les tyrans, et de respect pour leurs
» victimes. Les fenêtres en grand nombre, qui ont vue sur cette
» place, étoient garnies de spectateurs, ce qui faisoit un coup-
» d'œil pittoresque. Dès que les corps furent placés, la cérémonie
» commença; une musique lugubre, dont les instrumens avoient
» des sourdines, s'emparant de toutes nos sensations, nous
» plongea dans une tristesse profonde; ensuite la musique de-
» venant plus vive, nous faisoit passer de la douleur à la soif de
» la vengeance; et successivement promenés des sons déchirans
» aux sons de fureur, nous nous croyions tous à la catastrophe
» de la St. Laurent. Alors l'Orateur monte à la tribune; l'Abbé
» Grange, chargé de prononcer l'éloge funèbre des Citoyens
» morts pour la patrie, devant douze mille de leurs frères, avoit

» le deuil dans le cœur, dans l'attitude, dans le costume, un
» habit noir, une chevelure sans poudre, un grand chapeau
» couvert d'une immense crêpe, qui retomboit sur les épaules.
» Arrivé à la tribune, il fixe tout son auditoire; il veut parler,
» la douleur arrête sa langue, des sanglots étouffent sa voix, ses
» bras seuls s'expriment, par des gestes animés, par la seule
» passion qui domine l'auditoire; enfin il conquiert son organe,
» les paroles s'échappent, des phrases fortes, mais coupées, de
» grands sentiments en désordre; de grandes vérités, l'exécration
» des tyrans, qui, toujours les mêmes dans tous les siècles,
» firent, le même jour auquel il parloit, le 24 août 1572, dans
» le même empire, et dans la même circonstance, couler le sang
» humain à grands flots, dans la capitale et dans les provinces.
» Telle fut la contexture de cette pièce vraiment éloquente, de
» cette oraison funèbre de la tyrannie et de la royauté. La mu-
» sique succéda à l'orateur : d'abord, une symphonie funèbre,
» ensuite un trio, d'une composition excellente, où l'on promet
» aux mânes plaintives d'autres victimes de la tyrannie, la ven-
» geance du ciel, des remords et des armes; après quoi, on
» entonna la fameuse Hymne : *Aux armes, Citoyens!* dont le
» refrein étoit chanté en grand chœur et avec la plus forte ex-
» pression, par tous les spectateurs, hommes, femmes et enfans;
» tous, sans exception, militaires, généraux, députés, invitoient
» par leurs chants les citoyens à détruire les tigres qui dévorent
» l'humanité, et à consolider, par les armes, le règne de l'égalité;
» et tous par un mouvement spontané, levant leurs chapeaux
» en l'air, firent retentir la voûte étoilée des acclamations, *vive*
» *la Liberté, vive l'Egalité, plus de rois, vive les Commissaires,*
» *vive l'Assemblée Nationale, vive les dignes représentans qui ont*
» *sauvé la Patrie, vive notre Général Montesquiou, qui nous mènera*
» *à Chambéry!* A ce dernier cri souvent répété, tous les mili-
» taires agitoient leurs armes, poussoient leurs rangs près du
» général; et de leurs gestes, et de toute la force de leurs

» organes, tâchoient de faire passer dans son cœur ce vœu qui
» les dévore! Enfin, les Commissaires, fatigués, partent, pour
» mettre quelques instans de repos entre leur arrivée de Barraux,
» et leur départ pour Valence; tous les corps constitués confondus,
» et les bras entrelacés, les accompagnent au milieu d'un ba-
» taillon de gardes nationales, jusqu'à leur logement. Là on leur
» témoigne la douleur de les quitter; ils font avec sensibilité
» leurs adieux à ces braves citoyens, toujours dignes d'être les
» fils aînés de la Liberté; on se quitte avec douleur, et l'on rentre
» chez soi, la tête échauffée par ces grandes images, le cœur
» oppressé par le sentiment pénible de la tristesse, par le sen-
» timent violent de l'indignation et de la vengeance, modifié par
» le doux et nouveau sentiment de la fraternité.

» Telle est la description de cette Fête Nationale, dont le grand
» effet est dû à l'énergie Françoise, au silence de la nuit, à la
» grandeur du temple, qui n'avoit pour bornes que le ciel, et au
» magnétisme qu'a fait circuler l'art de la décoration, de l'har-
» monie et de l'éloquence.

» MUSIQUE.

» **Début :**

» L'ouverture de Démophon, par Cheroubino.

» L'ouverture des Rigueurs du Cloître, opéra de le Breton.

» Quatuor de Dardanus, Mânes plaintives, Tristes victimes,
    » Nous jurons d'immoler.

» Symphonie militaire du sieur Lintant.

» Aux Armes, Citoyens! etc.

» INSCRIPTIONS DE LA PYRAMIDE.

» Ils sont morts, et les tyrans vivent?

» Oh! tyrannie, ce sera le dernier de tes crimes.

» Ombres fières, appaisez-vous, nous vous promettons une
    » hécatombe de tyrans.

   » *Liberté, Egalité, Philosophie, Philanthropie.* »

Le récit de la *Fête célébrée en l'honneur des Victimes immolées près de la Caverne du Monstre des Tuileries*, certainement ne manque pas d'agrément, mais qu'il est loin, comme la pièce suivante, de réunir à la magie du style la profondeur des idées et la finesse des aperçus philosophiques !

La France venait de reconnaître *l'existence de Dieu et l'immortalité de l'ame*, et en vertu du décret qui régularisait cette intéressante découverte, digne de figurer au premier rang parmi les brevets d'invention qui feront de la fin du XVIII⁰ siècle la période la plus progressive des temps modernes, on s'empressa, dans toute l'étendue de la République, de féliciter l'Être suprême sur sa bien-venue, et de lui offrir les hommages prescrits par le décret. Il était assez difficile de définir ou de mettre ces hommages à exécution, puisque le culte avait été proscrit comme une idolâtrie grossière : cependant, rendre des hommages sans signes extérieurs, c'était chose impossible; les célébrer par des cérémonies, c'était tomber dans le culte. Cela eût été fort embarrassant pour de tout autres gens que les inventeurs de l'Être suprême; mais on déclara péremptoirement que les fêtes publiques offertes à la Divinité ne constitueraient pas un culte; et tout fut dit : une bêtise ne pouvait être expliquée que par une bêtise. On laissa aux municipalités, il est vrai, le soin de distribuer les détails de la fête qu'elles devaient célébrer. Aussitôt, ces faiseurs de vers et de phrases qui ont toujours en porte-feuille des inspirations aux gages du pouvoir qui les salarie, se mirent en devoir de chanter en prose ou en vers, suivant les termes de la commande. De tous ces chanteurs, celui qui obtiendrait la palme, s'il était possible de réunir leurs productions et d'établir une comparaison entre elles, serait peut-être celui qui, à Grenoble, se chargea de dresser le programme de la fête de l'Être suprême. Je ne sache pas qu'il soit possible de trouver de modèle de déclamation oratoire plus achevé : le morceau est précieux, aussi le citerai-je presque en entier, malgré sa longueur.

« Idée de la Fête *qui doit être célébrée à Grenoble, le 20*
» *prairial (8 juin 1794), en l'honneur de l'*Être Suprême.
» *Présentée à la* Société Populaire *de Grenoble, au nom de*
» *son Comité d'instruction publique, et adoptée par elle, ainsi*
» *que par les Commissaires de la Commune*[1].

» Le Peuple François reconnoit l'existence de Dieu, et
» l'immortalité de l'ame. Mais Dieu n'étant connu que par ses
» ouvrages, par les vertus qui émanent de lui, et qui nous y
» ramènent, tous les simulacres ou symboles par lesquels on
» voudroit le représenter ou le personnifier, seront sévèrement
» interdits.

» Les peuples libres ne sont pas faits pour se prosterner devant
» des corps inanimés, que la voix d'un prêtre, qui s'érige en
» magicien, prétend métamorphoser en Dieu. Le temps de la
» magie et passé; les métamorphoses ne sont plus que dans la
» fable; la raison a paru, la république est fondée, l'Être Suprême
» est reconnu..... Prêtres, retirez-vous, nous allons faire nous-
» mêmes nos propres affaires.

» Les productions les plus fraîches et les plus brillantes de la
» nature, la présence de la beauté, cette émanation précieuse de
» la divinité même, les images vivantes de toutes les vertus,
» l'appareil de la force et de la toute-puissance du peuple, les
» instruments consacrés au travail, les trophées qui marqueront
» les époques les plus glorieuses de la révolution : tel sera le
» spectacle que l'Éternel verra se développer le jour de sa fête,
» sous la voûte des cieux et autour de ses autels.

» Les accents mâles et belliqueux d'un peuple qui a juré de
» vivre libre ou de mourir, les voix douces de l'innocence qui se
» mêleront aux plaintes attendrissantes des infortunés, les sons

[1] Grenoble, impr. de Giroud, 1794, in-8° de 15 pag.

» éclatants des clarinettes, adoucis par des chœurs de flûtes et de
» hautbois qui soupireront les amours; tout cela accompagné par
» le murmure des eaux et le frémissement des feuillages, com-
» posera une harmonie grande, sauvage comme la nature, et
» faite pour plaire à son auteur.

» La nature ne connoît point la triste symétrie de nos spectacles
» et de nos fêtes, ni la régularité de tous ces petits plans, par
» lesquels nous contrefaisons la nature, plutôt que nous ne l'imi-
» tons, ni tout cet artifice dont la pompe monotone cache la
» petitesse de l'esprit sous une fausse apparence d'ordre. Qu'est-ce
» que le char d'Apollon auprès du lever du soleil? Il faut, pour
» honorer l'Éternel, quelque chose de grand, de solemnel, et,
» si j'ose dire, quelque chose de sauvage, comme la nature
» même. La démocratie, comme la nature, s'avance par des
» routes hardies, et cache dans sa marche, qui paroît quelquefois
» irrégulière, des principes sublimes d'harmonie, de vie et de
» fécondité. Que les tyrans alignent leurs sujets dans les fêtes,
» et les contraignent jusques dans leurs plaisirs; que des Druïdes
» fassent marcher sur des lignes parallèles un troupeau stupide
» de dévots; que tout soit ajusté, compassé, arrangé, je ne
» vois là-dedans que petitesse, gêne, esclavage, oubli de la nature
» et mépris de la divinité.

» Pour nous, enfants de la nature et de la Liberté, émus par
» d'autres sentiments, guidés par d'autres modèles, marchons
» par d'autres routes. Si nous voulons que notre hommage soit
» digne de l'Être Suprême, levons-nous, au lieu de nous age-
» nouiller; répandons-nous dans les campagnes, au lieu de nous
» renfermer; laissons les prêtres et les rois; écoutons un autre
» génie, entrons dans un monde nouveau.

» Dieu, qui est le premier dans l'ordre de la nature, est aussi
» le premier dans la nomenclature des fêtes nationales.

» C'est par lui que s'ouvre cette suite auguste de solemnités,
» où tout ce qui existe de grand et de sublime recevra les hom-

» mages des François. Comme il est présent à toutes ces fêtes,
» tout ce qui les compose doit servir d'ornement à la sienne.
» Ce n'est pas sans intention qu'on a mis la fête de l'Eternel à la
» tête de toutes les autres; on a voulu que la majesté de ce nom
» sacré se répandît sur toutes, pour les agrandir et les animer.
» En parcourant, dans l'ordre même où le décret les a placées,
» cette liste glorieuse de solemnités (que les François doivent
» célébrer tous les ans) on voit que l'Être suprême balance les
» destinées du GENRE HUMAIN; que c'est lui qui, depuis cinq
» années, conduit comme par la main le PEUPLE FRANÇOIS à
» travers les tempêtes révolutionnaires; que c'est lui qui inspire
» aux BIENFAITEURS DE L'HUMANITÉ ces idées utiles qui contribuent
» à sa perfection et à son bonheur; qui donne aux MARTYRS DE
» LA LIBERTÉ le courage de mourir pour elle; que c'est lui qui,
» en créant les hommes libres et égaux, a décrété la destruction
» des rois et l'établissement des RÉPUBLIQUES, fondées sur LA
» LIBERTÉ ET L'ÉGALITÉ; que c'est par lui que L'AMOUR DE LA
» PATRIE, inséparable de la haine DES TYRANS ET DES TRAITRES,
» acquiert cette brûlante activité qui, par la sublimité de ses
» effets, annonce son origine divine; que c'est lui qui a mis au
» fond de nos cœurs la VÉRITÉ, LA JUSTICE, LA PUDEUR, cet
» attrait puissant de la beauté, sans laquelle elle tombe bientôt
» flétrie et décolorée; c'est de lui encore que nous vient ce désir
» inquiet et ardent qui fait que nous sommes, pour ainsi dire,
» étouffés dans les bornes du monde matériel, et qui nous élance
» au delà de ses limites par la GLOIRE ET L'IMMORTALITÉ. Par
» l'AMITIÉ il nous mène au bonheur; par la FRUGALITÉ à la santé;
» par le COURAGE à la gloire; par la BONNE-FOI à ce calme d'une
» conscience paisible, dont la douceur fut toujours inconnue des
» méchants. Notre constitution morale est organisée de telle sorte
» que chaque pas vers la vertu est un pas vers le bonheur; et
» que pour être bons, nous n'avons qu'à nous intéresser à nous-
» mêmes. Il falloit à l'homme des qualités fortes et énergiques,

» qui le jetassent au-delà des bornes communes, et Dieu le rendit
» susceptible de cet HÉROÏSME qui conçoit et exécute, à travers
» tous les périls, de grandes et utiles entreprises; de ce DÉSINTÉ-
» RESSEMENT qui fit mourir ARISTIDE et MARAT dans la pauvreté;
» du STOÏCISME qui mit dans une main de CATON le livre de l'im-
» mortalité de l'ame, et dans l'autre le glaive par lequel il déroba
» son ame vertueuse à un monde indigne de la posséder. Il falloit
» embellir, animer, vivifier la nature; il falloit adoucir l'homme
» après l'avoir agrandi, le ramener sur lui-même et sur son
» espèce, du haut des pensées où il s'étoit élevé; et Dieu créa les
» AMOURS. Et cet amour qu'une nature libre et sauvage inspire
» à des cœurs ingénus, que la beauté attire, mais que la con-
» trainte effarouche; et cet AMOUR [1], que les lois épurent et sanc-
» tifient, en lui donnant un caractere social, et en prolongeant
» le charme et le souvenir des premiers sentimens et des premiers
» plaisirs dans les douceurs durables d'une longue amitié; et cet
» autre AMOUR [2] qui descendant vers les produits de l'amour lui-
» même, est le plus puissant moyen de conservation de l'espèce
» humaine et la source la plus pure de ses jouissances; et cet
» autre AMOUR [3] qui remontant vers les auteurs de nos jours, alors
» même qu'il ne seroit pas le plus saint des devoirs, seroit encore
» le plus doux des plaisirs. C'est ainsi que, par le principe fécond
» de l'amour, Dieu régit et balance l'univers moral et l'univers
» physique; qu'il le fait renaître sans cesse de lui-même, et l'en-
» tretient dans une jeunesse éternelle.

» C'est lui encore qui préside aux diverses époques de la vie
» humaine, qui veille sur la débile enfance, et lui apprend à
» bégayer le doux nom de mère. Lorsqu'une mère attachée, par
» un charme invincible, sur le berceau où reposent ses espé-

---

[1] » La foi conjugale.

[2] » L'amour paternel, la tendresse maternelle.

[3] » La piété filiale.

» rances, donne le lait à son fils, et des pleurs à l'époux qu'elle
» vient de perdre, il est doux pour elle de songer que tout n'est
» pas perdu pour lui, que son fils a, dans la nature, un protecteur
» qui veille sur sa foiblesse ; et que lorsque son père lui manque,
» il lui reste encore le père commun des hommes. Ce ne fut pas
» l'esprit d'un philosophe qui conçut la premiere idée de l'ÊTRE
» SUPRÊME, ce fut sans doute le cœur d'une mère éplorée, qui
» trembloit sur le sort de son cher enfant. C'est lui encore qui
» inspire à la JEUNESSE ces affections ardentes, qui la multiplient
» elle-même en la liant à tout ce qui existe et même à tout ce qui
» peut exister ; à l'AGE VIRIL, ces conceptions audacieuses, ces
» idées fortes ou profondes qui sont l'aliment et la volupté du
» génie. C'est lui qui répand quelque sérénité sur la VIEILLESSE,
» et qui lui dit, au déclin de ses jours : ne crains pas de t'en-
» dormir dans une ombre éternelle ; un soleil plus éclatant bientôt
» va se lever pour toi. — Pour ramener l'homme à son auteur,
» à la sensibilité, à la pitié, il falloit qu'il éprouvât l'adversité.
» Dans la République Françoise, le MALHEUR a aussi sa fête, et
» c'est le seul pays de l'Univers où les lois ont créé pour lui un jour
» de soulagement. Que dans l'ivresse des plaisirs, dans la mollesse
» des jouissances, ou dans la corruption des faux systèmes, des
» hommes absurdes nient l'existence de Dieu, on le conçoit :
» mais lorsque tout nous abandonne sur la terre, il est consolant
» de penser que le grand Être voit couler nos larmes, qu'il lit
» dans la pureté de nos cœurs, et qu'il nous accorde cette justice
» et cette bienveillance que les hommes nous refusent. Ce fut
» sans doute la vertu malheureuse qui conçut la première idée
» d'une autre vie, le malheur doit paroître à la fête de l'Éternel,
» parce que l'affligé doit se placer à côté du consolateur. Naissant
» avec des besoins, il nous falloit un art qui nous procurât les
» moyens de les satisfaire, et l'agriculture fut créée. Naissant
» pour la Société, il nous falloit des arts propres à l'animer, à la
» feconder, à façonner pour son usage les productions variées de

» la nature, l'INDUSTRIE fut inventée. Ainsi, par nos besoins,
» nous sommes ranimés au travail, par le travail à l'innocence,
» par l'innocence à la santé, par la santé au calme. C'est de lui
» encore que nous vient cette pensée qui embrasse le présent et
» l'avenir, qui nous élève jusqu'à nos AYEUX, nous intéresse à
» notre POSTÉRITÉ et nous conduit au BONHEUR.

» TELLE est l'analyse rapide des fêtes décadaires, envisagées
» dans leurs rapports entr'elles et avec l'Éternel, d'où elles pro-
» cèdent toutes. C'est ainsi que, dans les fêtes consacrées pour les
» 36 décades, Dieu paroît conduisant avec lui toutes les vertus,
» comme il se montre dans le cercle régulier de l'année, pres-
» crivant sa route au soleil. Idée sublime et nécessaire dans les
» Républiques, qui ne peuvent subsister si l'habitude des grandes
» pensées n'élève le caractère national. Sous les rois il faut tout
» rabaisser et tout comprimer, parce que le gouvernement est
» fondé sur la grandeur d'un seul, et l'avilissement de tous. Dans
» la démocratie il faut tout exalter, tout élever, parce que le
» gouvernement est fondé sur la force et les vertus de tous, qui
» empêchent un seul de devenir plus grand et plus fort que les
» autres........ »

L'auteur trace ensuite avec pompe et emphase les détails de
l'ordonnance de la fête; il fait la description du temple à élever
à l'Être suprême; il assigne à chaque personnage, à chaque
groupe, les attributs qui doivent les distinguer et la place qui
leur est réservée dans la cérémonie; puis il continue ainsi :

« Les représentans, les magistrats, la société populaire, et les
» généraux, entrent dans le temple. Les groupes se placent tout
» au tour avec leurs bannières; le peuple forme un cercle plus
» excentrique; une musique d'un genre solemnel et sévère,
» annonce qu'on va célébrer l'Être suprême, et que le peuple

» doit se recueillir dans un silence religieux. Une voix part du
» temple; elle invoque Dieu successivement par les attributs de
» toutes les vertus et de tous les grands objets qui composent les
» fêtes décadaires. Une invitation particulière s'adresse à chacun
» de ces groupes, et y répond par une action et une musique
» analogue. Le groupe est admis dans le temple, et il y dépose sa
» bannière.

» Dieu, qui inspire le courage, est invoqué par l'orateur. Les
» clarinettes et les cimbales se font entendre. Le groupe du cou-
» RAGE court aux armes; il les frappe les unes contre les autres;
» une ardeur belliqueuse enflamme tout le groupe; leurs accents
» vont retentir au loin dans les montagnes.

» On invoque Dieu, qui, au milieu des maux de l'humanité,
» plaça l'AMOUR qui les fait oublier tous. On entend bientôt ré-
» sonner dans le bocage, une mélodie qui semble peindre les
» soupirs qui échappent à des cœurs nouveaux, et la timidité des
» premières amours. Les jeunes filles couronnées de fleurs,
» s'avancent, les yeux baissés, sur les marches du temple; les
» magistrats vont à leur rencontre, et les y introduisent.

» L'orateur invoque Dieu, qui inspire la HAINE DES TYRANS ET
» DES TRAITRES. A l'instant les dépouilles odieuses et sanglantes de
» la royauté et de la superstition sont arrachées, avec indignation,
» par le groupe des ennemis de la perfidie et de la tyrannie;
» elles sont livrées aux flammes, et offertes en holocauste sur
» les marches du temple de l'Éternel.

» Mais bientôt des gémissements et des voix plaintives se font
» entendre. Des orphelins, en habits de deuil, des veuves cou-
» vertes d'un long crêpe, des femmes portant le cyprès lugubre
» et le triste mélèze; d'autres soutenant l'urne cinéraire de leurs
» frères chéris, de leurs amants morts aux champs de la gloire,
» se présentent au temple de l'Éternel. Le peuple, en les voyant,
» confond ses pleurs à leurs larmes. Ils vont chercher, au temple,
» un instant de soulagement à leurs MAUX.

» L'orateur invoque Dieu, qui donne le bonheur. Mais qui
» est-ce qui compose ce groupe.... ? ce n'est pas vous, riches
» égoïstes, qui, dans une oisive indolence, employez à réveiller
» des goûts usés, une ame que le ciel vous donna pour penser
» et pour sentir : ce n'est pas vous non plus, hommes doubles
» qui caressez tous les partis, qui savez à la fois rire d'un œil et
» pleurer d'un autre; car Dieu mit au fond de vos cœurs l'inquié-
» tude et le remords, pour nous venger de votre duplicité. Ce
» n'est pas vous non plus, cœurs arides, esprits étroits, vous qui
» prenez votre mesure pour celle de l'espèce humaine, qui ne
» croyez pas que rien au-delà puisse exister, qui renvoyez
» l'héroïsme au siècle de Caton, l'amitié aux temps burlesques
» des Paladins, et l'amour aux siècles fabuleux de Saturne et de
» Rhée..... Mais vous y paroîtrez, vous honnêtes et laborieux
» artisans, environnés du trésor le plus précieux au cœur de
» l'honnête homme, de vos femmes et de vos enfants. Et vous
» aussi jeunes pasteurs, vous y serez dans votre native simplicité,
» avec une houlette et un flageolet à la main. Et vous tous, qui
» remplissez les inspirations de la nature, les préceptes de la
» morale, les lois de la Patrie, les commandements de la Vertu,
» car c'est de tout cela que se compose le Bonheur.

» Une description particulière de chaque groupe, seroit mo-
» notone et superflue. Les sentiments sont vifs, les actions instan-
» tanées et rapides; mais les paroles sont mortes et trainantes.
» La pensée peinte sur le papier, est beaucoup plus foible que celle
» qui est au fond du cœur. L'écrivain est toujours au-dessous de
» l'homme. Je ne sais s'il faudroit féliciter ou plaindre celui qui
» pourroit rendre tout ce qu'il sent. Il suffit de dire que les
» trente-six groupes pris dans le type des fêtes décadaires
» instituées par la Convention, paroîtront dans le temple de
» l'Eternel. La Vérité y sera avec son miroir; la Justice, avec
» sa balance; la Pudeur, avec son voile; le Malheur, avec son
» crêpe; le Stoïcisme, avec son épée; l'Amour, avec son myrthe;

» la FOI CONJUGALE, avec ses liens de soie ; le BONHEUR, avec le
» sourire sur les lèvres.

» Le MÉLODRAME sera conçu ainsi. L'orateur invoque Dieu du
» haut du temple, par l'attribut particulier à chaque groupe.
» Le groupe y répond par une action et un chant analogues. Il
» monte dans le temple avec sa bannière. Et ainsi de suite, jusqu'à
» ce que tous les groupes réunis, retournent à la commune, dans
» le même ordre suivant lequel ils sont arrivés. Tous les détails
» seront annoncés par un réglement particulier.

» Déjà les travaux sont en activité ; les bois de construction sont
» prêts ; et à la voix d'un artiste intelligent, ils vont se changer
» en un temple ; des mains laborieuses préparent les costumes,
» et disposent les guirlandes ; plus d'une femme dessine déjà dans
» son imagination le trophée de l'Amour et du Bonheur. Dieu,
» la Nature, la Vertu et l'Amour sourient à notre ouvrage. Pour
» la première fois, on voit s'élever un Temple où la Vérité et
» la Raison pourront habiter.

» Musiciens, décorateurs, architectes, scuplteurs ! vous êtes
» tous en réquisition pour orner le temple de l'Être Suprême.
» Laboureurs ! couronnez vos charrues de fleurs, et retrouvez
» les instruments avec lesquels vous faites danser vos filles sous
» l'ormeau du village. Artisans ! composez des groupes et des
» trophées analogues à vos professions. Réunissez-vous tous an
» jour et au lieu qui vous seront indiqués. Un commissaire de la
» société veillera à l'arrangement et à la marche de chaque
» groupe. Citoyens et Citoyennes ! vous avez tous une place dans
» la fête, soit comme pères, ou comme époux, comme filles, ou
» comme mères, comme heureux, ou comme infortunés, comme
» jeunes gens, ou comme vieillards. Le vice doit se cacher ce
» jour-là ; qu'il ne vienne pas flétrir la pureté de nos hom-
» mages, ni troubler la douce sérénité de ce beau jour. Que les
» patriotes et les révolutionnaires se montrent. Que ceux qui,
» avec un cœur droit, ont fait des fautes, et non pas des crimes,

» s'en repentent, et qu'ils les réparent. Nous n'adorons pas seu-
» lement le Dieu qui punit, mais encore le Dieu qui pardonne. »

Qui sait si la plume qui a écrit ces billevesées républicaines et ce pathos théophilanthropique ne s'est pas vendue sous l'Empire pour célébrer les fêtes militaires de nos armées victorieuses, et sous la Restauration pour psalmodier en style de sacristie, sur le refrain du *trône et de l'autel,* les vertus des Bourbons et des missionnaires? On a bien vu d'audacieux libellistes, et les nommer serait chose facile, pousser l'impudence, dans leurs brochures royalistes, jusqu'à se vanter de la pureté de leurs sentimens passés et du dévouement de toute leur vie à la bonne cause, sans se souvenir que leurs pamphlets républicains étaient là pour leur jeter un démenti à la face.

Les petites brochures qui viennent d'être évoquées de l'oubli, observées isolément, paraîtront sans doute de peu de valeur et ne mériteraient pas d'obtenir une attention bien sérieuse; mais si on les considère comme étant l'expression fidèle des mœurs, des usages, des appréciations littéraires et du mouvement intellectuel d'une époque qui ne fut pour la pensée qu'une longue et délirante saturnale, alors les esprits observateurs, qui savent que pour étudier consciencieusement le passé et en saisir au vif la physionomie, il ne suffit pas d'enregistrer exactement des faits si on ne les revêt de leur allure propre, de leur couleur, de tout ce qui constitue enfin la vitalité, ne dédaigneront pas d'y puiser des lumières qu'ils ne trouveraient peut-être pas ailleurs. Comme on l'a déjà dit, elles ont été prises au hasard au milieu d'une masse considérable de pièces fugitives, qui presque toutes offrent à un degré plus ou moins éminent de féconds sujets d'étude, et qui devront servir d'aliment aux recherches de quiconque entreprendra d'écrire l'histoire de la littérature, ou plutôt des folies et des monstruosités littéraires de la Révolution. Pour moi, en les produisant au jour, mon dessein a été de signaler le parti que l'on peut en tirer, en laissant à d'autres le soin de mettre en œuvre les matériaux que je me borne à extraire de la carrière. Si ce travail, purement d'investigation bibliographique, est jugé digne de quelque intérêt, je continuerai à fouiller dans une mine dans laquelle on peut trouver, comme dans le fumier d'Ennius, des trésors enfouis.

OLLIVIER Jules.

UNE DÉDICACE EXCENTRIQUE.

LE règne des dédicaces est passé de mode, non sans doute que la flatterie, la bassesse et l'adulation ne soient plus les qualités distinctives de bon nombre de gens de lettres, mais parce que beaucoup d'entre eux se sont fait une sorte de dignité qui ne leur permet pas de s'abaisser à ce point de servilité. Il est une autre raison encore, et la meilleure, c'est que les dédicaces ne rapportent plus rien. Cela est peu édifiant à révéler, et à bien des oreilles paraîtra messéant : il n'est pas de plus rude langage que celui de la vérité et de plus malplaisant. On ne fait donc plus de dédicaces aujourd'hui, et c'est une perte véritable pour l'étude des bassesses de cœur et l'observation des sottises ingénues de l'esprit. La matière ne fault ailleurs, dira-t-on : d'accord, mais les exemples que donnaient en ce genre les gens de plume ne se retrouvent nulle part au même degré d'inimitable originalité.

Les anciens, qui sans doute ne valaient pas mieux que nous, ne connaissaient pas les ressources de l'adulation littéraire ; du moins nous ne voyons pas qu'Hérodote, Hésiode et Homère aient dédié leurs récits et leurs chants au contrôleur général d'Athènes, à Madame sa femme ou à sa maîtresse. Pindare s'avisa de ce stratagème : toutes ses odes furent des lettres de change tirées sur les honnêtes citoyens qu'il mit au rang des Dieux, et il gagna, dit-on, cent mille sesterces de rente à ce métier, que Rousseau le lyrique renouvela chez nous avec moins de succès et de bonheur. Quant aux Romains, de tous les peuples celui qui, du faîte de la grandeur et de la fierté, est tombé de la manière la plus incroyable au dernier degré de l'abaissement, la flatterie dans leurs mœurs ne connut pas de bornes. Ciceron ne fut pas avare d'encens pour César, Auguste en fut asphyxié, et sous le reste des Césars l'adulation n'eut d'autres limites que celles de l'impuissance humaine.

Mais c'est chez les modernes que cet instinct d'avilissement est devenu général parmi les gens de lettres. Boileau en fit un art, dont il donna des leçons avec une impudeur d'autant plus effrontée, qu'il prenait les airs d'un Caton du Parnasse. Sous Louis XIV, ce fut une inondation de flatteries inouies, et cependant le grand roi ne fut pas submergé. De nos jours est venu le tour de Napoléon, mais si ses lèvres s'enivrèrent sur les bords de la coupe, elles trouvèrent au fond une lie bien amère; car nos seigneurs les évêques, qui l'avaient modestement comparé à Cyrus, voire à Dieu le Père, comme le fit l'archevêque de Turin, Buronzo del Signore, ne lui épargnèrent pas l'ignominie après sa chute.

La lecture des dédicaces offrirait d'inépuisables observations à celui qui voudrait étudier toutes les nuances de la servilité, et pénétrer les misères auxquelles les plus grandes ames furent réduites par la dureté des circonstances et l'indigence. Le cœur ne se serre-t-il pas lorsqu'on voit le grand Corneille placer les chefs-d'œuvre de la plus noble et de la plus mâle pensée sous le patronage d'un publicain? Elle offrirait aussi des traits nombreux de la plus rare originalité et d'une bizarrerie incroyable. Scudéry, dans la préface de son *Arminius*, menace l'univers de son silence, à moins que les puissances souveraines ne lui ordonnent d'écrire. Un docteur en Sorbonne logeait à Paris dans une maison placée sous le vocable de la Sainte Trinité : il fait un gros livre qu'il dédie à la Trinité, et son épître commence par *Madame*, il la termine par *Votre très-humble et très-fidèle serviteur, de votre maison située sur le quai Malaquais*. Il serait facile de multiplier des exemples de ce genre ; on les trouvera présentés un jour de la manière la plus piquante dans l'*Histoire littéraire des Dédicaces*, à laquelle travaille le savant et ingénieux bibliographe de Dijon, M. Peignot. Je me bornerai à recommander à ses investigations l'épître dédicatoire que le révérend Jude Serclier, chanoine régulier de Saint-Ruf, mit en tête de son poème intitulé : *Le grand tombeav dv monde, ov jugement final*[1]. Ce n'est ni à l'éminentissime évêque et prince de telle ville, ni à M. le comte ou à M. le marquis de Trois Étoiles, ni au ministre, ni au roi ou à son valet de chambre, que le poëte envoie ses vers, c'est au ciel qu'il s'adresse, et c'est la Sainte Vierge qui est l'objet de ses hommages. Assurément il n'en fut jamais de plus purs et de plus désintéressés, mais leur rédaction ne laisse pas d'être assez bouffonne par l'emploi fort plaisant des formules obséquieuses du style épistolaire. Le bon chanoine parle à la Sainte Vierge comme il l'eût fait à Madame l'intendante de la province, avec une naïveté dont il est peu d'exemples : au reste, on en jugera en lisant cette curieuse dédicace.

« A tres haute tres puissante et tres noble Dame la Sacrée
» Vierge Marie, mere de Dieu, royne des Anges, emperiere du
» Ciel, thresoriere de grace, advocate des pecheurs, etc.

» Puis qu'il faut (tres illustre et serenissime Princesse) à
» l'exemple de tant d'autres se ietter sous la clientelle et patro-
» nage de quelque ferme appuy et azile de seurté, pour ne faire
» triste nauffrage, parmy tant de dangereux escueils et flots
» tourbillonneux de ceste douteuse navigation, ayant donc long
» temps recherché sur ceste masse ronde sous qui ie me pourrois
» retirer en seurté, dont la force peut soustenir ma foiblesse et
» la benignité supporter mes imperfections, a ayant trouvé fina-

[1] Lyon, Jean Pillehotte, M. D. CVI, in-8°.

» lement que : *omnis caro fœnum, et gloria eius sicut flos agri.*
» A qui me pourrois je mieux adresser pour tous les deux qu'à
» vous (tres honorée Dame) tant pour les rares et excellents
» merites dont vostre grandeur a autant surpassé les vivants sur
» terre, comme au ciel vous surmontez les esprits angeliques et
» ames bien heureuses en gloire, ioint aussi pour l'extreme besoin
» que i'ay de vostre ayde et support, non seulement (Madame)
» contre les homeromastics de ce mien petit labeur, que i'appends
» humblement aux sacrez pieds de vostre grandeur, car ce m'est
» peu de chose d'en estre loué, ou vituperé, *ab humano die,*
» mais bien pour m'impetrer la grace de ce vostre cher Pere-Fils,
» devant qui ie dois comparoir, pour subir son iuste iugement, de
» m'y preparer tellement, que par vos sainctes prieres ie puisse
» misericordieusement recevoir le bien que mes pechez me
» veulent faire denier de sa iustice, à ce que, *cum aliis prædica-*
» *verim,* avec ces miens petits et rudes escripts, neantmoins pour
» ne les observer moi mesme, *ne reprobus efficiar.* Faisant comme
» le flambeau, qui esclairant autruy se consomme soy-mesme.
» Recevez donc, Madame, recevez ces miennes petites arres
» pour tesmoin asseuré de la ferme et constante volonté que
» i'ay de me consacrer à vostre S. service tout le temps qui me
» reste en ceste valée de larmes. Aussi bien ce mien petit avorton
» appartient de droict à vostre Excellence, pour la luy avoir dediée
» votre avant sa conception : donc comme marraine tenez s'il
» vous plait (suivant l'ancienne coustume de l'Eglise) lieu de
» pere et mere en son endroict par la liberale distribution de
» vos graces à son auteur, qui pense retirer (comme il n'en sera
» frustré s'il ne tient en luy) quelque commodité de ceste nouvelle
» affinité, à laquelle i'estois ià comme astreint par tant de vieux
» et recens benefices surcomblants la mesure de mes merites,
» receus de vostre seule bonté, desquels l'humble recognoissance
» ne pouvant mieux, tiendra lieu (s'il vous plait) de satisfaction.
» Encor est il vostre, veu que si ie l'oze confesser, d'un sacrilege

» larrecin i'ai soustrait beaucoup de temps dedié au service de
» Dieu, pour l'employer ici, *veniam confessus crimina posco*, avec
» la restitution que ie fais, si non du temps au moins de l'œuvre
» qui l'a consommé : et esperant de trouver toute faveur et support
» aux pieds de celle qui n'a iamais refusé que celuy qui ne s'y est
» presenté. Ie prierai Dieu non pour vostre serenissime Maiesté,
» qui prie pour tous les autres, mais bien pour moy, qui ay
» besoin des prieres de tous, et notamment des vostres pour
» m'impetrer la grace, qu'en me repaissant des petits fragments
» qui tombent des corbeilles de vostre perfection pleines de graces
» et vertus, ie puisse parvenir en ceste immortelle gloire, dont
» apres la divine et Saincte Trinité vous estes le principal orne-
» ment, pour louer à iamais celuy qui par sa grace vous a eslevée
» en telle splendeur.

» *De Vostre Maiesté le vil et abiect vermisseau,*
» J. SERCLIER. »

Cette formule, de la plus humble obséquiosité, vaut mieux que toute la dédicace, et je ne sache pas que l'on en trouve ailleurs de plus singulière : *de Vostre Maiesté le vil et abiect vermisseau.* Aux yeux de la Divinité ne sommes-nous pas de chétifs insectes ? et le bon homme Serclier avait raison de s'abaisser devant la majesté de l'Éternel. Mais que d'écrivains, à plus juste titre que lui, auraient dû, au bas de leurs dédicaces vénales, placer le *vil et abject vermisseau.*

Quant au poème de Serclier, ce qu'il y a de mieux à en dire, c'est qu'il est beaucoup plus long que la dédicace, et partant bien plus ennuyeux. L'auteur avait eu le dessein fort louable de frapper de terreur, en traçant de l'enfer des peintures effrayantes, les chretiens relâchés. A coup sûr, il a réussi à frapper du plus profond ennui ceux qui auront eu le courage de lire ses 664 pages d'alexandrins. Il faut cependant savoir gré à Jude Serclier d'avoir introduit dans son œuvre une méthode qui évitera bien des commentaires et des conjectures aux Saumaises futurs, lorsque, dans quelques siècles, il prendra fantaisie à quelque savant oisif d'exhumer le *Grand Tombeau du monde* du sein de l'oubli, et de le réhabiliter paradoxalement comme on a fait des romans épiques du moyen-âge. Le chanoine de Saint-Ruf a pris soin d'illustrer ses vers d'un commentaire dans lequel il explique les allusions cachées, illumine les obscurités poétiques, en un mot accomplit la tâche du plus infatigable scholiaste. L'érudition dépensée dans ce commentaire est immense; les textes tirés de l'Écriture Sainte, des Pères, des Poètes de l'antiquité grecque et latine, se pressent en masse et dans le plus miraculeux désordre. Toute cette œuvre enfin, tant vers que prose, est assez hybride, incohérente, souverainement fastidieuse, pour qu'elle soit digne d'être mise en lumière un jour, vantée et acclamée comme une merveille jusqu'alors inconnue, par un homme d'esprit qui voudra se railler de ses lecteurs, ou par un sectaire ingénu dont les lecteurs se railleront, si de pareilles sornettes il se trouve des lecteurs.

OLLIVIER Jules.

Documens historiques inédits.

PRÉAMBULE.

A qui voudrait écrire l'histoire des sottises qu'ont fait dire et faire la vanité et l'amour-propre froissés des petits esprits, la matière ne faudrait, et la plume du collecteur tomberait de fatigue plutôt que ne tarirait la source de ses observations. Les graves démêlés survenus à l'occasion de préséances en litige, les contestations élevées au sujet des prérogatives réclamées par des fonctionnaires dans les cérémonies publiques, toutes les disputes misérables et puériles écloses sur des questions de hiérarchie, entre des corps rivaux ou des dignitaires mutuellement jaloux de leurs priviléges, fourniraient à la critique d'excellens matériaux pour alimenter les annales inépuisables du ridicule. S'il était permis de fouiller dans les cartons des divers ministères, que de curieuses révélations n'y trouverait-on pas sur des administrateurs et des fonctionnaires de robe et d'épée, jetant les hauts cris pour l'omission d'une bonnetade et d'une salutation, ou pour la violation à leur endroit du plus mince article du décret des préséances, et apportant dans la poursuite de cette importante futilité plus de chaleur, d'entraînement et de savoir, peut-être, que dans l'accomplissement des devoirs de leurs charges et le soin des affaires publiques. Voyez dans les *Mémoires,* d'ailleurs si remarquables, de Saint-Simon, le récit de la fameuse querelle des préséances entre les bâtards de Louis XIV et les ducs et pairs. Toute la France, toute l'Europe ne devaient-elles pas avoir les yeux ouverts sur les combattans, attendant avec inquiétude l'issue de cette bataille d'étiquette? et jamais affaire d'état plus grave et plus considérable avait-elle été agitée dans le cabinet des rois? Il s'agissait de savoir qui, des bâtards ou des ducs, aurait le pas au parlement.

Si l'on circonscrit ses observations dans une sphère moins élevée, ne voit-on pas chaque jour dans le commerce de la vie des collisions jaillir du choc des amours-propres, et contracter ensuite, par l'animosité avec laquelle on les fomente, une apparence de gravité qui imposerait, si l'on ne connaissait la futilité de leur origine. Ces débats éclos dans l'ombre, à la suite des plus mesquines rivalités, ont cependant presque toujours du retentissement, à cause de l'intervention des plus hauts dignitaires de l'état, à qui seuls en appartient la solution. Ainsi, le fonctionnaire subalterne, dont la bile aura été enflammée par l'irrévérence d'un autre fonctionnaire non moins subalterne, fatiguera de ses plaintes deux ministres, obligés de rendre sentence sur cette affaire d'état.

Ce n'est pas seulement aujourd'hui que ces petites comédies se jouent sur la scène du monde; elles y ont toujours été en vogue, parce que les acteurs n'ont jamais manqué, et que l'homme, sans cesse le même et ne changeant que de costume dans le cours des siècles, n'a jamais arraché de son cœur l'orgueil et la vanité.

Des recherches spéciales, faites avec persévérance, produiraient à la lumière un grand nombre de ces drames de la vanité. Nous nous bornerons à en citer un qui dut bien émouvoir, en son temps, la petite ville qui en fut le théâtre, la ville de Montélimar. M. de Milon, évêque de Valence, ayant remarqué, dans une tournée pastorale, en 1728, que la noblesse de Montélimar n'assistait pas aux offices divins, parce qu'elle n'avait pas un banc réservé dans l'église paroissiale, lui accorda l'autorisation d'en faire construire un, afin de réchauffer sa tiédeur religieuse. Mais le prélat ne songeait guère qu'il venait de jeter au milieu d'habitans paisibles un brandon de discordes intestines. La bourgeoisie, irritée de cette entreprise faite au préjudice de ses droits, se plaint à ses consuls. Le conseil de ville assemblé délibère et fait renverser le banc nobiliaire. Aussitôt les gentilshommes de pousser les hauts cris, le prélat de fulminer contre les téméraires qui ont méconnu sa volonté, menaçant de les séparer de la communion des fidèles, comme on eût pu le faire au Xe siècle; le tout pour un banc. Enfin, le débat fut soumis par les consuls à l'intendant de la province de Dauphiné, qui, à son tour, dut soumettre l'affaire au conseil du roi.

Il y aurait là ample matière à construire un poème didactique, si nous étions encore dans le temps où la muse des Pères Jésuites chantait de pareils sujets en vers latins et français. De nos jours, cependant, nous avons vu éclore, au sein du département des Hautes-Alpes, *le Banc des Officiers, poème héroï-comique en six chants*, de M. Faure. Mais, au lieu d'un poème, nous nous bornerons à mettre sous les yeux de nos lecteurs les pièces officielles que l'érection d'un banc fit surgir, en 1728, entre la noblesse et la bourgeoisie de Montélimar, l'évêque de Valence et l'intendant de Dauphiné. Nous avons trouvé ces pièces dans l'ample et curieuse collection des manuscrits de Fontanieu, que possède la bibliothèque du roi, et nous avons pensé que l'originalité du sujet dont elles transmettent le souvenir, ne les rendait pas indignes de figurer dans ce recueil.

MÉMOIRE

SUR

LA FONDATION D'UN BANC ACCORDÉ PAR M. L'ÉVÊQUE DE VALENCE A LA NOBLESSE, DANS L'ÉGLISE DE MONTÉLIMAR,

Par M. DE FONTANIEU, intendant de la province de Dauphiné[1].

Anciennement l'église de Sainte-Croix de Montélimar était une simple paroisse desservie par un curé et quelques prêtres. Louis XI, roi de France, voulut y établir une collégiale; il obtint une bulle de Rome pour l'érection d'un chapitre, qui fut formé de ce curé, de quelques prêtres et des religieux du prieuré de Saint-Benoit, établi près de cette ville. Ces religieux furent sécularisés, et les revenus de ce prieuré furent unis à ce chapitre, composé pour lors d'un doyen, d'un sacristain, huit chanoines, six choriers et six clercs, qui ne subsistent plus, parce que, depuis, l'église a été rendue collégiale et paroissiale, et par ce dernier état elle est devenue commune, et la charge de la fabrique et entretien est demeurée par moitié au collége et à la communauté de la ville de Montélimar. Les deux corps l'ont ainsi réglé par plusieurs transactions, et notamment par celle passée entre ce chapitre et la ville, le 23 décembre 1549, par laquelle il fut convenu que l'entretien se paierait par moitié. Les habitans de la ville de Montélimar avaient dans cette église des bancs de temps immémorial.

En 1701, dans le temps du passage des princes, le chapitre représenta à M. de Champigny, pour lors évêque de Valence, qu'il convenait d'ôter les bancs de la nef; ce qui fut exécuté : au lieu de ces bancs, les habitans y substituèrent des chaises.

[1] Ce mémoire est inséré au tome V, page 278, des neuf volumes in-folio de *Mémoires* servant de suite aux 120 volumes in-folio de la correspondance de Fontanieu; Ms. de la bibliothèque royale, N.º P. 120, fonds de Fontanieu.

M. de Milon, évêque de Valence aujourd'hui, faisant sa tournée dans son diocèse, passa à Montélimar : il se plaignit de ce que la noblesse n'assistait pas au service de la paroisse les jours solennels. MM. les gentilshommes répondirent qu'ils n'avaient point de place dans l'église. M. l'évêque de Valence leur ayant répliqué qu'il était juste de leur en accorder, MM. de la Touche, de Combemont, de la Lo, de Montboucher, de Joviac et de Vesc, présentèrent une requête pour lui demander un banc dans l'église paroissiale, à titre d'une fondation de 30 sols, dans une place vide et sur laquelle personne n'aurait aucun titre. M. l'évêque mit au bas un *soit montré au chapitre et au curé* seulement : ils consentirent à l'érection de ce banc; sur quoi M. l'évêque rendit son ordonnance conforme à la requête. Il fut construit un banc de la longueur de dix-sept à dix-huit pieds et fort large, qui fut placé à côté de celui de M. le gouverneur et dans une place où il y avait des chaises. Les particuliers à qui appartenaient ces chaises portèrent leurs plaintes aux consuls, qui convoquèrent une assemblée des trois ordres : MM. du chapitre et de la noblesse ne s'y trouvèrent pas.

Il fut délibéré que ces chaises ayant été ôtées par voie de fait, il était permis aux consuls d'ôter ce banc par la même voie, afin que les plaignans y rétablissent leurs chaises; ce qui fut exécuté la dernière fête de la Pentecôte, sur les sept heures du soir, par des sergens du quartier, de l'ordre des consuls. Ce banc fut mis au bas de l'église; c'est ce qui donne lieu aujourd'hui à M. l'évêque de Valence de porter ses plaintes à la cour.

MOYENS DE M. L'ÉVÊQUE DE VALENCE.

1° Sur ce que son ordonnance n'a été rendue qu'après un *soit montré au chapitre et au curé*, et après les délais ordonnés, sans aucune opposition, le tiers-état ne s'est point opposé à la construction de ce banc, lequel a été placé pendant quatre jours avant la délibération de la ville ;

2° Qu'il ne convenait point de donner sur la requête des gentilshommes une ordonnance de *soit montré aux consuls :* un évêque n'est point tenu de consulter un peuple lorsque, dans les fonctions de son ministère, il est obligé de statuer sur ce qui regarde l'ordre et la décence du service divin, surtout lorsqu'il s'agit de l'accroissement de la religion dans une ville encore hérétique dans la moitié de ses habitans;

3° Qu'il n'y a point de fabrique dans l'église de Montélimar; que cela est commun avec celles de Valence et de tout le diocèse, où l'on ne conteste pas néanmoins à l'évêque le droit d'accorder des bancs lorsqu'il le trouve convenable, et que les fidèles s'adressent à lui pour les fonder; la défense aux particuliers d'usurper des places perpétuelles dans les églises fait partie des règles, des statuts et de la police du diocèse de Valence, et les consuls de Montélimar n'auraient pas contesté la concession de ce banc si elle avait été faite en faveur de quelques bourgeois;

4° Que ce banc contient huit places, parce qu'il paraissait juste de dédommager le sieur Vincent et sa femme de leurs chaises clouées.

M. l'évêque ensuite, pour accommodement, propose de faire biffer la délibération de la ville sur les registres et de faire rétablir le banc où il a été placé, sauf aux consuls à se pourvoir devant lui pour exposer leurs raisons, représenter leurs titres et prendre les arrangemens convenables au sujet de ce banc. A l'égard des satisfactions, il consent que M. l'intendant les en exempte, et il souhaite que tout se passe sans un ordre absolu de la cour, pour diminuer le scandale que cause la division entre la noblesse et les bourgeois dans la ville de Montélimar.

MOYENS DES CONSULS.

1° Par différens traités passés entre le chapitre et la ville de Montélimar, notamment par la transaction du 23 décembre 1549, l'entretien de l'église doit être payé par moitié; il est donc vrai qu'il y a des fabriciens chargés de l'entretien et des réparations de cette église. Le droit d'accorder des places dans les églises, par bancs ou chaises, à des familles particulières, appartient aux fabriciens; cela a été confirmé par différens jugemens, et MM. les évêques ont seulement le droit de les faire ôter si, dans leurs visites, ils trouvent que l'emplacement de ces bancs est nuisible au service divin. Quant le chapitre aurait donné son consentement à l'établissement de ce banc, qui est d'une grandeur énorme, et que M. l'évêque l'aurait accordé sur une requête, dont les consuls n'ont point eu de connaissance, ce serait une entreprise contre le droit du tiers non ouï. Le chapitre ne pourrait pas lui seul faire une telle concession, sous le prétexte d'une petite fondation de 30 sols qu'il s'arroge seul et qui aurait dû tourner au profit de la fabrique. L'usage de la ville de Montélimar est de donner ces places gratuitement; il doit être suivi sans innovation, et le droit de les accorder demeure commun aux deux corps.

2° La ville souffre non-seulement par la privation de son droit, mais encore parce que l'on donne atteinte à un droit honorifique de ses officiers consulaires, par la position du banc immédiatement avant celui qui leur appartient, et dans la même ligne de celui du gouvernement, qui seul peut avoir cette préséance, puisque les consuls ne sont pas moins consuls du premier et second état que du troisième; outre que ce banc exclut plusieurs familles de leurs places, attendu qu'il en occupe plus de vingt. Les nouveaux bancs ne doivent s'accorder que sur des places vides, et non pas au préjudice de ceux qui sont placés; il y a plus, la faculté d'avoir des places dans l'église en corps n'est donnée qu'à ceux qui sont autorisés par le roi : on n'a pas encore vu que la noblesse ait fait corps dans l'église.

Les familles nobles catholiques ont eu de tout temps des bancs dans l'église : M. le marquis de Pracomtal en avait un dans sa chapelle, à côté de la chaise du prédicateur; M. de Savasse, un contre le chœur; feue Mme d'Eurre avait un banc de sa famille. Depuis les conversions, Mme de Combemont en avait un qui subsiste encore. M. de Combemont n'avait donc aucun intérêt dans la requête présentée à M. l'évêque de Valence, puisqu'il a un banc; non plus que M. d'Eurre, qui peut user des places de sa famille. M. de Joviac demeure en Vivarais, d'où il ne vient qu'en visite chez M. le marquis de Chabrillan, son beau-père, dans le banc duquel il a place. Quant à M. de Vesc, non marié, et à M. d'Eurre, la ville ne leur refuse pas des places, s'il y en a de libres et sur le consentement du chapitre.

Quant l'ordonnance de monseigneur l'évêque de Valence aurait été notifiée à la ville, le déplacement du banc aurait été bien fait, parce que cette ordonnance ne permettait l'emplacement du banc que dans un terrain vide. Il a été cependant placé dans un terrain de tout temps occupé par plus de vingt chaises, appartenant à de très-notables familles; par conséquent, ceux qui ont exécuté l'ordonnance ont excédé sa disposition.

AVIS DE L'INTENDANT DE DAUPHINÉ.

Le motif par lequel M. l'évêque de Valence s'est conduit n'a rien certainement en soi que de très-louable. Le fait qu'il avance que la ville de Montélimar est encore hérétique pour le moins dans la moitié de ses habitans et surtout de la noblesse n'est que trop vrai. Il s'est flatté d'engager, par la fondation d'un banc et d'une place distinguée, ce corps respectable, sur lequel le peuple a toujours les yeux, à assister au service divin. Ce projet était digne de la sainteté de son ministère; mais il eût été désirable qu'il s'y fût livré avec un peu moins de vivacité, et qu'il eût un peu plus consulté les formes et les droits du tiers-état.

Il est, en effet, hors de doute, par tout ce qui a été exposé ci-dessus, que quoiqu'il n'y ait point de fabrique établie dans l'église de Montélimar, néanmoins l'entretien de cette église, commun entre le chapitre et le corps de ville par les transactions citées, attribue aux deux corps en commun un droit représentatif de fabrique; qu'ainsi le corps de ville devait être consulté, aussi bien que le chapitre; que ce n'est point consulter une populace entière que de s'adresser à des magistrats choisis pour représenter et stipuler les droits du peuple; que, par conséquent, M. l'évêque de Valence ne devait point s'en faire un scrupule, ni croire déroger à sa dignité en suivant une formalité nécessaire, et dont l'omission rend son ordonnance entièrement irrégulière.

Vainement M. l'évêque de Valence objecte-t-il que la fondation des bancs est une partie dépendante uniquement du ministère épiscopal : les tribunaux séculiers retentissent si souvent de ces sortes de matières, qu'il n'est pas permis de douter qu'elles soient de leur compétence, surtout lorsqu'il y a des titres, comme dans le cas dont il s'agit.

Le défaut de communication aux consuls a jeté M. l'évêque de Valence dans une seconde irrégularité : il attribue au profit du chapitre seul le bénéfice en entier des 30 sols de fondation, et cela contre la disposition de tous les titres. Il ne l'aurait pas fait assurément, s'il avait mis la ville à portée de lui représenter ses droits.

Enfin, ce qu'il y a de plus singulier dans l'ordonnance est de reconnaître un corps de noblesse dans une église, dans un lieu sacré, où, dans les cérémonies ordinaires et journalières, les petits comme les plus grands doivent être égaux, et où, dans les cérémonies solennelles, la noblesse ne peut s'assembler que par l'invitation des gouverneurs chargés de représenter la personne du roi, et auxquels Sa Majesté veut bien confier son autorité. On ose dire qu'en ce point l'ordonnance de M. l'évêque n'a pas d'exemple.

On ne prétend pas cependant autoriser le procédé de la ville de Montélimar à son égard : la démarche d'enlever par voies de fait un banc placé de l'autorité épiscopale est peu respectueuse, et si la ville avait à se plaindre de n'avoir pas été entendue, il est vrai aussi que, sans passer jusqu'aux voies de fait, celle de se pourvoir par opposition lui était ouverte, et qu'elle pouvait la mettre en usage; mais, d'un autre côté, ne doit-on pas aussi pardonner quelque chose à des magistrats attaqués dans une distinction essentielle de leur état?

De sa part, M. l'évêque de Valence n'a pas été moins vif : instruit de la délibération prise par la ville, il ne peut nier qu'il écrivit une lettre au curé portant défense de donner la bénédiction, ni de faire aucune procession du Saint-Sacrement, le jour cependant de l'octave de la Fête-Dieu, et que ce ne fut que sur la représentation qui lui fut faite par un député, du scandale que causerait cet ordre, qu'il se porta à le révoquer.

Il eût été désirable que cette affaire eût pu se terminer à l'amiable, sans rétablir le banc, car jamais il ne peut l'être, mais par quelque espèce de satisfaction de la part des consuls à M. l'évêque de Valence, auxquels ils doivent bien cette marque de respect; mais malheureusement M. l'évêque de Valence exige trop; il veut que la délibération soit biffée des registres; que les consuls soient tenus de rétablir le banc, sauf à se pourvoir après cela par-devant lui, et il semble souhaiter que tout se passe sans un ordre absolu de la cour et sans satisfaction à son égard.

Tant qu'il se tiendra dans les termes d'une si grande rigueur, il est difficile de pouvoir mener les choses à une conciliation, et dans la circonstance actuelle l'avis d'un intendant de Dauphiné ne peut être autre que de dire que, dans la forme et dans le fond, l'ordonnance est irrégulière et incompétente; qu'elle ne lui paraît pas soutenable, et que, par conséquent, à juger des choses dans les règles, elle doit être cassée par le conseil.

Si cependant, pour éviter la dissension que pourrait produire un pareil arrêt, le conseil employait son autorité pour obliger M. l'évêque de Valence à se dessaisir, moyennant quelques démarches à son égard, de la hauteur avec laquelle il prétend soutenir un droit insoutenable, on croit que ce serait le parti le plus décent et le plus convenable au bien public.

On espère que l'autorité du roi produira à cet égard le succès que les remontrances de l'intendant n'ont pu obtenir.

Fait à Grenoble, le 13 juillet 1728.

HÉGÉSIPPE MOREAU.

Sous le ciel des beaux-arts, où peu d'astres encore
Ont jeté jusqu'au bout leur éclat sans pâlir,
Naguère apparaissait un brillant météore,
Sorti des ateliers où le peuple élabore
    L'édifice de l'avenir.

Les rayons éclatans de sa blanche lumière
Révélèrent au monde un poète nouveau,
Dont la muse, échappée au toit d'une chaumière,
Pour chanter la vertu se levait la première :
    C'était Hégésippe Moreau !

Séduite par les sons exhalés de sa lyre,
La presse d'un éloge accompagnait ses vers;
A ses nobles travaux la gloire allait sourire,
Encore quelques jours et sa voix allait dire :
    « Adieu, misère! adieu, revers! »

Mais ces jours de bonheur, que son ame inquiète
Voyait flotter si purs dans un proche avenir,
Ces jours, qu'il désirait comme une longue fête,
Comme on désire un port après une tempête,
    Ces jours ne devaient pas venir!....

Comme Gilbert, à qui la bizarre nature
Prodigua le génie et refusa du pain,
Illustre paria de la littérature,
Il devait succomber sous la double torture
    Et du labeur et de la faim.

Il ignorait, rêvant l'amour et l'ambroisie,
Que le nom de poète est un titre fatal,
Car il chantait encore sa douce poésie,
Lorsque deux vers rongeurs, la fièvre et la phthisie,
    Le dévoraient à l'hôpital !

L'hôpital à Moreau !.... dont l'amitié si douce,
Allégeant le fardeau de toutes les douleurs,
Aux pauvres sans abri, que le riche éclabousse,
Aurait voulu pouvoir bâtir des lits de mousse,
    Et tracer des routes de fleurs !....

Où donc vous cachiez-vous, philanthropes perfides,
Quand son corps amaigri, chancelant en chemin,
S'alita, recouvert de symptômes morbides;
Quand, aux voûtes du ciel, levant ses yeux humides,
    Il vous tendit sa froide main?

A l'appel du mourant vous fûtes tous rebelles :
Nul, près de son grabat, n'a pleuré, n'a gémi;
Et son ame, en brisant ses entraves mortelles,
N'a pas, au paradis, emporté sur ses ailes
    Le dernier adieu d'un ami!....

Pleurez! peuple des arts, littérateurs, poètes,
Que le sort a marqués du sceau de ses élus,
Qui marchez à la gloire à travers mille fêtes,
Pleurez! d'un crêpe noir ceignez vos pâles têtes;
    Un de vos bons frères n'est plus!!!

Pareil à ces oiseaux des terres étrangères,
Qui, reposant leur vol sur nos vertus fougères,
Ne laissent, après eux, qu'un vain nid dans les champs;
Il n'a laissé qu'un luth, dont les cordes légères
    Modulaient de sublimes chants.

Et pourtant il eût pu, par une apostasie,
Au sac des fonds-secrets puiser à pleines mains;
Et, vendant au pouvoir sa belle poésie,
Couler des jours pétris de miel et d'ambroisie,
    Et se titrer de parchemins.

Mais, au culte de l'or prodiguant l'infamie,
Il était resté pur dans ce siècle éhonté,
Et quand ses vers d'amour, comme une voix amie,
Le soir, avaient bercé son amante endormie,
    Il chantait pour la liberté.

« Pauvre ouvrier, tout tissu de fibres d'harmonie,
» Hégésippe! ta tombe est veuve d'un cyprès;
» Car, moi, j'étais bien loin, quand l'affreuse agonie,
» Abaissant sur ton front son aile rembrunie,
    » Vint t'enlever à mes regrets! »

                                                          ***

29 décembre 1838.

BULLETIN

LITTÉRAIRE ET SCIENTIFIQUE.

BIBLIOGRAPHIE.

Discours sur l'enseignement du Droit en France, avant et depuis la création des écoles actuelles, prononcé le 5 novembre 1838, à la séance solennelle de rentrée de la Faculté de droit de Paris, par M. BERRIAT-SAINT-PRIX. Paris, Langlois, 1838, in-8°.

L'AUTEUR a répandu, dans ce rapide exposé de l'enseignement du droit, des particularités fort curieuses sur les abus qui, dans le cours du XVIIIe siècle, avaient envahi la plupart des universités en France, et les avaient fait tomber dans la plus grande déconsidération. L'étude sérieuse et approfondie des lois y avait été remplacée par un vain appareil de formalités universitaires, dont le ridicule et l'impertinence passeraient toute créance, s'ils ne résultaient de documens irrécusables, les registres officiels des universités. Les degrés s'achetaient à prix d'argent, et les professeurs ne craignaient pas de se prêter aux fraudes les plus répréhensibles pour satisfaire leur cupidité et leur paresse. Quant aux examens, ils étaient le résultat d'une petite comédie concertée entre le professeur et l'élève : celui-ci recevait du premier la copie d'une série de questions avec leurs réponses, plaçait sa leçon écrite au fond de son bonnet, et la lisait bravement à la barbe du docte aréopage, qui lui délivrait son diplome après quelques minutes de parade. C'était là ce qu'on appelait en style d'école obtenir ses degrés *per saltum*. La plus grande partie de la durée de l'examen était consacrée à faire des salutations indiquées par le formulaire, à prodiguer aux professeurs des bonnetades et des qualifications honorifiques, après quoi l'impétrant était proclamé, en latin culinaire, digne d'entrer dans la docte corporation. L'université de Louvain conserve encore aujourd'hui dans toute leur intégrité ces traditions pédantesques, dont Molière s'est si facétieusement raillé. M. Berriat-Saint-Prix rapporte plusieurs traits de ce genre d'un excellent comique, qu'il a puisés aux sources les plus authentiques. La création moderne des écoles de droit, en faisant disparaître tous ces abus, a donné à l'étude scholastique des lois plus d'importance, et à la discipline plus de sévérité : cependant bien des améliorations restent encore à introduire, et il faut espérer que les excellens esprits qui en ont fait l'objet de leurs méditations les feront triompher dans l'intérêt de la science.

Le discours de M. Berriat-Saint-Prix, outre les notions fort instructives qu'il renferme, est empreint d'un intérêt tout particulier pour notre province, à cause des documens qu'il relate sur l'organisation des universités de Dauphiné et de l'école de droit de Grenoble. C'est un motif de plus pour nous de signaler aux lecteurs de notre *Revue* ce nouveau travail de notre savant compatriote.

Histoire du Dauphiné à l'usage des écoles primaires (par M. Crozet). Grenoble, Prudhomme, in-24.

Voici un très-petit livre, plein d'excellentes choses, dites avec beaucoup de simplicité et de clarté, et surtout écrites dans les vues les plus louables. C'est une heureuse idée d'avoir voulu populariser l'histoire du pays, et, pour obtenir ce résultat, d'en avoir mis le tableau succinct et rapide à la portée des jeunes élèves des écoles primaires. L'histoire nationale, malgré les immenses travaux des érudits et la foule d'abrégés bien ou mal faits produits par les compilateurs, est loin d'avoir obtenu cette faveur dont l'amour du pays devrait entourer les souvenirs du passé, et l'on ne parviendra, sans doute, à la vulgariser qu'en la rendant pour l'enfance un objet de curiosité et d'études préliminaires.

L'auteur du précis que nous annonçons n'a pas eu la prétention de tracer les annales du Dauphiné dans leur généralité : quelques pages n'eussent pu suffire à un aussi vaste plan, qui d'ailleurs eût franchi les limites étroites qu'il s'est imposées, et n'eût pas rempli le but de son travail. Parcourant rapidement les phases culminantes de l'histoire de la province, il s'est borné à reproduire les événemens les plus saillans dont l'importance est significative dans le domaine du passé, ceux qui déterminent nettement les principales périodes chronologiques, ceux enfin qui offrent à la meilleure des philosophies, la philosophie de l'histoire, d'utiles enseignemens à recueillir. Rédigé d'après ces élémens, cet abrégé est de nature à jeter dans la mémoire des enfans la semence de plus sérieuses études, qui s'accompliront avec le développement de leur intelligence; il y plantera, si se peut dire ainsi, des jalons qui serviront à les guider dans les recherches que l'esprit de science et de curiosité les conviera à faire un jour. C'est de cette manière seule que l'histoire du pays pourra se populariser. En jetant les yeux sur le très-petit volume de M. Crozet, on se tromperait étrangement si on le croyait le résultat de méditations superficielles; il faut, au contraire, avoir beaucoup étudié, être bien maître de sa matière, et d'un seul coup d'œil embrasser l'enchaînement des faits et des temps, pour resserrer avec précision en quelques lignes des périodes entières, fécondes en événemens. C'est par cette raison que les bons résumés sont fort rares. Celui de M. Crozet, consciencieusement élaboré, est le fruit de la lecture, non-seulement des monumens imprimés, mais encore d'une foule de documens inédits. Sous ce rapport, il se recommande par le mérite de son exactitude, exactitude qui trouve sa garantie dans les connaissances paléographiques de l'auteur. En terminant ces courtes considérations, nous nous faisons un devoir de recommander aux instituteurs primaires de la province le précis de l'*Histoire du Dauphiné* : il est bien, sans doute, que l'enfance sache un peu ce que faisaient les Grecs et les Romains, mais il serait honteux qu'elle négligeât de connaître les annales de la patrie.

Montbrun ou les Huguenots en Dauphiné, par M. A. Badon. Paris, 2 vol. in-8°. Prudhomme, libraire-éditeur, 9, rue des Poitevins [1].

Cette publication ramène dans l'arène littéraire un nom qu'un double succès dramatique y avait honorablement inscrit en 1832 et en 1833. Le Vaudeville et le Théâtre Français ont dû à M. Badon le drame d'*un Duel sous le cardinal de Richelieu* et la comédie d'*une Aventure sous Charles IX*.

Aujourd'hui c'est le roman historique que vient d'aborder M. Badon.

Le Dauphiné fut l'une des provinces de France où la réforme religieuse se propagea, dans le XVIe siècle, avec le plus de rapidité et avec les luttes les plus ardentes. L'université de Valence, alors célèbre et fréquentée, devint naturellement le foyer et le centre du mouvement dauphinois. Des prêches publics s'y établirent de vive force et à main armée, jusque dans les églises,

---

[1] Nous reproduisons avec d'autant plus d'intérêt cet article, extrait de la *Chronique de Champagne*, tome IV, page 347, qu'il émane de la plume de l'un de nos compatriotes.   (*N. du D.*)

dès la première année du règne de François II, en 1559; et les villes environnantes, Romans, Montélimar, eurent bientôt suivi cet exemple. Cet état de choses fixa l'attention du gouvernement. En 1560, le duc de Guise envoya à Lyon son frère le grand-prieur de France, et le sire de Maugiron, pour y assembler les gens de guerre, et comprimer les troubles dauphinois. Le baron des Adrets, colonel des légionnaires du Dauphiné, fut rappelé de Piémont, et reçut l'ordre de marcher sur Valence. A partir de ce moment, le Dauphiné devint le théâtre de guerres partielles sans cesse comprimées et sans cesse renouvelées, de siéges et de massacres, de procès publics faits aux novateurs, de condamnations, d'exécutions, d'amnisties inutiles, de traités consentis et violés, et, de part et d'autre, de cruautés inouïes. — C'est cette période de l'histoire que M. Badon a mise en scène.

Deux figures historiques dominent dans son livre : le marquis *Charles du Puy Montbrun*, dont la vie est devenue pour l'auteur le cadre et la limite des événemens qu'il embrasse; — et *François de Beaumont, baron des Adrets.*

Charles du Puy Montbrun fut le premier gentilhomme français qui leva l'étendard de la révolte au nom des doctrines calvinistes, qu'il avait embrassées avec un zèle qui ne se démentit pas jusqu'à sa mort. Il les imposait par la violence à ses vassaux. Le château de Montbrun, situé sur une colline, dans le Comtat, était devenu l'un des boulevards des réformés, et soutint plusieurs siéges. Partout où s'engageait une lutte, le marquis apparaissait, mystérieux et inattendu, avec ses hommes d'armes et son intrépide courage qui l'avait fait surnommer *le vaillant.* Les conférences des seigneurs du parti avaient lieu chez lui; ses signaux disposaient des populations des campagnes. Un jour, il arrêtait lui-même avec ses cavaliers le grand-prévôt Bouvier, qui avait ordre du parlement de Grenoble de le prendre au corps, et ne le rendait qu'après un traité. Un autre jour, il faisait enlever le bagage d'Henri III, qui se rendait au siége de Livron, et répondait, en le refusant à

ceux qui venaient le lui réclamer au nom du roi de France : « En
» temps de guerre, quand on a le bras armé, tout le monde est
» compagnon. »

Après avoir lassé les assiégeans de Livron, après des avantages
signalés obtenus dans les environs de Die contre les troupes du
gouverneur, Gordes de Simiane, Montbrun eut un jour un cheval
abattu sous lui, se cassa la cuisse, et fut contraint de se rendre.
— Cela se passait entre Crest et Die.

« On ne peut exprimer combien la prise de Montbrun causa
» de joie à la cour. » (De Thou.)

« Elle y fut considérée comme la ruine de son parti en Dau-
» phiné. » (Chorier, *Histoire du Dauphiné.*)

Conduit à Grenoble, Montbrun fut jugé et condamné à mort
par le parlement. Il eut la tête tranchée le 12 août 1575, sur l'une
des places publiques de Grenoble. Son courage ne se démentit pas
un instant. Sa grâce, arrachée à grand'peine et trop tard aux
résistances de Henri III, arriva à Grenoble deux heures après
l'exécution.

A côté de ce type si complet, si pur, du chef religionnaire du
XVIᵉ siècle, vient se placer parallèlement dans le livre de M. Badon
le caractère tout opposé et tout mobile du baron des Adrets.

Des Adrets, colonel des légionnaires du Dauphiné, est d'abord
envoyé pour le parti catholique contre les premiers troubles
de Valence, en 1560. En 1562, il s'empare de cette ville de
Valence, au profit des huguenots, contre le gouverneur Lamothe-
Gondrin, son allié de la veille, qu'il y laisse massacrer; de là,
pendant neuf mois, il conduit les triomphes protestans à travers
le Dauphiné, le Forez et le Comtat; entrant successivement en
vainqueur à Lyon, à Grenoble, à Vienne, à Montbrison, à
Pierrelatte, à Saint-Marcellin, et laissant partout et toujours, quel
que soit le parti qu'il serve, des traces d'une bravoure qui n'a
d'égale que sa cruauté demeurée historique. C'est à Saint-Marcellin
que, dans un des chapitres les mieux conduits et les mieux écrits

de son ouvrage, M. Badon représente le baron faisant servir un dernier repas aux prisonniers qu'il destine à la mort, et les contraignant ensuite à se précipiter, en sa présence, du sommet d'une tour au fond d'une abîme.

Insouciant de toute croyance, Des Adrets n'eut dans sa vie militaire qu'une seule fidélité; elle fut pour la politique inquiète et jalouse de Catherine de Médicis, qui lui fit abandonner le parti catholique, quand elle crut voir dans la réforme un moyen de lutter contre l'influence des Guises, soutiens de ce premier parti.

A quelque temps de là, Des Adrets devint suspect aux protestans, qui le firent arrêter à l'instant où il négociait avec le duc de Nemours son retour au parti catholique. — Il mourut catholique le 2 février 1586.

Voilà le marquis de Montbrun et le baron des Adrets tels que l'histoire nous les a légués, et tels aussi que M. Badon les a reproduits avec conscience comme historien, avec bonheur comme romancier. Tout en se restreignant aux luttes qui eurent pour théâtre le Dauphiné, M. Badon n'a pas négligé d'indiquer et de rappeler à propos les liens qui rattachaient ces diverses scènes locales aux noms et aux actes de la politique du royaume. Il sait ainsi toujours saisir dans ces causes générales et historiques l'ensemble du drame dont il ne développe qu'une partie.

Tels sont, avec les personnages accessoires qu'ils entraînent nécessairement après eux, les points saillans de la partie historique.

Viennent ensuite et fondus dans le détail des événemens les personnages d'invention.

Bérengère de Montluc, fille d'un ancien militaire, depuis évêque de Condom, et coadjuteur de l'évêque de Valence, a été fiancée, en naissant, à Montbrun, alors de famille catholique. Elle est refusée, au milieu d'une fête, par son père, à Montbrun, devenu chef de huguenots. Elle ne revoit le marquis et ne lui déclare son long et inutile amour qu'à l'instant où il vient d'être arrêté, et où le parlement va condamner sa vie.

Autour de cette tête un peu pâle, qui réalise la fiction des amours de Montbrun, sont jetés avec plus de ton, et parfois avec une heureuse gaîté :

Jocerand Lyonnet, écolier de l'université de Valence, ardent sectateur du calvinisme, volontaire dévoué de Montbrun, surveillant attentif des dangers de *Bérengère;*

Maître Oudard, libraire érudit du temps, capitaine du guet à Valence, catholique, mais poltron avant tout, se faisant suivre au corps de garde de l'édition la plus rare de Polybe, et, entre les armes des anciens, regrettant par-dessus tout le bouclier;

Aymonette, sa nièce, fille de piété et de science, élevée par son oncle dans l'amour des auteurs latins, sachant par cœur Scaliger et Cujas, catholique croyante et dévouée, poursuivant sans succès la conversion de Jocerand, son cousin, qu'elle aime et qu'elle n'épouse pas, compagne fidèle et résignée de mademoiselle de Montluc.

C'est là la partie de la fiction, ou, si l'on veut, du roman proprement dit.

Il est malheureusement de la nature de ce genre mixte et assez faux, qu'on a appelé le *roman historique*, que, des deux élémens qui le composent, histoire et fiction, l'un doit presque toujours tuer l'autre. Dans le livre que j'indique, c'est l'histoire qui a effacé le drame créé; la passion est demeurée timide et sans élan au milieu des nécessités historiques : s'il fallait un écueil, je félicite l'auteur de celui des deux que sa plume a rencontré.

Il y perdra peut-être quelques lecteurs passagers et frivoles, mais il y gagnera l'attention et l'estime plus sérieuses de ceux qui tiennent à retenir quelque chose de vrai de leurs lectures. Le livre de M. Badon est, à son éloge, beaucoup plus une chronique qu'un roman. Seulement, en le voyant toucher avec tant de conscience et de recherches à l'une des vives et brûlantes époques de notre histoire, trouver et produire les sources, coordonner les faits et les dates avec de nobles scrupules d'historien, je me suis pris à regretter qu'il n'ait pas fait de l'histoire pure, de l'histoire avec les documens vérifiés du temps, avec cette loyauté de travail qui est si rare de nos jours, et qui peut, sur de tels sujets, à l'aide de la seule vérité, jeter tant de lumière et encore tant de couleurs.

Il faut au roman les libres allures de l'imagination, et pour cela, les types créés conviendront toujours mieux que les types convenus et tracés d'avance. La peinture morale et philosophique des passions du cœur a besoin d'assouplir les faits et de créer ses situations; et pour cela, à moins que l'on ne se résigne à mentir à l'histoire, il faut que les faits ne soient pas imposés par elle.

D'un autre côté, c'est, ce me semble, une erreur de croire que l'histoire dans ses drames vrais et simples, dans son analyse des passions réelles et sérieuses de l'homme social, ait besoin, pour intéresser, de fictions qui, au contraire, viennent troubler et dérouter l'étude. Je demanderai, par exemple, à ceux qui viennent de lire l'histoire de Louis XIII, par M. Bazin, si jamais roman historique a valu, pour l'intérêt et le mouvement, cette œuvre si sincère, si profonde, et pourtant si animée et si largement dramatique.

M. Badon a prouvé par l'excellente introduction qui commence son livre, par la laborieuse intelligence qui a présidé au choix de ses notes justificatives, enfin par l'exactitude qu'il a apportée à reproduire les faits et les caractères importans, qu'il avait voulu surtout faire une étude historique, et qu'il savait chercher et écrire l'histoire. C'est sous ce point de vue principal qu'il faut juger et louer son œuvre. C'est un beau rôle qui a été trop peu tenté encore que celui de mettre en ordre et en lumière, sur les lieux mêmes, à portée des traditions locales, les histoires spéciales des provinces : ce serait le seul secret d'arriver à obtenir les élémens séparés et certains d'une histoire générale raisonnée et fidèle. Nulle époque plus que celle des guerres religieuses du XVIe siècle, n'aurait besoin de cet ensemble et de cette variété de matériaux.

En résumé, le livre des *Huguenots en Dauphiné* est d'un véritable intérêt historique; il restera parmi les bons documens relatifs aux luttes de la réforme religieuse dans les provinces de la France; il sera lu et consulté avec profit et plaisir par d'autres que par ceux qui, comme l'auteur de cet article, devaient y rencontrer le noble amour-propre du succès d'un ami, et les souvenirs aimés de la patrie absente.

E. DE ROYER.

VIIᵉ LETTRE

SUR

L'HISTOIRE DE LA VILLE DE GAP.

(1577 à 1587.)

Gap et le Gapençais sous la domination des protestans. — Bonne d'Auriac, gouverneur de Tallard. — Manière dont les calvinistes exécutent l'édit de Poitiers, à Gap. — Le prince de Condé se rend en cette ville et fait reconnaître Lesdiguières comme capitaine-général des protestans du Dauphiné. — Guet-apens du château de Tallard. — Générosité de Lesdiguières envers Le Moulin et Bajole. — Embuscade de Blosset à la ferme de la Croix et à celle de Chappan. — D'Auriac, prisonnier de Lesdiguières. — Le duc de Mayenne en Dauphiné. — Tallard bloqué par Lesdiguières et ravitaillé par Tavannes. — L'évêque Paparin à la Baume-lès-Sisteron. — Il y assemble le clergé de son diocèse et rédige des statuts synodaux. — Grand éloge du roi et de la reine-mère. — Le revenu de l'évêque réduit aux dîmes de la Baume. — Le duc de Mayenne contraint Lesdiguières à accepter la paix. — Il vient à Gap et rétablit en leurs maisons les catholiques qui en avaient été expulsés, et Paparin dans l'exercice de ses fonctions épiscopales. — Nouveaux troubles suscités par les hérétiques. — Fuite de l'évêque par l'égout de Porte-Colombe. — Il se retire de nouveau à la Baume, où il paraphrase les

*psaumes de David. — Projets de vengeance des catholiques de
Gap déjoués par le lieutenant du gouverneur. — Poursuites
dirigées par l'évêque contre les habitans de Lettret. — Ses derniers
traités avec Gabriel de Clermont. — Procès par lui intenté aux
consuls de Gap. — Cette ville se déclare pour la Ligue. — Prise
de Chorges et d'Embrun par Lesdiguières. — Cruautés exercées
par les protestans dans la ville et le diocèse d'Embrun. — Cadet
de Charence au pont de Brion. — Reprise de Chorges par
d'Épernon et Lavalette. — Encore Cadet de Charence. — Divers
exploits de Lesdiguières.*

(1577.) LA ville de Gap, tombée au pouvoir de Lesdiguières,
en 1577, de la manière dont Paparin de Chaumont l'a raconté
dans ma cinquième lettre, resta sous la domination des protestans
jusqu'au mois de septembre de l'année 1581, époque à laquelle
un grand personnage, qui fut dans la suite le dernier soutien de
la Ligue, vint la faire rentrer sous le service du roi, ou plutôt
sous la domination de son frère, le duc de Guise, bien plus
puissant alors dans une grande partie du royaume que ne l'était le
faible, le dévot et tout-à-la-fois le voluptueux Henri III. L'année
même de la surprise de notre ville, l'édit de Poitiers assura aux
protestans non-seulement l'exercice public de leur culte et leur
rétablissement dans tous les droits de citoyens, mais il approuva
leurs prises d'armes et tout ce qu'ils avaient fait, comme très-utile
à l'état. De sorte que dans nos contrées ils purent jouir paisiblement et presque légalement de toutes leurs conquêtes, lesquelles
s'étendaient sur tout le Gapençais, à l'exception de la ville et du
château de Tallard, où commandait un pauvre gentilhomme du
voisinage, signalé bien des fois comme mauvais catholique par
l'évêque Paparin ; le seul cependant qui sut balancer la fortune de
son cousin, le seigneur des Diguières, et résister vaillamment aux
entreprises de ses capitaines. Son nom était Étienne de Bonne, et
sa seigneurie le petit fief d'Auriac, dans la communauté de la

Rochette, où vous voyez encore, au-dessus de la route de Gap à Embrun, les restes de son maigre château, flanqué d'une grosse tour qui, en hauteur, a perdu la moitié de la dimension qui jadis en faisait une forteresse assez respectable. Il vous souvient, sans doute, de l'avoir vu figurer parmi les instigateurs du meurtre tenté contre l'évêque, lorsqu'un coup de pistolet lui fut tiré dans les rues de notre ville.

Voici comment les calvinistes, qui en étaient devenus les maîtres, exécutèrent l'édit de pacification. En premier lieu, le substitut du procureur-général au bailliage d'Embrun, étant venu à Chorges pour le publier, fut arrêté par les protestans, et de là conduit à Gap, où il fut jeté dans une basse-fosse comme un criminel. La personne qui avait eu la même mission pour cette ville y fut insultée et chassée. Quelques soldats de d'Auriac s'étant présentés pour y entrer, en furent repoussés comme ennemis, et seize d'entre eux y perdirent la vie. Enfin, les catholiques qui l'avaient quittée au moment où elle était tombée au pouvoir des protestans, et qui s'étaient retirés à Embrun, crurent pouvoir rentrer dans leur ville natale à la faveur de la paix de Poitiers, mais on leur fit connaître qu'ils devaient y renoncer, et que leur patrie les désavouait pour siens. Nous verrons bientôt les sanglantes représailles qu'ils préparèrent après que le duc de Mayenne leur en eut ouvert les portes. Le maréchal de Bellegarde, qui commandait par-delà les monts, eut le dessein de se rendre à Gap, pour punir les auteurs de tous ces désordres; mais, sur l'avis que son autorité y serait méconnue par les calvinistes, il renonça à son projet, dans la crainte de compromettre l'autorité du roi en exposant la sienne au mépris d'une population mutinée[1].

Cependant le roi s'était déclaré le chef de la Ligue. Pendant qu'il s'amusait à parcourir les couvens de sa capitale pour escamoter les jolis petits chiens des nonnes, qu'il se livrait à d'indécentes masca-

[1] **CHORIER**, *Histoire du Dauphiné*, tome II, liv. 19, sect. 23 et 24.

rades, qu'il appuyait l'insolence de ses mignons, la ville de Gap restait forcément tranquille sous la domination des huguenots, et ne prenait même aucune part à la septième guerre civile, dite *des amoureux*. Le prince de Condé, qui venait de recruter en Allemagne et se rendait en Languedoc, s'y arrêta quelque temps, en 1577, pour faire reconnaître Lesdiguières comme chef des protestans dans la province : il convoqua à Gap les gentilshommes du Bas-Dauphiné qui, après la mort de Montbrun, avaient refusé de se réunir à lui, et ordonna de le considérer désormais comme leur capitaine-général; mais à peine le prince avait quitté la ville, que l'autorité de Lesdiguières fut de nouveau méconnue par ces gentilshommes, bien qu'il eût obtenu en même temps du roi de Navarre le pouvoir de commander en son absence dans le Dauphiné [1].

(1577 à 1579.) D'Auriac, *le Pompée de cet autre César*, tenait toujours le château de Tallard. Sans cesse il était aux aguets pour prendre quelque avantage sur Lesdiguières, tantôt par force, tantôt en usant de stratagèmes; et il savait les pratiquer fort adroitement. C'est dans l'intervalle de 1577 à 1579 que fut commis un de ces actes de barbarie trop communs dans les temps de troubles et d'exaltation politique ou religieuse, où, de part et d'autre, on cherche à s'étourdir sous le prétexte du bien public, comme si la loi suprême de justice et d'humanité devait fléchir jamais devant ces fatales maximes, invoquées pour justifier les excès commis ou les excès à commettre.

Étienne de Bonne s'avise un jour de faire sortir de sa brillante forteresse deux officiers de la garnison, l'un habitant et l'autre originaire de Gap : c'étaient Le Moulin et Bajole, qui, comme déserteurs, s'en vont offrir à Lesdiguières de le rendre maître du château de Tallard; ils prétendaient en avoir un moyen infaillible, car, disaient-ils, la garnison leur était dévouée, puisqu'ils l'y avaient introduite; il s'agissait seulement de distribuer quelque

---

[1] *Histoire du connétable de Lesdiguières*, liv. I, chap. 12.

argent aux soldats pour leur faire trahir son cousin d'Auriac, et alors ils l'introduisaient dans le château. Afin d'éloigner tout soupçon, Bajole et Le Moulin proposèrent à Lesdiguières d'envoyer avec eux quelques-uns des siens à Tallard pour reconnaître les soldats qui leur étaient dévoués, lesquels portaient une aiguillette sur l'épaule gauche, signal convenu pour le succès de l'entreprise. C'est un double plaisir, dit le proverbe, de tromper un trompeur; et cette fois les Sinon gapençais et le gouverneur de Tallard durent l'éprouver, car Lesdiguières ne se douta nullement de la supercherie; il leur donna deux hommes qui, voyant les compagnies gardiennes du château rangées sur la place d'armes, sous le prétexte d'une revue, avec la fatale aiguillette, s'en revinrent tout joyeux à Gap auprès de leur maître, qui s'empressa de livrer la somme promise, c'est-à-dire sept à huit cents écus.

Au jour marqué pour l'exécution de son projet, Lesdiguières se rend furtivement à Tallard avec l'élite de ses troupes, s'établit dans une vigne située au-dessus de l'immortelle Garenne, et qui porte encore aujourd'hui le nom de *Muscadelière;* puis il s'approche tout-à-fait de la forteresse et commence à y faire entrer ses soldats un à un par une fenêtre basse qui lui avait été promise, et à laquelle on parvenait facilement au moyen d'une échelle : il avait eu la précaution d'ordonner que lorsque vingt soldats auraient été introduits dans le château, l'un d'eux en sortît pour l'informer de ce qui s'y passait; mais à mesure qu'ils mettaient le pied dans la chambre on s'en emparait, on les traînait au fond de la grande galerie qui touche à la chapelle, et là ils étaient inhumainement égorgés, et leurs cadavres jetés dans une cave, et non dans la Durance, comme le raconte à tout venant le *cicerone* femelle du château de Tallard. Lesdiguières ne voyant revenir aucun des siens, commence à soupçonner quelque fourberie; l'hésitation de Broussailles, l'un de ses plus braves soldats, augmente sa défiance; enfin il acquiert la certitude d'une infâme trahison et de l'horrible massacre de ses soldats. Voici de quelle manière :

Le château de Tallard renfermait l'un de ces hommes doués de grands sentimens d'humanité et de ces principes religieux inflexibles, qui leur font repousser ces ruses cruelles, ces actes atroces que les guerres civiles semblent trop souvent autoriser; c'était le seigneur de la Rochette, le père d'Auriac, à qui cette boucherie fit horreur, et qui voulut la faire cesser. Il obtint seulement de son fils de ne pas en être témoin; et celui-ci, pour se délivrer de ses remontrances, le conduisit dans sa chambre, où il l'enferma. Le brave gentilhomme, se trouvant seul, court à une fenêtre de laquelle il pouvait être entendu de Lesdiguières, déplace son plastron et en frappe plusieurs fois la muraille, afin d'attirer l'attention du guerrier; ensuite il crie de toute la force de ses poumons : *Vous êtes trahi; retournez-vous-en!* Le bon la Rochette répète cinq à six fois l'avis salutaire; alors Lesdiguières, ne doutant plus qu'il ne fût donné de bonne foi, se retire avec le regret d'avoir perdu force braves hommes.

Videl n'en dit pas le nombre; et si cet historien s'est complu à rapporter en détail un événement qui ne fait pas briller la perspicacité de son héros, c'est uniquement pour exalter outre mesure sa générosité envers les deux traîtres, auxquels non-seulement il pardonna, lors de la soumission de la ville de Gap en 1589, mais dont il fit deux capitaines de quartier, qui, avec d'autres notables habitans, devaient répondre de la ville au roi Henri IV; moins jaloux de se venger que de prescrire à ses lieutenans *l'union et l'oubli.* Dans son enthousiasme, Videl s'écrie : « Que le lecteur » qui a la liberté de donner à ces belles actions l'éloge qu'elles » méritent, juge s'il en fut jamais de plus généreuse, et s'il » remarque aux héros de l'antiquité de plus signalés traits d'une » excellente vertu qu'on en trouve en celui-ci[1] ! »

Comme l'heure de l'oubli n'avait pas encore sonné à l'époque du guet-apens du château de Tallard, Lesdiguières rechercha

---

[1] *Histoire du connétable de Lesdiguières*, liv. III, chap. 7.

l'occasion de se venger du cruel affront que son cousin lui avait fait subir : au lieu d'un piége, il en tendit deux à Bonne d'Auriac. Quelque temps après, il ordonne à Blosset, maréchal-des-logis de sa compagnie de gendarmes, de s'avancer sur Tallard, en faisant paraître dans la campagne une troupe assez nombreuse pour servir de leurre, d'en renvoyer ensuite une moitié vers Gap et de s'embusquer avec l'autre dans la métairie du capitaine Lacroix, située sur le torrent de Rosines. D'Auriac donne d'abord dans le piége ; il sort du château et se jette aux trousses des soldats qui avaient paru dans la plaine de Tallard ; mais, averti de l'embuscade par quelques coureurs, il s'en retourne dans sa noble forteresse, et Blosset, l'oreille basse, prend le chemin de Gap, après avoir couché par terre huit à dix des donneurs d'avis, lesquels lui avaient tué Jacques Platel, ce valet de chambre de Lesdiguières, qui avait tenté de l'assassiner à l'instigation, dit Videl, de Guillaume d'Avançon, archevêque d'Embrun. — Blosset, bien marri d'avoir manqué l'occasion de battre le *Pompée* de Tallard, et voulant ne pas encourir la disgrâce du *César* de Saint-Bonnet, se hâta de mettre en usage le second moyen inventé par celui-ci. Le lendemain, sur le soir, il se rend à Veynes, d'où il part *après une légère repue*, feignant d'aller à Serres. Arrivé au pont d'Ose, il remonte le long du Buëch et dresse une embûche dans la ferme du capitaine Chappan, quartier visité souvent par d'Auriac, et dont il ne revenait pas toujours les mains vides. Il s'y morfond pendant trois jours ; enfin, le quatrième, il voit arriver le gouverneur de Tallard avec sa troupe, tombe sur lui, le contraint de se rendre prisonnier malgré sa courageuse résistance, et rentre triomphant dans la ville, qui, quelques jours auparavant, avait souri clandestinement de sa déconvenue devant Tallard. D'Auriac ne resta pas long-temps au pouvoir de son bien amé cousin ; la paix, survenue quelque temps après (celle de Nérac, sans doute), le mit en liberté et fit changer de face à toutes choses [1].

_____

[1] *Histoire du connétable de Lesdiguières*, liv. II, chap. 1.

(1580.) Et ce ne fut pas pour long-temps, car l'année suivante la guerre vint de nouveau exercer ses ravages dans le Dauphiné. Le duc de Mayenne s'y rendit avec une armée de vingt mille hommes de pied et de deux mille chevaux, pour contraindre les protestans à exécuter le dernier traité de paix. Tallard, bloqué à cette époque par Lesdiguières, était réduit à la dernière extrémité. La garnison avait épuisé les vivres qu'Alphonse d'Ornano, colonel corse, y avait introduits, en s'y rendant de nuit, par le chemin de Valernes, de la Motte, du Caire, de Faucon, de Gigors et le col de Venterol. Le grand-prieur, gouverneur de Provence, avait tenté vainement de faire lever le blocus ; mais, sur les ordres de Mayenne, le marquis de Tavannes étant venu, avec quatre cents chevaux, le joindre à Sisteron, où il se trouvait avec Ornano, il put ravitailler de nouveau la célèbre forteresse, malgré Lesdiguières qui s'était avancé sur la route de Sisteron et qui fut obligé de battre en retraite jusqu'à Gap, et peut-être même jusqu'à Chorges, où il rencontra et battit, à son tour, le capitaine Mures, l'un des chefs catholiques. Tallard fut ainsi débloqué, et les valeureux soldats qui le défendaient eurent de quoi manger jusqu'à la paix nouvelle que le duc de Mayenne imposa aux protestans du Dauphiné en l'année 1581 [1].

Pendant ce temps, que faisait messire Pierre Paparin de Chaumont dans sa retraite de la Baume ? L'année même de la surprise de Gap par Lesdiguières, il avait publié une bulle pour l'établissement d'un collége et d'un séminaire dans cette ville ; mais les malheurs d'une guerre si souvent quittée et reprise en avaient empêché l'exécution. Au commencement de l'année 1579, il avait convoqué dans l'asyle qu'il s'était vu forcé de choisir tous les ecclésiastiques de son diocèse. A la suite des conférences qui eurent lieu dans cette assemblée, l'évêque rédigea des statuts synodaux, contenant, dit le préambule, « plusieurs exhortations et excitations

---

[1] *Histoire du connétable de Lesdiguières*, liv. II, chap. 3.

» pour la révérance, intelligence et réception des Saincts Sacre-
» ments, la forme que les pasteurs et curez de l'église ont à tenir
» en les administrant et faisant leurs prosnes et prières publiques,
» aveq la visitation des malades; et preuves de la vérité du sacré
» corps et sang de Jesus-Christ en la saincte hostie, confirmée
» encore par miracle de nostre temps au royaume de Poloigne;
» de la saincte messe; du purgatoire; de l'authorité des conciles,
» de nostre Sainct Père le Pape et prélats de l'église; de la révé-
» rance qu'on doit porter à la croix de Jesus-Christ; des reliques
» des Saincts, et aultres choses concernant la piété catholique contre
» les erreurs et malversations de ce temps. Le tout recueilly de
» plusieurs bons autheurs catholiques, apreuvez, reveu et augmenté
» par ledict sieur évesque, pour servir à ceulx de son diocèse et
» aultres qui ont si long temps esté persécutez par les hérétiques,
» et à esmouvoir les princes et tous fidèles chrestiens et catho-
» liques qui auront desir de prendre la cause en main pour la
» deffense de la vraye Église de Jesus-Christ et du pauvre peuple
» oppressez par les hérétiques et malvivants. »

Messire Paparin prend le titre de seigneur de Gap et comte de
Charance; il s'adresse à *ses frères et amys en l'Église de Dieu,
assemblez en son synode, qui ont entendu ce que doctement leur a
esté dit et proposé par M. le prieur de Volonne sur le faict de leurs
charges.* Il s'excuse de n'avoir pas suivi l'ancien langage de l'église
et d'avoir écrit en langue vulgaire; mais, ajoute le prélat, *le
temps et la nécessité que chascun voit aujourd'hui, et aussi la curiosité que nous voyons estre en infinité d'hommes qui ne se veulent
accommoder qu'à la nouveauté, et délicatesse de leurs oreilles, nous
y ont poussé.* Après cette concession faite à l'esprit du siècle, il
retrace les désastres causés par les guerres de religion, et sans
s'inquiéter du jugement de la postérité, il fait le plus grand éloge
du roi régnant, *qui est prince magnanime, vertueux, dévot et plein
de piété et bon zèle en la religion catholique, comme nous l'avons
veu en estant auprez de Sa Majesté dès sa jeunesse, et nous en sommes*

bien d'ailleurs certifiez. Il renchérit encore en parlant de Catherine de Médicis, *ceste excellente princesse la Royne mère du Roi, estant telle qu'elle n'est pas seulement digne de commander en tout grand et ample royaume, mais en toute la terre.* Il ajoute que plusieurs hérétiques méchans et pleins de rage se sont efforcés d'écrire tout autrement et avec autre révérence de Sa Majesté ; mais il espère bientôt mettre en lumière un petit traité pour les bien rembarrer, encore qu'il n'en soit pas besoin, parce que la vérité, connue de tous les gens de bien qui sont sans passion, les dément assez. *Gardons-nous,* dit encore le prélat, *de cheminer en orgueil, avarice, détraction, blasphèmes, gormandise, ivroignerie, paillardise, volupté charnelle, vanitez mondaines, usant de mots dissolus, vilains, deshonnestes, fols, vains, sans discipline ou doctrine, offensant et scandalisant nostre prochain duquel nous avons le régime.....*

Les longs statuts dont je viens de vous faire connaître seulement une petite partie de l'introduction, devaient être publiés par Pierre Chevalier, prêtre du diocèse, qui en avait écrit la préface[1]. De son côté, cet ecclésiastique s'était complu à faire ressortir les vertus de Paparin de Chaumont, de ce prélat qui toujours avait su résister aux avanies comme aux avances des ennemis de la religion catholique ; qui avait mieux aimé transférer le siége de son évêché à la Baume que de rester dans une ville occupée par ses ennemis personnels, bien qu'ils lui eussent offert d'augmenter ses revenus s'il avait voulu se joindre à eux[2]. Il y avait d'autant plus de mérite de la part du révérendissime évêque de Gap à refuser les offres des hérétiques ou des *mauvais catho-*

---

[1] Le savant M. de la Plane, de Sisteron, auteur d'une histoire municipale de cette ville, qui vient d'être couronnée par l'Institut, m'assure que les statuts synodaux de Paparin de Chaumont ont été imprimés. — Note écrite en novembre 1838.

[2] « *Ordonnances et statutz sinodaux faicts par Monseigneur le révéren-* » *dissime évesque de Gap, en son assemblée tenue à la Baulme-lez-Sisteron,* » *le VII may 1579.* »

liques qui dominaient dans sa ville épiscopale, qu'alors il n'avait pour tout revenu et toute subsistance que les dîmes de la paroisse où il s'était retiré[1].

Ainsi Paparin de Chaumont s'occupait déjà de la véritable réforme qui s'accomplit dans le siècle suivant, et dont le dernier terme fut l'illustre école de Port-Royal ; école austère qui amena peut-être la réaction de ce XVIIIe siècle qui accomplit sa mission en balayant toute croyance religieuse. L'évêque de Gap ne touchait nullement à ce qui est immuable de sa nature; mais, sentant la justesse des reproches faits jadis à son clergé par Guillaume Farel, il cherchait à réformer ses mœurs, à éclairer son intelligence et à le ramener à l'antique discipline ecclésiastique.

(1581.) Si le Dauphiné ne jouissait pas du repos que la sixième paix aurait dû lui assurer, la faute en était à Lesdiguières. Nous avons vu qu'il avait repris les hostilités, ou plutôt qu'il n'avait pas cessé de guerroyer jusqu'au moment où le duc de Mayenne l'avait contraint de mettre bas les armes, ce qui arriva vers le commencement du mois de septembre 1581. La ville de Gap qui, pendant près de quatre ans, avait été le refuge des protestans des montagnes, échappa alors à la domination de leur chef, qui fut forcé de se contenter de Nyons et de Serres, places de sûreté que lui avait assignées l'édit de pacification. Lesdiguières jura solennellement de l'observer, et, dès-lors, le duc de Mayenne put se rendre à Gap et dans les autres villes des Hautes-Alpes, où il semblait naguère que la paix ne dût jamais aborder. Le frère de Henri-le-Balafré, comme disaient les huguenots, fit son entrée dans Gap le 10 du mois d'octobre suivant : il y trouva ces derniers en possession de toutes les charges, et il s'empressa d'ordonner qu'à la prochaine élection des officiers municipaux, les consuls et les conseillers seraient choisis en nombre égal parmi les protestans et les catholiques; ce qui nous ramenait à l'exécution du régle-

---

[1] *Annales des Capucins de Gap*, page 58.

ment de 1564. Le port de toutes armes offensives fut défendu dans la ville, excepté aux gentilshommes, qui, par droit de naissance, étaient en usage de ne jamais les quitter, et aux personnes qui, à cause de leurs charges, pouvaient toujours marcher avec l'épée.

Le duc de Mayenne avait rappelé l'évêque et son clergé, qui s'empressèrent de se rendre dans l'ancienne ville épiscopale. La joie que dut ressentir Paparin de Chaumont en se trouvant toujours à la gauche du prince lorrain, lorsqu'il fit son entrée solennelle dans Gap, fut un peu troublée sans doute lorsqu'il le vit s'installer chez son plus cruel ennemi. Ce ne fut pas non plus sans éprouver une amère douleur qu'il se rendit ensuite, à travers des ruines, dans sa cathédrale remplie de décombres; mais il dut éprouver quelque soulagement en voyant que le duc avait fait ruiner, par l'entremise de Saint-Jullin, le fort que Lesdiguières avait fait bâtir sur la sommité de Puy-Maure, et lorsqu'il l'entendit ordonner au chef protestant de ne plus troubler l'évêque dans l'exercice de sa charge et de ses fonctions épiscopales. Enfin, le duc de Mayenne se conduisit de manière qu'il fut obéi des uns et des autres, et que, sans contrainte, il put remettre en leurs maisons les catholiques qui en avaient été expulsés en 1577. *Ainsi la ville de Gap sortit de la tyrannie de Lesdiguières, qu'on appeloit le* RENARD DES MONTAGNES, *et qui méritoit bien mieux le nom de* BRIGAND[1]. Il est superflu de vous prévenir que ce n'est ni Videl ni moi qui avons ainsi stygmatisé le célèbre guerrier qui, plus tard et à plus juste titre, fut surnommé le *héros du Dauphiné*. Cependant le mot plus que dur qui lui est ici appliqué appartient à un chroniqueur qui écrivait bien des années après les troubles du XVIe siècle, et alors que les passions qu'ils avaient soulevées auraient dû ne plus exercer la moindre influence.

---

[1] CHORIER, tome II, liv. 20, sect. 5. — *Mémoires inédits de M. Rochas*, pag. 107 et 108, 2e série. — *Annales des Capucins de Gap*, page 58. — *Histoire du connétable de Lesdiguières*, liv. II, chap. 4.

Selon l'historien de Lesdiguières, la paix de Mayenne dura trois ans sans interruption en Dauphiné : nos annales disent le contraire ; et une circonstance particulière me fait pencher de leur côté. A peine le duc avait quitté la province, que les hérétiques se mirent de nouveau en campagne dans le diocèse de Gap ; ils s'emparèrent de rechef de tous les revenus de l'évêché et de tous les biens ecclésiastiques du diocèse, et conçurent même le dessein d'enlever, pendant la nuit, le prélat, tant bien que mal installé dans sa ville épiscopale. Paparin en fut averti par un de ses amis, et se vit contraint, pour leur échapper, d'en sortir la nuit même où le complot devait éclater. Dirai-je par quel moyen il parvint à se soustraire à leurs embûches ? Hélas ! ce front où brilla jadis un casque étincelant, ce front sur lequel se posait avec tant de dignité la mitre épiscopale, ce front ceint des lauriers de la Rochelle et de Montcontour, fut obligé de se courber d'une manière humiliante sous le joug de la nécessité. Ce fut en s'introduisant dans l'aqueduc par où s'écoulent les eaux de la ville, près de cette porte Colombe qui, en 1577, avait été le témoin de sa noble résistance et de sa glorieuse défaite, que le fier Paparin de Chaumont put se soustraire à la rage de ses ennemis ! Pour la troisième fois, il se retira à la Baume-lès-Sisteron, seul asyle qui lui restât dans son diocèse : là, il parut d'abord ne plus s'occuper que des affaires du ciel, en écrivant un livre de paraphrases sur les psaumes de David, qu'il livra ensuite à l'impression [1].

(1582.) Cependant les catholiques, se voyant en plus grand nombre dans Gap que les calvinistes, cherchèrent l'occasion de se venger d'eux en les chassant de leurs maisons, comme par eux ils avaient été chassés pendant les guerres antérieures. Dans la nuit du 2 au 3 février 1582, les uns, armés d'épées et de dagues, se réunirent dans la maison de Moulin, l'un des plus zélés et des plus ardens de son parti, tandis que les autres occupaient

---

[1] *Annales des Capucins de Gap*, pag. 58 et 59.

les carrefours et les places avec leurs arquebuses. Les moins courageux, ou *les politiques*, s'il en était déjà à cette époque, n'attendaient que le son du tocsin pour se joindre à eux. Peut-être la ville de Gap eût vu dans son sein une cruelle parodie de la Saint-Barthélemi si les conjurés avaient trouvé quelque résistance; mais de Lay-Crussilieu, qui commandait dans la ville en l'absence de Saint-Jullin, prévint l'exécution de leur dessein, dont il en fut averti assez à temps pour le dissiper et faire arrêter une partie des catholiques qu'il trouva en armes. Aucun d'eux ne fut autrement puni, car Maugiron, qui, à cette époque, remplissait les fonctions de lieutenant-général de la province, jugea à propos de ménager par la douceur l'esprit de *ce peuple fier et turbulent,* et de le châtier plutôt par la peur que par des peines sévères, tant qu'il n'y aurait que de l'emportement plutôt que des crimes effectifs [1]. Toutefois, l'intention des catholiques, sinon d'égorger les protestans, du moins de les chasser de la ville, paraissait évidente; mais peut-être le lieutenant-général trouva-t-il leur excuse dans le souvenir encore tout récent des maux qu'ils avaient éprouvés dans le refus injurieux fait par les protestans, lors de l'édit du mois de septembre 1577, de les recevoir dans la ville, et enfin dans la fuite honteuse à laquelle les hérétiques avaient contraint de se livrer le valeureux Paparin de Chaumont.

En cette même année, l'évêque de la Baume recevait du roi des remontrances sur le retard qu'il apportait au paiement des décimes imposés au clergé de son diocèse. C'était bien prendre son temps, en vérité! J'ignore si c'était pour satisfaire aux exigeances, de la cour ou pour augmenter quelque peu ses moyens d'existence que Paparin faisait signifier aux consuls de Lettret, le 27 juillet 1582, l'arrêt par lui obtenu du conseil contre l'apostat Gabriel de Clermont, lequel lui permettait de prélever les dîmes et autres droits que les évêques étaient en possession d'exiger dans cette petite

---

[1] CHORIER, *Histoire du Dauphiné,* tome II, liv. 20, sect. 6.

paroisse. Les consuls Germain Morest et Honoré Forou demandèrent du temps pour assembler le conseil de la communauté; mais l'huissier, considérant que cette matière était privilégiée, puisqu'il s'agissait d'alimens, constitua les arrêts au consul Morest pour être détenu dans les prisons de Gap jusqu'à paiement définitif, avec inhibition de s'évader. Le consul obéit, après avoir exigé pour sa décharge une copie de l'arrêt du conseil et du *pareatis* du parlement de Dauphiné, laquelle lui fut baillée en présence des nobles capitaines à cheval La Roque et Esprit-Michel de Beauregard [1]. Voilà donc où en était réduit le seigneur suzerain de Gap et de neuf à dix châteaux épiscopaux, dont les revenus considérables passaient dans les mains profanes des ennemis de sa religion !

(1583.) L'année suivante, rien de remarquable ne se montra dans nos contrées. Paparin assembla à la Baume le clergé de son diocèse pour délibérer sur les décimes qui lui étaient demandés. C'est la première fois, je pense, qu'en l'absence des consuls de Gap, qui ne l'auraient pas souffert, il osa prendre le titre de *comte* de cette ville, auquel nos magistrats attachaient l'idée d'une souveraineté absolue que dans tous les temps ils avaient disputée aux évêques [2]. En traitant quelques mois auparavant avec son prédécesseur immédiat, toujours retiré dans sa seigneurie de Celles, Paparin s'était contenté de s'intituler comte de son châtelet de Charance, titre qui, depuis un demi-siècle, avait acquis la force de la chose jugée. Dans ce traité, où nous voyons encore apparaître le descendant de cet Eynard de Clermont à qui le pape Calixte II avait permis de prendre pour devise les paroles de Saint Pierre à Jésus-Christ : *Etiam si omnes te negaverint, ego non te negabo :* dans ce traité, dis-je, il s'agissait de fruits perçus à Lazer,

____

[1] *Lettre du roi à l'évêque de Gap, du 4 février 1582. — Commandement signifié aux consuls de Lettret, le 27 juillet de la même année.*

[2] *Procès-verbal du 31 août 1583. Ms.*

seigneurie dépendante de l'évêché de Gap, que les deux évêques se disputaient. Il fut convenu que les consuls de Lazer se dessaisiraient des choses sequestrées en leurs mains, pour passer en celles d'un noble personnage dont les parties conviendraient, et y resteraient en dépôt jusqu'à ce qu'il fût décidé quel en était le légitime propriétaire. Gabriel de Clermont était toujours représenté par noble Pierre Gaillard, sieur de Château-Vieux et de Mont-Morin, son fondé de pouvoirs. Paparin de Chaumont, qui stipulait en personne, n'avait pas craint de quitter la Baume et de rentrer momentanément dans Gap, non par l'égout de Porte-Colombe, mais par la porte elle-même, qu'il put, sans doute, franchir sans obstacle. L'acte, reçu par Grégoire Jullien, notaire royal et delphinal, fut publié dans la basse-cour du logis de messire Benoit Olier-de-Montjeu, avec qui l'évêque avait fait sa paix, et qui servit de témoin avec Esprit Girard, juge de Champsaur et de la vicomté de Tallard; Jean Figuet, avocat, et Armand Manuel, praticien [1].

(1584.) Pendant que le capitaine Beauregard allait joindre le roi de Navarre dans le Béarn, qu'il lui faisait connaître la ligue formée entre le duc de Savoie et la maison de Guise, ligue secrète qu'il avait découverte en feignant d'être toujours fortement attaché au catholicisme, et que le futur roi de France donnait des lettres de noblesse à cet ancien défenseur du château de Serres, devenu protestant comme Cadet de Charance, son ancien frère d'armes; pendant que Lesdiguières, reconnu de nouveau comme capitaine-général des protestans du Dauphiné, se rendait à Montauban, où il avait été appelé par le même prince, Paparin de Chaumont, voyant que l'on commençait à jouir de quelque repos dans notre ville, renouvelait les vieilles prétentions de ses prédécesseurs, et faisait ajourner les consuls de Gap devant le parlement, pour régler certains droits toujours contestés, parce qu'ils

---

[1] *Convention et accord du* **29** *mai* **1583. Ms.**

étaient toujours contestables; ensuite il traitait de nouveau et pour la dernière fois avec le seigneur de Celles, et s'engageait à lui servir une pension pour les sommes qu'il avait perçues dans le diocèse et qui appartenaient au ci-devant évêque de Gap [1].

Et voilà, je vous jure, tout ce que j'ai pu recueillir sur les événemens de l'année 1584.

Mais l'année suivante présentera peut-être quelque intérêt, soit par une détermination prise par les habitans de Gap, et qui, pour eux, eut des suites funestes; soit par la reprise des hostilités, laquelle amena sous le joug de Lesdiguières la partie supérieure des Hautes-Alpes.

(1585.) Nous avions toujours pour gouverneur la Poipe-Saint-Jullin, guerrier valeureux et sincèrement attaché à *la Sainte-Union catholique.* Soit par zèle véritable, soit par ignorance, soit à l'exemple du gouverneur, dit Chorier, les habitans de Gap se déclarèrent pour la Ligue en 1585 [2]. Chorges et Embrun suivirent l'exemple de cette ville; mais bientôt les deux dernières vont recevoir la loi de François de Bonne, peu disposé à courber la tête sous la domination des princes de Lorraine.

A la tête de deux cents hommes de pied et de cent vingt chevaux, il sort un matin de Saint-Bonnet et vient attaquer Chorges, l'ancienne capitale des Cathuriges, où Despraux, seigneur de Laye et parent d'Auriac, commandait cent hommes catholiques. Au lieu de veiller à la défense de la place, les soldats et les habitans s'amusaient à danser. Lesdiguières l'entoure, y plante ses échelles et s'en empare; il laisse la vie sauve à ses prisonniers, car il était venu pour danser avec eux, et pardonne à Despraux, son voisin, qui avait naguère enlevé le chaperon de la dame de Lesdiguières,

---

[1] *Histoire du connétable de Lesdiguières,* liv. II, chap. 5. — *Requête des Consuls de Gap du* 22 *février* 1584. — *Concordat entre Paparin de Chaumont et Gabriel de Clermont du* 11 *octobre* 1584. Ms.

[2] *Histoire du Dauphiné,* tome II, liv. 20, section 10.

son épouse; il fait ensuite terminer les fortifications de Chorges,
se rend à Seyne, et, de là, il va s'emparer de Montélimar, où notre
bouillant capitaine Cadet de Charance entre le premier à la tête
des arquebusiers à cheval. Après diverses courses dans le Bas-
Dauphiné, il rentre dans l'Embrunais et défait à la Conche cinq
cents arquebusiers catholiques qui venaient s'établir à Gap, et
qui étaient sortis d'Embrun sous l'escorte de trois compagnies de
lances italiennes. Alors le désir de se rendre maître de *la souveraine
des montagnes* s'empare de Lesdiguières (c'est ainsi qu'au détriment
de Gap, maître Videl qualifie la ville d'Embrun). Il trouve un
second Cadet de Charance dans Des Orres, gentilhomme d'Embrun,
qu'il envoie reconnaître la place. Le 19 novembre 1585, il part
de Chorges, arrive devant Embrun, se rend maître de la citadelle,
attaque ensuite la ville, et s'en empare malgré Mathieu de Rame,
seigneur des Crottes, qui y commandait et qui se sauve dans la
Tour-Brune avec le juge de la ville, et d'où ils sortent par composition. Les habitans se sauvent du pillage au moyen d'une promesse
de dix mille écus. Les vainqueurs entrent ensuite dans le palais
archiépiscopal et dans l'antique église métropolitaine, s'emparent
de toutes les richesses qui s'y trouvent, et ne les rasent pas comme
ils avaient fait à Gap huit ans auparavant; mais si ces beaux
monumens sont respectés, les personnes ne le sont guère. L'archevêque Guillaume d'Avançon, de l'ancienne famille gapençaise
des comtes de Saint-Marcel, se sauve avec ses chanoines; les
prêtres d'une partie de son diocèse errent çà et là en mendiant
leur pain; un ecclésiastique qui, malgré la présence des huguenots,
veut célébrer la messe dans la métropole, est tué au moment où
il était à genoux; noble Honoré Gautier-de-l'Ange est chassé à
coups de pied de la salle d'audience, meurt dans l'exil et va figurer
dans le martyrologe romain; noble Albert de Champcella éprouve
le même sort, mais son nom ne se trouve pas au martyrologe;
on en prépare autant au procureur du roi, noble de Levézie, que
l'on trouve à table : l'exil ou le prêche lui sont offerts; il n'hésite

pas, il prend ses bottes et sort d'Embrun avec toute sa famille; Léat, fameux disciple d'Hippocrate, est attaché à la queue des chevaux et traîné dans les rues de la ville, mais Lesdiguières lui accorde sa délivrance. Enfin l'église Notre-Dame d'Embrun, cette ancienne métropole des Alpes-Maritimes, devient le temple des huguenots, bien désappointés, sans doute, de ne pas y trouver cette grille d'argent promise par le bon chanoine Louis XI, lorsqu'il se trouvait sous la griffe de son bon cousin de Bourgogne [1].

Nous laisserions maintenant le héros de Saint-Bonnet poursuivre ses conquêtes dans le reste du diocèse d'Embrun, pour en revenir à la ville de Gap que nous avons trop long-temps perdue de vue, si quelques actes d'une cruauté inouie, cités par le P. Fournier dans ses *Annales*, peut-être exagérés par ce savant jésuite et passés sous silence par Louis Videl, ne méritaient une mention particulière.

Vous savez, Monsieur, avec quelle barbarie furent traités, à diverses époques, les hérétiques de Freissinières, de l'Argentière, de la Val-Pute (Val-Louise) et du Queyras, et principalement dans le XIVe siècle, où notre compatriote François Borelli, grand inquisiteur de la foi dans les diocèses d'Arles, d'Aix, de Vienne et d'Embrun, en livra un si grand nombre au bras séculier, c'est-à-dire à la mort. Aussi, lorsque Farel alla prêcher les nouvelles doctrines du luthéranisme dans ces vallées de l'erreur, y trouva-t-il les restes des Sarrazins, des Petrobrusiens et des Vaudois, que le bienheureux Vincent Ferrier n'avait pu amener au giron de l'église catholique vers le commencement du siècle suivant, tout disposés à embrasser ces nouvelles doctrines, d'ailleurs si conformes aux enseignemens de Pierre de Bruys, sorti des montagnes de la

[1] *Histoire du connétable de Lesdiguières*, liv. II, chap. 6 et 7. — *Annales ecclésiastiques du diocèse d'Embrun du P. Marcelin Fournier, citées par le curé Albert, dans son histoire du même diocèse*, tome I, pag. 68 et suiv. — Par une bulle de 1482, le pape Sixte IV créa le roi de France et ses successeurs protochanoines de l'église d'Embrun.

Val-Louise au commencement du XIe siècle, et tout prêts à venger leurs aïeux des persécutions auxquelles ils avaient été en butte. « Les nouveaux ministres de l'erreur, s'écrie le sensible curé » Albert, y commirent des excès dont le seul souvenir est capable » d'arracher des larmes. Les églises profanées, les autels ren- » versés, les prêtres massacrés, les vierges violées, un grand » nombre de catholiques dépouillés de leurs biens et ignominieu- » sement traités : voilà en abrégé ce qu'on entendait dire chaque » jour [1]. » — A Molines, dans l'étroite vallée du Queyras, le curé est écorché vif comme Saint Barthelemi; on lui fait une chasuble de sa peau; il est enterré jusqu'au menton; sa tête sert de but aux assistans qui jouaient au palet; elle est ensuite tranchée et l'on s'en sert comme d'une boule. — Enfin, pour en finir avec toutes ces horreurs, le curé de Réotier est mis dans un tonneau garni en dedans de pointes de fer, et lancé dans la Durance le long des rochers et des précipices. « Son corps dut être percé et déchiré » mille et mille fois. C'est là, sans doute, un martyre qui doit » être mis au rang de ceux qu'on imaginait dans les premiers » siècles pour faire souffrir les chrétiens. Quelle réforme! ou » plutôt quel esprit de charité pour une religion réformée [2]! »

Hélas! le bon curé de Seyne, à qui appartiennent encore ces touchantes exclamations, avait oublié les treize années de persécution de François Borelli, et surtout la nuit épouvantable du 24 août 1572, où la charité chrétienne s'était trouvée si malheureusement éteinte dans le cœur de tant de catholiques!

(1586.) C'est en Provence que Lesdiguières porta ses armes vers le commencement de l'année 1586, pour secourir le baron d'Allemagne, et qu'il vainquit De Vins, l'ennemi de ce baron. Un gentilhomme des environs d'Embrun, le seigneur de Verdun, qui servait volontairement dans la petite armée de Lesdiguières, y

---

[1] *Histoire du diocèse d'Embrun*, tome II, page 231.

[2] *Ibid.*, tome I, pag. 71 et 72.

gagna six drapeaux. Le duc d'Épernon, gouverneur de Provence, entra ensuite dans le Dauphiné avec Lavalette, son frère aîné. Ce dernier s'étant présenté au pont de Brion, et croyant l'emporter de force, y trouva Cadet de Charance qui le défendait avec les gardes de son illustre chef. Après un combat meurtrier, il se vit forcé de se retirer à Grenoble, bien que le fameux baron des Adrets, *qui avait fait les huguenots et qui voulait les défaire,* combattit dans les rangs de l'armée catholique. Vers la fin de l'année, dit Videl, Lavalette vint établir à Gap Tajan, son cousin, après en avoir tiré le seigneur d'Auriac qui y avait été placé par la Ligue[1]. Cependant Saint-Jullin en était toujours gouverneur, et ce ne peut être qu'en sous-ordre et pendant son absence que d'Auriac et Tajan ont pu y commander.

Dans les mois de novembre et de décembre eut lieu le siége de Chorges par les ducs d'Épernon et de Lavalette : leurs armées réunies s'élevaient à près de quinze mille hommes. Là, nous voyons encore reparaître le sieur de Montalquier qui, malgré l'investissement de la place, s'y jette avec cent vingt arquebusiers et quarante hommes armés. De part et d'autre eurent lieu des actions mémorables, et quoi que pût faire notre Cadet de Charance, les assiégés furent contraints de capituler; ils sortirent avec leurs chevaux, leurs armes et leurs bagages, mais sans tambour et les enseignes ployées, et la place fut démantelée le 14 décembre 1586. D'Épernon et Lavalette se retiraient ensemble en Provence, lorsque, arrivés dans la plaine de Ventavon, mon redoutable aïeul, le seigneur de Verdun, qui était sorti de cette petite ville avec treize maîtres que Saint-Martin, bâtard de la maison de Ventavon, avait mis à sa disposition, choque rudement les premiers qu'il rencontre et rentre dans la place avec vingt chevaux et force butin. Après cet échec, les troupes du favori d'Henri III filent vers

---

[1] *Histoire du connétable de Lesdiguières,* liv. II, chap. 9.

la Provence, et Lavalette, son frère, prend ses quartiers d'hiver dans le Dauphiné [1].

(1587.) Nous laisserons, si vous le voulez bien, Lesdiguières séduire le baron de la Roche, perdre Saint-Jean, son neveu, dans le Briançonnais, qui refusait de lui payer ses contributions, prendre et démolir le château de la Mure appartenant au sieur du Monestier, notre ancien gouverneur, détruire la muraille du Pertuis-Rostan, traiter secrètement avec Lavalette, enlever à ce dernier Guillestre et le Château-Queyras, tandis que le gouverneur de Briançon s'empare du fort du Monestier, défendu par ses capitaines, pour en revenir définitivement à la ville de Gap et aborder les années 1588 et 1589, où elle eut à supporter tant de privations et à soutenir la dernière et la plus rude des épreuves auxquelles elle fut soumise durant les guerres de religion.

[1] *Histoire du connétable de Lesdiguières*, liv. II, chap. 10 et 11.

THÉODORE GAUTIER,
Conservateur de la bibliothèque de Gap.

Gap, le 5 janvier 1839.

HISTOIRE

DE L'ANCIENNE UNIVERSITÉ

de Grenoble[a].

(PREMIER ARTICLE.)

On ignore généralement, même à Grenoble, que cette ville ait eu jadis une université. Les deux historiens du Dauphiné, Chorier et Valbonnais, en font, il est vrai, mention; mais le dernier ne

a Lue d'abord en partie, le 23 septembre 1819, à la Société des sciences de Grenoble. (Voy. ci-après, note 128.) Cette histoire le fut ensuite en totalité à la Société royale des Antiquaires de France, les 19 avril et 9 mai 1820, et on l'inséra, en vertu d'une délibération, dans le tome III (p. 391 et suiv.) de ses *Mémoires*, publié en 1821. Des exemplaires en furent enfin tirés séparément.

Depuis cette époque, nous avons trouvé d'anciens titres, et l'on en a découvert aussi en refaisant les inventaires des archives de la mairie de Grenoble; ils nous ont fourni des documens propres à éclaircir divers points de notre travail, et nous en avons puisé, d'ailleurs, dans d'autres sources.

Les additions, corrections, etc., de cette seconde édition, seront insérées dans des notes distinguées de celles de la première par des astérisques joints aux numéros, et lorsqu'elles seront placées dans les anciennes notes, nous y joindrons le signe *Add.* ou *Addit.*

la cite presque que pour annoncer sa suppression en même temps que sa création[1]; et si Chorier donne quelques détails de plus, outre qu'ils sont en quelque sorte perdus dans le très-petit nombre de passages où l'auteur les a glissés, ils sont si peu satisfaisans et offrent tant d'incertitude, qu'on n'en est guère plus avancé[2].

Nous avons essayé de suppléer à leur silence par des recherches dans les archives publiques[3] et dans les auteurs contemporains. L'aridité de ce travail ne nous a point rebuté. Nous avons pensé que tout ce qui tient à l'histoire de notre pays doit intéresser nos compatriotes, et que, d'ailleurs, en montrant que l'érection de l'université actuelle de Grenoble n'est qu'une restitution faite à cette ville, nous fournirions de nouveaux motifs d'y maintenir un établissement qui lui est si utile[3*].

On ne connaît pas précisément l'époque où l'on érigea l'université de Grenoble, parce que l'édit de l'établissement primitif n'existe plus[4]. Lorsque la ville de Valence demanda sa suppression

---

[1] VALBONNAIS, *Hist. du Dauphiné*, ij, 411 à 414.

[2] Nous les citerons dans les notes de notre Histoire.

[3] Nous avons puisé une grande partie de nos documens dans les archives de la mairie de Grenoble, et surtout dans les registres des conclusions ou délibérations de son conseil de ville ou conseil municipal, dont il y a un recueil infiniment précieux. (Voir à ce sujet nos *Remarques sur les anciens jeux des Mystères*, dans les *Mémoires de la Société des Antiquaires*, tome V, 1823, p. 163 et suiv., surtout p. 165.) Nous les citerons par les signes *Reg. Mss.* (Registres manuscrits).

[3*] L'école de droit de Grenoble étant déjà menacée de suppression, nous espérions enlever à ses ennemis un de leurs prétextes. On n'osa plus, en effet, dire qu'elle était une création récente; mais on trouva bientôt un nouveau prétexte, et peu de mois après la publication de notre travail, la suppression fut prononcée, et le rétablissement ne fut effectué, au bout de plusieurs années, que grâce à des considérations tout-à-fait étrangères à l'utilité publique.

[4] VALBONNAIS, ij, 411.

au XVIe siècle, nos consuls la faisaient remonter à l'année 1340[5], époque où Humbert II transféra à Grenoble le conseil delphinal établi en 1337 à Saint-Marcellin. Ils se fondaient sur ce que, dans l'ordonnance publiée pour cette translation, le dauphin disposa que quatre des membres du conseil seraient docteurs en droit, et pourraient être pris parmi les professeurs de l'université[6]; mais cette clause même prouve l'existence antérieure de notre académie.

En effet, on a découvert un édit du 25 juillet 1339, où Humbert, après avoir annoncé qu'il a obtenu du pape Benoit XII la création d'une université à Grenoble, prescrit des mesures et accorde des priviléges pour y attirer un grand nombre d'étudians[6*]. La création de notre université est donc antérieure au 25 juillet 1339 : Valbonnais[7] présume que c'est de peu de temps; il se fonde sur un passage d'un autre édit de la même année, où Humbert dit : *Villa Gratianopolis ubi* NUPER *studia generalia impetravimus.* Et, en effet, c'est ce qu'on peut induire de cette expression *nuper*, quoique un peu vague, mais seulement par rapport à l'époque où Humbert obtint les bulles de confirmation du pape; car il est probable que l'enseignement du droit à Grenoble était de beaucoup plus ancien, puisque, dans des actes de 1333 et 1336[8], Amblard de Beaumont, protonotaire du dauphin,

---

[5] Voy. *Minute d'un Mémoire;* sac des archives de la mairie coté *Université,* N.° 914, liasse 1re, pièce 12 *a.*
Dans une requête du 31 mars 1566 (même liasse, pièce 7), on fait même remonter l'érection jusqu'à 1323; mais peut-être est-ce un erreur de chiffres.

[6] VALBONNAIS, ij, 401.

[6*] Un extrait *vidime* de cet édit fut remis au conseil de ville le 11 septembre 1551. (Voy. *Reg. Mss.,* à cette date, f.° 568, par BUCHER, doyen de l'université. — Voy. ci-après, note 19.)

[7] VALBONNAIS, ij, 411, note *b.*

[8] Voyez-les dans VALBONNAIS, ij, 246 et 310.
(*Add.*) On en cite aussi plusieurs de 1334, où Amblard prend la même qualité. (Voy. *Histoire généalogique de la maison de Beaumont,* 1779, tome I, p. 404 et 405.)

prend en même temps la qualité de *professor juris civilis* [9].

Quoi qu'il en soit, l'édit du 25 juillet 1339, rapporté en entier par Valbonnais [10], supplée par ses dispositions à l'édit primitif de création, ainsi qu'aux bulles de confirmation de l'université que les papes étaient alors en possession de donner [11]. On y lit que dans la ville de Grenoble il y aura toujours une université, où l'on enseignera le droit civil, le droit canonique, la médecine et les arts (*ut in ea essent* perpetuò *generalia studia in utriusque juris, medicinæ et artium facultatibus, etc.* [11*]).

[9] D'ailleurs, dans l'ordonnance de 1340, que nous citerons bientôt, Humbert dit : OLIM *in concessione privilegiorum studii nostri Gratianopolitani.* Il ne se serait pas servi du mot *olim*, si l'érection de l'université eût été très-rapprochée de l'an 1339. — (*Addit.*) Quoi qu'il en soit, il est du moins certain que l'université était en activité avant 1340, puisque dans un titre du prieuré de Saint-Laurent de Grenoble, daté de décembre 1339, on trouve cette phrase : *Dominum Alamandi, priorem.... rectoremque venerabilis universitatis, collegii seu corporis studii civitatis Gratianop.* (Lettre de M. J.-J. PILOT, de Grenoble, du 4 novembre 1838.)

[10] VALBONNAIS, ij, 412.

[11] VALBONNAIS, ij, 413.

[11*] D'après CHORIER (ij, 278), il y avait quatre professeurs, deux de droit civil et deux de droit canonique, et dans une délibération du 3 mai 1561 (*Reg. Mss.*, f.° 193) il est aussi question de quatre professeurs; enfin, dans diverses délibérations (26 février 1557, f.° 194; 14 avril 1559, f.° 251; 12 janvier et 26 juillet 1560, f.° 35 et 109; 7 mars et 3 octobre 1561, f.° 170 et 217, et 16 novembre 1565, f.° 196, etc.), on cite des noms autres que celui du *lecteur* ou *liseur ordinaire*, dont nous parlerons plus loin.

Les papiers découverts depuis notre première édition (voy. ci-devant, p. 87, note *a*) nous ont fourni des documens plus précis. On y trouve des arrêtés de l'université, fixant l'ordre des lectures ou leçons. Ces lectures ont pour objet le droit canonique, le droit civil ou droit romain et la médecine. Le nombre des docteurs ayant droit de professer est assez considérable; mais comme, selon toute apparence, leurs rétributions étaient fort modiques, ils se distribuaient les lectures par quartiers ou trimestres, qu'ils nomment des *quartons*. (Voir, entre autres, délibérations des 4 novembre 1546, 16 septembre 1548, 10 août 1550; sac 914, déjà cité, liasse 3, pièces 4, 5 et 8.)

C'est que les revenus accordés par le roi ou par les états de la province étaient surtout affectés, comme on le verra, au traitement des docteurs étrangers, de ceux qu'on appelait les *lecteurs* ou *liseurs ordinaires* (v. ci-après,

Cette expression *perpetuò* est d'autant plus remarquable, qu'à la fin de l'édit, le dauphin en jure sur l'évangile, pour lui et pour ses héritiers et successeurs, l'observation perpétuelle; de sorte qu'on ne put dès-lors priver la ville de Grenoble de cet établissement, sans porter atteinte au contrat de transport du Dauphiné qui maintenait les priviléges accordés aux villes, et qu'on ne se décida sans doute dans la suite à unir l'université de Grenoble à celle de Valence que parce que la ville de Grenoble ne fit pas valoir cette clause.

Le même édit prouve combien le dauphin attachait d'importance à cet établissement. Indépendamment des priviléges qu'il accorde aux élèves, tels que l'exemption du service militaire, il ordonne de détruire toutes les forges qui existaient dans un rayon de trois lieues aux environs de Grenoble, afin de prévenir par-là l'enchérissement du bois; clause singulière, au sujet de laquelle Chorier remarque, avec son élégance accoutumée, que *le froid est ennemi des fonctions de l'esprit* [12].

D'autres actes d'Humbert II prouvent aussi et son intention de maintenir l'université, et la mise en activité de cet établissement. Le 13 mai 1340 [13], il ordonne de nouveau la destruction des forges voisines; confirme tous les priviléges de l'université (*studii nostri Gratianopolitani*) et donne pouvoir au recteur de veiller à leur conservation (*inspectionem penes rectorem dicti studii remanere volumus*). Le 2 octobre suivant, il adresse au recteur et au collége

note 70*); de sorte que les professeurs du pays, comme ceux dont parlent les délibérations précédentes (c'étaient des prêtres, des juges, des avocats ou des médecins) étaient réduits à se diviser la portion de revenus non absorbée par ce traitement, et qui s'éleva quelquefois à 100 livres par an pour chacun (sac 570, liasse 1re, pièce 24, 25 et 27), indépendamment d'un casuel modique et de quelques prérogatives (par exemple, l'exemption des contributions personnelles). — Voy. aussi ci-après, note 27***.

[12] CHORIER, *Hist. générale du Dauphiné*, ij, 288.

[13] Cet acte est dans VALBONNAIS, ij, 411.

des lettres [14] par lesquelles il nomme Hugues de Galbert professeur des décrétales; enfin, le 27 mars 1345, il nomme Jacques de Ruffo professeur de droit civil ou de droit canonique, au choix du recteur [15].

Nous ignorons le temps précis où l'université de Grenoble cessa d'être en activité. Nous pouvons seulement présumer qu'elle fut maintenue pendant le règne d'Humbert II, puisqu'il y attachait tant d'importance, et pendant celui de ses premiers successeurs, qui ne devaient pas oublier les conditions sous lesquelles il leur avait donné ses états. Elle existait encore sous le règne de Louis XI, du moins si l'on s'en rapporte au témoignage de Chorier, puisqu'après avoir indiqué la création et la confirmation de l'université de Valence, faites par ce monarque en 1452 et 1475, cent vingt ans après l'institution de celle de Grenoble, il observe [16] que le Dauphiné eut alors deux universités. Enfin, il est énoncé dans une délibération du 25 août 1542, dont nous allons parler, que l'université de Grenoble avait *demeuré long-temps* [17].

Ce qu'il y a de certain, c'est qu'à cette dernière époque elle n'existait plus, lorsqu'un prince de la maison de France, François de Bourbon, comte de Saint-Pol [17*], grand-oncle de Henri IV,

[14] Elles sont dans Valbonnais, ij, 424.

[15] Ces dernières lettres sont aussi dans Valbonnais, ij, 505.

[16] Chorier, *Hist. générale*, ij, 453 et 454.

(*Addit.*) Néanmoins, selon l'édit de 1565, portant suppression de l'université de Grenoble, et dont on parlera plus loin, « il appert des lettres » d'érection de celle de Valence qu'alors (1452) il n'y avait aucune univer- » sité en Dauphiné. (*Archives de Grenoble*, liasse ou sac 17 *b*, pièce 1re.)

[17] *Reg. Mss. des conclusions de Grenoble*, d. date, f.° 55.

[17*] Troisième fils de François de Bourbon, comte de Vendôme, aïeul d'Antoine, roi de Navarre, père de Henri IV. Le comte de Saint-Pol était né en 1491; il fut nommé au gouvernement du Dauphiné en 1527, et mourut en 1545. Son fils, François de Bourbon, duc d'Estouteville, eut le gouvernement après lui; mais, étant mort jeune (âgé de 10 ans), l'année suivante (voir Moreri, mot *Bourbon, branche de Vendôme*, N.° vij; — Anselme, tome I, p. 326), Claude de Lorraine, duc de Guise, beau-frère du comte de

se trouvant gouverneur du Dauphiné, entreprit de la rétablir et d'en confirmer les anciens priviléges, sur la demande du conseil de la cité.

Cette réintégration fut prompte. Dès le 1er septembre suivant [18], les lettres du comte de Saint-Pol qui l'ordonnaient furent enregistrées, et l'université installée, en présence du conseil de la ville et d'un grand nombre de notables, dans le réfectoire du couvent des Cordeliers, alors existant sur l'emplacement actuel de la citadelle. Elle était déjà composée de trois docteurs régens, l'un en théologie, le second en médecine, et le troisième en droit civil. Celui-ci était Pierre Bucher, qui fut bientôt nommé doyen de l'école et ensuite procureur-général au parlement [19], fonctions qu'il cumula pendant une vingtaine d'années.

Vers le même temps, l'enseignement du droit éprouvait une révolution. André Alciat, appelé en France par la munificence et le goût éclairé de François Ier, avait mêlé la culture des lettres à l'étude de la jurisprudence; il avait le premier fait usage, dans les chaires, d'une latinité élégante, bien opposée au langage barbare des disciples ou admirateurs de Bartolle. Mais cette révolution, achevée dans la suite par Cujas, ne pénétra pas rapidement

Saint-Pol, obtint le même emploi, avec d'autant plus de facilité, que le comte n'avait pas laissé d'autre fils que François.

[18] **D.** *Reg. Mss.*, 1er septembre, f.° 56.

[19] Dans les pièces découvertes (voy. p. 87, note *a*, et sac 914 déjà cité, liasse 3, pièces 4 et 48), il est qualifié *doyen* dès le 4 novembre 1546; et, dans les délibérations de la ville, dès le 3 mars 1550. (Voy. d. *Reg. Mss.*, d. date, f.° 392.) Il fut nommé procureur-général le 15 avril 1553 (CHORIER, *Estat politique du Dauphiné*, ij, 148); et il est cité souvent, dans les délibérations, en cette qualité. On l'appelait d'abord *Buchechier*. (Voy. CHORIER, *Hist. générale*, ij, 575; surtout nos *Remarques sur les anciens jeux des Mystères*, insérées dans les *Mémoires de la Société des Antiquaires*, 1823, tome V, p. 163 et suiv.) On y voit qu'en 1535 Bucher était menacé d'un procès au parlement, pour avoir refusé, après s'en être chargé, de jouer le rôle de Jésus-Christ dans un mystère.

dans nos pays. On y pensait encore que les universités d'Italie, toujours asservies à la méthode et au jargon des Bartollistes, l'emportaient en science et en talens sur les écoles de toutes les autres contrées [20]. Le premier soin des consuls et docteurs régens de Grenoble fut de se procurer un professeur italien [21]. Leur choix tomba malheureusement sur un jurisconsulte d'une famille puissante de Quiers en Piémont, établie depuis peu en Savoie.

Nous voulons parler de Mathieu Gribaud, ou Gribald, ou Gribaldi de Moffa, seigneur de Fargies [22], paroisse de la commune de Colonges, près de Genève, et proche parent de Vespasien Gribaldi,

---

[20] Dans la seconde *conduite* (voy. pour ce mot, ci-après, page 96) passée avec Govéa le 29 avril 1558, on décida qu'il *lirait* le BARTOLLE. (Voy. *Reg. Mss. de Grenoble*, d. date, f.º 154, sac 570, liasse 1re, pièce 17.) — Au XVIe siècle, il y avait aussi à Padoue un professeur chargé d'expliquer *glossam, textum et* BARTOLLUM, dit Comnène (*Hist. Gymn. Patavini*, tome I, p. 258). — Quant au crédit des écoles italiennes, voy. HEINECCIUS, *De sectâ Tribonian.*, in ej. oper., iij, 173, N.º XI.

[21] *Reg. de Grenoble*, 12 et 14 janv. 1543, f.º 98 et 102.

[22] Il est appelé dans les délibérations du conseil de ville de Grenoble *M. de Fargies*, nom à l'égard duquel nous avons vainement compulsé les biographies et bibliographies anciennes et modernes et les auteurs du XVIe siècle. Après de longues recherches, un passage de la vie latine (il est omis dans la traduction in-12, Genève, 1681, p. 112) de Calvin, par THÉODORE DE BÈZE (ad ann. 1555, tom. I *Oper. Calvini*, édit. in-f.º de 1671), et où l'on dit d'un jurisconsulte nommé *Gribaldus*, qu'il était *dominus Fargiarum*, nous a mis sur la voie. Enfin, nous avons trouvé dans nos registres la copie d'une procuration passée à M. Mathieu Gribald de Moffa, seigneur de Fargies; et l'on voit dans une délibération que c'est le même qui fut professeur à Grenoble. (D. *Reg. Mss.*, 18 août 1548, f.º 184.) Comme le nom de *Gribald*, indépendamment de ces deux actes, est encore répété dans un compte, nous avons dû le préférer à celui de *Gribaud* dont se sert Bayle, et à celui de *Gribaldi* qu'emploient Chauffepié (iij, 23) et la *Biographie* Michaud (xviij, 472), h. v. Dans ses ouvrages, il est nommé *Matthæus Gribaldus Moffa, jurisconsultus Cherianus.* — (*Add.*) Mêmes noms et qualifications, 1º dans le diplôme d'un docteur promu à Grenoble, le 15 février 1545, sur sa présentation (sac 914 déjà cité, liasse 3, pièce 3); on y joint même l'épithète de *celeberrimus*; 2º dans la seconde *conduite* passée avec lui en 1559 (*Archives de Grenoble*, sac 570, liasse 1re, pièce 20).

qui fut, au bout d'une vingtaine d'années, archevêque de Vienne [23].

Gribald était déjà connu; il avait enseigné à Quiers, à Toulouse et successivement à Valence, en 1540 et 1541 [24], et cette dernière année il avait publié, sur la méthode d'étudier le droit, un traité qui a été réimprimé plusieurs fois, et qui est cité avec éloge par des jurisconsultes du XVIIᵉ et même du XVIIIᵉ siècle [25]; enfin, depuis son premier professorat à Grenoble, il mit au jour divers ouvrages d'histoire et de jurisprudence assez estimés, tels que des distiques sur la vie des jurisconsultes, des commentaires sur plusieurs titres du Digeste, des opinions, etc. [26]. Il justifiait

[23] CHORIER, *Estat politique*, p. 344; — GRILLET, *Dictionnaire du Mont-Blanc*, iij, 272.

[24] Voy. *Reg. Mss. de Grenoble*, 19 janvier 1543, f.º 105; — GRIBALDUS, *De methodo ac ratione studendi juris* (Lyon, 1544, in-12). Ce traité, daté de Valence, 1ᵉʳ janvier 1541, est adressé à ses anciens élèves de Toulouse.

[25] Voy. VALENTIN-GUILLAUME FORSTER, *De interpretatione juris*, lib. II, cap. I, au *Trésor d'Otton*, ij, 991. — Le traité de Forster fut publié vers 1613. Celui de Gribald fut réimprimé en 1544, 1556, 1559. 1572 et 1588, et, par fragmens, dans la *Cynosura juris* de REUSNER, en 1548. (Voy. LIPENIUS, *Bibliot. realis jurid.*, édit. 1757, ij, 37 et 38; — *Catal. bibliot. de cassation*, part. II, p. 2.)

Dans une pièce de vers latins où Reusner célèbre les jurisconsultes français, il nomme Gribald avec Cujas, Dumoulin, Duaren, Baudoin, Leconte, etc., c'est-à-dire avec les plus illustres d'entre eux. (Voy. *id.*, *Appendix Cynosuræ juris*, 1589.)

Valentin Forster, en 1594 (*Hist. jur. civil.*, p. 154); Simon, en 1695 (*Bib. du dr.*, ij, 130), et Brunquell, en 1738 (*Hist. jur.*, 3ᵉ édition, p. 215), ont aussi *loué* Grilbald.

[26] LIPENIUS, *Sup.*, table, mot *Gribaldus*.

Les distiques de Gribald ont été réimprimés en 1721, à la suite de l'édition, donnée par Hoffmann, du Traité *De claris interpretibus* de PANCIROLE. (LIPENIUS, *Sup.*, ij, 453; — STRUVE, *Bibliotheca juris*, cap. I, édit. de 1756, p. 16.)

Le passage suivant, d'un ancien auteur, rapporté par TIRABOSCHI (*Storia della letterat.*, vij, 761), donne une idée de la réputation de Gribald : *Quis Matthæum Gribaldum non agnoscit, virum imprimis nobilem et clarum, deindè etiam juris civilis scientiá et professione celeberrimum......*

donc, sous une foule de rapports, le choix des habitans de Grenoble.

Ce fut le 19 janvier 1543 que le conseil de ville arrêta de traiter avec lui; le 3 avril suivant, on le nomma professeur aux honoraires de 300 écus d'or *sol* [27], et il exerça ses fonctions à Grenoble jusqu'au printemps de 1545 [27*].

Plusieurs remarques essentielles se présentent ici :

1° Au XVI° siècle, les professeurs de droit étaient le plus souvent nommés par les villes. On passait avec eux des contrats qu'on appelait des *conduites*, mot dérivé du latin *conductio*, qui signifie louage [27**]; de sorte qu'au fond ces contrats étaient des louages de leurs talens ou services, et on les passait pour un petit nombre d'années, sauf à les renouveler avant l'expiration du terme des *conduites*.

2° En 1543, l'écu d'or *sol* valait, d'après la délibération du 3 avril, 45 sous. Les 300 écus donnés à Gribald, chaque année, valaient donc 675 livres tournois.

Selon les *Tables* de Dupré de Saint-Maur, en 1540 et années suivantes, on donnait à la monnaie 14 livres du marc d'argent : avec 675 livres on aurait donc acheté un peu plus de 48 marcs. Mais en 1790, année que nous prendrons pour base de nos comparaisons, plutôt que le temps actuel, parce que les orages et les guerres de la révolution ont singulièrement dérangé les rapports des valeurs diverses; en 1790, le marc d'argent valait 54 livres; les 48 marcs auxquels répondaient, en 1540, les honoraires de Gribald, correspondaient donc à une valeur d'environ 2600 livres de l'année 1790.

[27] *Reg. Mss. de Grenoble*, d. date, f.° 105 et 129.

[27*] Il semblerait même, d'après une enquête faite en 1557 sur les études d'un gradué, que ce fut jusqu'à la fin de l'année scholaire 1545. (Sac 570, dejà cité, liasse 1re, pièce 15.)

[27**] Dans la quittance de Jean de Boyssonne, citée ci-après, note 41*, il emploie le mot *conduction*, qui aurait dû être adopté plutôt que le mot *conduite*.

Ces honoraires paraissent assez raisonnables, surtout en y réunissant les rétributions des grades qui en étaient indépendantes [27***] : néanmoins nous n'en aurions pas une idée exacte, si nous nous bornions à en apprécier la valeur d'après celle du marc d'argent, quoique ce soit la méthode qu'aient uniquement suivie plusieurs publicistes célèbres [28]. Les recherches que nous avons commencées, et dont nous nous proposons de publier les résultats lorsqu'elles seront complètes, nous ont déjà prouvé que cette méthode est tout-à-fait vicieuse pour l'espace de temps qui s'écoula depuis 1540 jusqu'à 1560 ; que, dans cet intervalle, l'argent avait une valeur de trois à quatre cinquièmes au moins plus forte que la plupart des autres marchandises ; d'où la conséquence, qu'avec les 48 marcs donnés à Gribald, on n'aurait pas seulement acheté en 1790 des marchandises d'une valeur égale à 2600 livres, mais encore des marchandises d'une valeur de plus des trois cinquièmes au-delà, c'est-à-dire d'environ 4500 livres, et que, par conséquent aussi, c'est à cette valeur de 4500 livres qu'on peut fixer les 675 livres d'honoraires accordées à Gribald en 1540.

Un seul exemple suffira à présent pour établir l'exactitude de

[27***] Elles se composaient alors, non-seulement d'une certaine somme d'argent, mais, du moins pour les docteurs, d'une *boîte de dragées* remise à l'un des examinateurs. Le prix de cette boîte était probablement assez élevé, puisque le droit de la recevoir donna lieu (18 avril 1561) à une contestation entre deux agrégés, qu'on arrêta (sac 914 déjà cité, liasse 3, pièce 39) que chacun des membres de l'université la recevrait à son tour, et qu'on dressait avec soin, de temps à autre, l'état de ceux qui l'avaient *heue* (eue). Voici, par exemple, ce qu'on lit dans un de ces états (même liasse, pièce 19) : « Noms » des agrégés qui ont heu la boyte de ceux qui ont passé docteurs en 1557.... » M. l'official a heu celle de M. Boczosel.... M. Bucher a heu celle que présenta » M. Limojon... M. de Govéa a heu celle de celui (du docteur) de Gap, qui passa » aux cordeliers, etc. » (Voir d'autres états pour 1555, 1556, 1559, 1560, 1561 et 1565, même liasse, pièces 34, 35 et 40 ; et sac 570, liasse 1re, pièces 14 et 32.)

[28] Voy., entre autres, GERMAIN GARNIER, *Histoire de la monnaie*, etc. 1819, tome I, p. 57.

nos calculs. Dans la même période de 1540 à 1560, le prix commun du blé était de dix sous le quartal de Grenoble. On le regardait comme très-cher lorsqu'il s'élevait à douze sous. Le marc d'argent étant à 14 livres, on pouvait, avec un marc, acheter vingt-huit quartaux de blé. Pour que le rapport qui existe entre la valeur du marc d'argent en 1790 et celle du même marc en 1540, exprimât avec exactitude le rapport qui existait entre la valeur du quartal de blé en 1790 et celle du même quartal en 1540, il faudrait qu'avec les 54 livres, valeur du marc en 1790, on eût pu alors acheter aussi vingt-huit quartaux de blé. Or, d'après les tables extraites des mercuriales [29], et où le blé est porté plutôt au-dessous qu'au-dessus de sa valeur réelle, le prix commun du quartal de blé [29*], depuis 1774 jusqu'à 1790, c'est-à-dire pendant dix-sept ans, arrivait à 3 livres 7 sous. Mais avec 54 livres, valeur du marc, on ne pourrait acheter à ce taux que 16 quartaux et $\frac{1}{8}$ de blé, au lieu de 28 quartaux. Donc l'argent, en 1540, valait réellement trois à quatre cinquièmes de plus qu'en 1790.

Nous trouverions les mêmes résultats, si nous prenions pour terme de comparaison le prix de la viande, qui, à la même époque, était fixé à 7 deniers pour le bœuf, et à 9 deniers pour le veau et le mouton [29**].

[29] Nous les avons publiées dans l'*Annuaire statistique de l'Isère*, an IX (1801). Grenoble, Allier, p. 146.

[29*] Le quartal de blé de Grenoble contenait un décalitre et 833 millièmes (même *Annuaire*, p. 32).

[29**] Si nous prenions pour terme de comparaison le prix d'achat ou de louage des maisons, nous trouverions que l'argent, au XVIe siècle, avait une valeur encore plus considérable.

Par exemple, 1° l'édifice connu depuis si long-temps à Bourges sous le nom d'*hôtel de Cujas*, qui, en 1565, avait été acheté 7,000 livres, a été revendu, en 1826, 46,000 francs (*Actes originaux* vus à Bourges en 1823; — *Lettre de M. Barberand, archiviste de la préfecture*, du 14 novembre 1838); 2° le louage de la maison de Cujas à Valence, qui, en 1567, se réduisait

Les charges de la ville de Grenoble étaient alors fort considérables. Elle était, entre autres, forcée à des réparations perpétuelles contre le torrent du Drac qui ravageait une grande partie de sa plaine, et dont une branche passait au lieu où est à présent la rue Saint-Jacques, sous le nom de Dravet ou petit Drac. Ses revenus, au contraire, étaient très-modiques; ils ne s'élevaient guère qu'à 2,000 livres, qui valaient à-peu-près 13,000 livres de l'an 1790. Sa seule ressource, pour faire face aux honoraires promis à Gribald et à d'autres dépenses de l'université, fut le remboursement d'une avance extraordinaire de 1,124 livres qu'elle avait faite au roi; encore, comme elle fut insuffisante, on y suppléa par une souscription où s'inscrivit en tête un chanoine de la cathédrale [30].

Cette ressource épuisée, il fallut, au bout de deux ans (printemps de 1545), renoncer à employer le professeur italien, qui passa peu après, en la même qualité, à l'université de Padoue, alors très-célèbre [31].

(voir ci-après la partie du texte correspondant à la note 99) à 70 livres, s'était élevé à 600 francs en 1821, à présent, à environ 1,000 francs, d'après M. DELACROIX (*Lettre du 7 novembre* 1838), auteur de l'excellente *Statistique de la Drome.*

Si l'on se borne à comparer la valeur du marc d'argent à ces deux époques, c'est-à-dire environ 18 livres (v. DUPRÉ DE SAINT-MAUR, p. 216) à environ 56 francs, le prix d'achat de 1826 n'aurait dû s'élever qu'à environ 23,000 francs, et le prix de loyer de 1821 à environ 240 francs.

Mais, il faut l'avouer, trop de circonstances influent sur les prix des achats et des louages de maisons, pour qu'ils puissent servir de mesure pour les valeurs réelles. Par exemple, Cujas obtint pour 5,400 livres, en 1585, le même hôtel qui avait coûté 7,000 livres à son vendeur, en 1565; cette diminution considérable tenait sans doute à ce qu'on avait eu plusieurs guerres civiles et à ce que l'acheteur payait son prix comptant ou à-peu-près comptant.

[30] Étienne Roibon. (Voyez *Reg. Mss. de Grenoble*, 3 avril 1543, f.° 129.)

[31] On verra ci-après (dans la partie du texte correspondant aux notes 120 à 125) l'extrait d'un mémoire où la *conduite* de Gribald est fixée aux années 1543 et 1544. Il résulte aussi de plusieurs passages de ses œuvres, qu'il enseignait à Padoue en 1548 jusqu'en 1553. (Voy. *id.*, *Comment. in aliquot tit. Dig. et Cod.*, 1577, in-f.°, p. 1, 166, 196, 222, 266 et 267. — Voy. aussi ci-après, note 50.)

Les professeurs grenoblois, quoique réduits aux rétributions des grades [31*], continuèrent seuls ce qu'on nommait les *lectures*, c'est-à-dire les leçons, jusqu'à la fin de l'année scolaire 1546.

Ils éprouvèrent alors un obstacle singulier, auquel nous nous arrêterons un moment, parce qu'il donne une idée des mœurs du siècle.

Les cordeliers avaient cédé à la ville, pour les leçons, leur grand réfectoire et une de leurs chapelles [32]. Les délibérations énoncent que c'était à titre de prêt; mais comme chaque année ces religieux, sous prétexte de pauvreté, demandaient au conseil de la ville et en obtenaient une aumône, le conseil pensa sans doute que le prêt du réfectoire et de la chapelle était au fond un louage dont il avait le droit de requérir l'exécution; et, de leur côté, les cordeliers ne voulurent pas admettre ce droit.

En conséquence, à l'ouverture de l'année scolaire [32*] suivante, ou à la fin d'octobre 1546, car c'était à la Saint-Luc, ou au 18 octobre, que rouvraient alors les études [33], les cordeliers fermèrent leur réfectoire et leur chapelle, et en refusèrent obstinément l'entrée aux membres de l'université, et successivement aux consuls et aux avocats qui allèrent la solliciter.

Sur le rapport de ce refus et de ses circonstances, le conseil arrêta, le 1er novembre, qu'on irait sur-le-champ occuper, *par force ou autrement*, le grand réfectoire, *afin d'en continuer* ce qu'on nomme en droit le possessoire, ou, en d'autres termes, la possession.

[31*] Voir toutefois note 11*, p. 90.

[32] D. *Reg. Mss.*, 31 août et 14 décembre 1543, et 24 octobre 1544, f.° 173, 196 et 287.

[32*] Elle finissait à la mi-août. (*Reg. Mss. de Grenoble, Délibération du 6 août* 1558, p. 191.)

[33] Voy. *Notes sur la conduite de Govéa*, sac 570, liasse 1re, pièce 18; — *Répertoires Mss. des délibérations de la ville de Valence*, 19 mai 1560; — CHORIER, *Histoire générale*, ij, 544.

Cette résolution était d'autant plus étrange, que le jour où elle devait être mise à exécution était une des plus grandes fêtes de l'année, et qu'on s'exposait par-là à troubler le service divin. Tel fut sans doute le motif pour lequel on ne parla point de la chapelle, quoiqu'on s'en fût également servi jusque-là.

Aussitôt on se rend en foule au couvent, qui était voisin du lieu des séances du conseil (la tour de l'île, c'est-à-dire la tour carrée de la citadelle actuelle), et l'on force l'entrée du réfectoire. Les cordeliers, quoique surpris, se défendent en gens de cœur. Il s'ensuivit une espèce de bataille, où tous les bancs et la chaire de l'université furent brisés.

Les assaillans, repoussés, à ce qu'il paraît, retournent au conseil, et ils y rapportent naïvement que « les moines ont fait » grande résistance tant de paroles que de faict, et ung cordelier » nommé frère Fiquet s'est trouvé *seignant par le front* ne sait-on » par quel moyen. »

Le conseil ne fut point touché de la blessure de frère Fiquet. Il arrêta de présenter une requête au parlement [54] pour être maintenu au possessoire, et pour faire informer sur les menaces, les batteries, les fractures de bancs et autres malversations des cordeliers.

Le temps inspira sans doute des résolutions plus sages : les parties se concilièrent [54*], car on ne donna aucune suite à la procédure, et l'on voit bientôt l'université faire ses leçons dans le réfectoire, et les cordeliers demander et obtenir leur aumône accoutumée.

[54] Voyez, pour tous ces événemens, *Reg. Mss., de Grenoble*, 1er novembre 1546, f.° 543.

[54*] Une des pièces nouvellement découvertes justifie cette conjecture : le 21 février 1547, les cordeliers consentirent à céder leur réfectoire pour trois ans, et sans doute ils donnèrent un nouveau consentement à l'expiration de ce terme, bien qu'ils eussent protesté auparavant (15 février 1550) du contraire, puisque l'université continue à siéger dans leur couvent. (Sac 570 déjà cité, liasse 1re, pièce 8.)

Le défaut de revenus fut un obstacle plus sérieux, en ce qu'il empêchait de se procurer un professeur d'une grande réputation. En 1547, on obtint d'abord des états du Dauphiné un secours de 500 livres. Le 19 juin 1548, Henri II, protecteur des sciences comme tous les Valois, permit de prélever, chaque année, sur la ferme du sel du Dauphiné, 750 livres pour chacune des universités de Grenoble et de Valence[35]. Ce prélèvement fut porté a 1,000 livres en 1558, et l'on y joignit 400 livres à prendre sur la ferme des gabelles du Pont-Saint-Esprit[36].

Ces fonds assurés, et la restauration de l'université, due au comte de Saint-Pol, ayant été d'ailleurs confirmée par un édit du roi, au mois de décembre 1547[37], on dut s'occuper de nouveau d'avoir des professeurs étrangers, d'autant plus que le roi affectait aux honoraires de ces professeurs les prélèvemens dont on vient de parler[38].

Au mois d'août 1548, on s'adressa à Gribald, alors professeur à Padoue. Il passa une *conduite*, au nom et par procuration de la ville, avec un professeur nommé Jérôme Atheneus, ou Athénée, dont nous ne savons pas autre chose[38*], et qui n'exerça à Grenoble

---

[35] Son *rescrit* fut entériné le 14 août 1548. (**D.** *Reg. Mss.*, 3 mars 1550, f.º 392, sac 570, liasse 1ʳᵉ, pièce 3.)

(*Add.*) Nous employons ici et ailleurs (ci-après, note 87) le mot *rescrit* pour tenir lieu des dénominations variables des diverses décisions du roi (ordonnances, édits, déclarations, lettres-patentes, etc).

[36] **D.** *Reg. Mss.*, 6 août 1558, f.º 191 ; *Comptes du fermier des gabelles,* sac 570, même liasse, pièce 18.

[37] **D.** *Reg. Mss.*, 30 décembre 1547, f.º 111.

[38] **D.** *Reg. Mss.*, 3 mars 1550 et 9 août 1555, f.º 392 et 438 ; ci-devant, note 11 *, p. 90.

Dès le 20 septembre 1547, on avait cherché à engager le fameux Jean de Coras, alors professeur à Valence, dont la *conduite* allait expirer ; et l'on avait demandé, dans l'espoir de le déterminer à accepter, qu'il fût en même temps nommé conseiller au parlement de Grenoble ; mais il paraît que la négociation échoua. (Voy. d. *Reg. Mss.*, d. date, f.º 85.)

[38*] Excepté pour ce qui est relatif à ses opinions religieuses (voir ci-après

que pendant deux ans[39]. En 1551, on le remplaça, aussi pour deux ans, par un autre italien nommé Hector Richerius, d'Udine en Frioul, connu depuis par un commentaire sur le titre du Digeste *De verborum obligationibus*[40]. Enfin, au bout de la même année on engagea, pour trois ans, un conseiller au parlement de Chambéri[40*], nommé Jean de Boyssonne, qu'on disait être *grandement fameux*[41], mais sur lequel nous n'avons encore aucun renseignement particulier[41*].

la partie du texte correspondant à la note 123*). Nous avons aussi appris qu'il était de Vicence en Italie (sac 570, liasse 1re, pièce 1, 6 et 9).

[39] **D.** *Reg. Mss.*, 18 août 1548, 27 septembre 1549, 3 mars 1550, f.° 184, 322 et 392.

[40] **D.** *Reg. Mss.*, 10 septembre 1551 et 30 décembre 1552, f.° 566 et 107. — On dit aussi qu'il était docteur de Padoue (sac 570, liasse 1re, pièc. 1 et 2). **GESNER** (*Biblioth.*, édit. de 1583, p. 319) indique une ancienne édition du *Traité* de Richerius (son nom français était Riquier, d'après nos registres), mais sans en énoncer la date. — **LIPENIUS** (*Bibl. real. jur.*, édit. de 1679, p. 357, et de 1757, ij, 443) en indique une postérieure, de 1617, in-8°. Cet ouvrage avait déjà été cité par le jurisconsulte portugais Emmanuel Soarez, dans ses *Observationes juris*, cap. XXXVI, publiées en 1562. (Voy. **MEERMAN**, *Thesaurus*, t. V, p. 585, et *præfat.*, p. 2.)

[40*] Et non pas *sénateur* à Chambéri, comme nous l'avions dit dans notre première édition. Nous n'avions pas réfléchi que depuis 1535 la Savoie était au pouvoir de la France (elle ne fut rendue qu'en 1559, par le traité désastreux de Cateau-Cambrésis), et qu'à la place de son sénat, François 1er y avait établi un parlement.

[41] **D.** *Reg. Mss.*, 10 septembre 1551, f.° 566.

[41*] Nous en avons recueilli depuis notre première édition, grâce, soit aux pièces nouvellement découvertes, soit à un passage de Rabelais, que nous a indiqué le savant et consciencieux député M. Eusèbe Salverte, et qui nous a mis sur la voie de recherches fructueuses. En voici le résultat : Jean de Boyssone, appelé, par corruption ou gasconisme, *Boissonné* ou *Boissons*, était prêtre et professeur à l'université de Toulouse, dès 1531, et il y enseignait encore au mois de juin 1535 (voy. **GRAVEROL**, sur *La Roche-Flavin*, édit. de 1682, arrêts 7 et 41, p. 402 et 417). Il quitta cette ville vers la fin de la même année, et fut probablement nommé conseiller-clerc au parlement que François Ier établit à Chambéri, en 1535 ou 1536. (**CHORIER**, *Histoire générale du Dauphiné*, ij, 532.) Il paraît du moins certain qu'il n'était plus à Toulouse lorsque Étienne Dolet publia ses discours et lettres

Ces *conduites* ne furent point renouvelées. On en passa une, au mois de septembre 1555, avec un jurisconsulte bien autrement fameux que Jean de Boyssonne; il s'agit d'Antoine de Govéa ou Goveanus, portugais, d'abord régent d'humanités, de philosophie et de littérature à Paris et à Bordeaux, et successivement professeur de droit civil à Toulouse, à Cahors et à Valence [41**].

Au jugement des jurisconsultes contemporains, et entre autres du savant président Favre, Govéa était l'interprète du droit romain qui avait le plus de génie [42], et il l'aurait emporté en

(voy. STEPHANI DOLETI *Orationes duæ;* — *Epistolarum*, lib. II; — *Carminum*, lib. II; — *Ad eumdem, Epistolarum amicorum liber*, in-8°, sans date; bibl. Sainte-Geneviève, Z, 229, p. 58, 89 à 91, et 120 à 126 conférées), c'est-à-dire, suivant Moreri (mot *Dolet*), au plus tard en 1535. Rabelais, il est vrai, le cite comme enseignant à Toulouse, dans le livre II de son *Pantagruel* (ch. XXIX, à la fin, édit. de l'abbé de Marsy, 1752, t. IV, p. 481), publié en 1546 (*Vie de Rabelais*, même édition, tome I, p. xcviij); mais cette indication se rapporte sans doute au temps de la composition plutôt qu'à celui de la publication du même livre, car Boyssonne, comme conseiller au parlement de Chambéri, avait été chargé dès 1542 d'une commission pour laquelle le procureur-général de ce parlement lui intenta un procès fâcheux, qui ne fut terminé qu'en 1555. (Voy. PAPON, *Arrêts*, liv. XIX, chap. 8, arr. 9, édit. de 1608, p. 1099 et 1100.)

Quoi qu'il en soit, Rabelais (même page) et Dolet (pages déjà citées) font un pompeux éloge de Boyssonne, et le dernier lui dédia un de ses ouvrages en 1538 (MORERI, *suprà*). Le choix de la ville de Grenoble était donc justifié, et Boyssonne du moins remplit ses obligations pendant les trois années de sa *conduite*, comme le prouvent les nouvelles pièces déjà citées, et au nombre desquelles se trouvent sa *conduite*, plusieurs quittances, dont une de 370 livres, passée le 11 janvier 1554, pour la tierce année de la *conduction* de sa *lecture*, et un compte où il est qualifié *ancien docteur de Toulouse*. (Sac 570, liasse 1re, pièces 1 et 11; sac 914, liasse 3, pièces 10 et 11.)

[41**] LEYCKERT, *Vitæ clarrissimor. juriscons.*, 1686, p. 201. — DE THOU, *Histor.*, lib. XXXVIII, ad ann. 1565, édit. de 1620, ij, 352, 353. — VAN-VAASSEN, *Vita Goveani*, citée ci-après, note 43.

[42] ANT. FABER, *Conjecturar.*, lib. VII, in *præfat.*

Cujas lui-même disait dans ses Notes sur Ulpien (titre VI), publiées en 1554 : *Antonius Goveanus, cui ex omnibus, quotquot sunt aut fuere, Justinianei juris interpretibus, si quæramus quis unus excellat, palma deferendu est.*

réputation sur Cujas, s'il avait été moins paresseux. Cujas lui-même, à qui les talens de Govéa paraissent avoir fait ombrage, quoiqu'ils fussent amis, disait qu'il ne se rassurait que sur l'insouciance et l'éloignement pour le travail du jurisconsulte portugais.

En effet, quoique Govéa eût commencé à publier des ouvrages au moins vingt-cinq ans avant sa mort, le recueil de ses œuvres de droit ne forme qu'un volume in-8°, qui n'équivaut pas au tiers d'un seul des dix in-f.° de la grande édition de Cujas [45]. Cependant les craintes de celui-ci, dont il entretenait encore le célèbre président de Thou, son élève et son ami, plusieurs années après la mort de Govéa, sont faciles à concevoir, si l'on adopte dans toute sa latitude la remarque par laquelle ce grand historien termine l'éloge du professeur de Grenoble. *Unus*, dit-il de Govéa (lib. XXXVIII, ad ann. 1565), *unus rarâ hoc œvo gloriâ communi doctorum suffragio hoc adsecutus, ut et poeta elegantissimus, et summus*

[45] Les œuvres de Govéa ont, il est vrai, d'abord été publiées in-f.°, mais dans un petit format et avec une justification étroite, ne contenant que 822 pages, à Lyon, en 1562; aussi n'occupent-elles qu'un in-8° dans les éditions de 1599, citée par Lipenius (édit. de 1757, ij, 103), et de 1622 (celle-ci est à la bibliothèque de Grenoble).

Lipenius (*ibid.*) et Leyckert (*Vitœ clarrissimor. J.-C.*, p. 202) citent aussi une édition in-f.° de 1564; mais ce n'est autre chose que celle de 1562, dont on a seulement changé le frontispice, comme on le voit à la même bibliothèque. Son exemplaire de l'édition de 1562, N.° (ancien) 1564, et (nouveau) 6006, est, au reste, infiniment précieux. C'était celui de Pierre de Mornyeu, gentilhomme de Belley, élève de Govéa, qui, après la mort de son professeur, prit son doctorat à Valence le 30 mai 1566. (Voy. *Reg. Mss. des approbat. de Valence.*) Mornyeu y a mis en marge plusieurs notes dont nous citerons quelques-unes. Enfin, il y a joint un commentaire, encore inédit, de Govéa, sur le titre du Digeste *Ad S.-C. Trebellianum*, contenant 25 pages, chacune de plus de soixante lignes écrites très-menu.

(Addit.) Nous venons (octobre 1838) de découvrir la dernière édition des œuvres de Govéa, donnée, en 1766, à Rotterdam, in-f.°, précédée de sa vie, composée par Jacques Van-Vaassen, d'après divers documens, dont plusieurs ont été fournis par la famille de Govéa. On y cite (p. xxxvj) le désir exprimé par un jurisconsulte du XVIIᵉ siècle de voir chercher et publier le commentaire que nous venons d'indiquer, et auquel Govéa renvoie plusieurs fois.

philosophus, et præstantissimus juris interpres simul haberetur[44].

Malgré son insouciance, Govéa professait avec le plus grand succès, parce qu'il méditait beaucoup chacune de ses leçons[45]. Il enseignait à Valence depuis une année, lorsqu'au mois de septembre 1555, il traita avec Pierre Bucher, doyen de l'université de Grenoble et procureur-général au parlement, pour s'attacher à cette université : on lui assura plus de 800 livres d'honoraires, qui furent dans la suite portés à 920[46].

Les Valentinois furent d'autant plus touchés du traité fait avec Govéa, qu'ils n'avaient alors aucun professeur un peu distingué[46*]. Ils mirent tout en usage pour le retenir. Leur évêque, le fameux Jean de Montluc, homme d'état du premier ordre, qui avait déjà été plusieurs fois ambassadeur de France auprès de diverses cours de l'Europe[46**], écrivit au conseil de ville de Grenoble, pour l'inviter à laisser Govéa à Valence[47]. Le conseil ayant persisté, Govéa se fixa à Grenoble jusqu'en 1562.

---

[44] De Thou, *Histoire*, d. lib. XXXVIII, édit. de Genève, 1620, ij, 352 et 353.

Il paraît, par ce que de Thou y dit, qu'il vit souvent Cujas, même depuis qu'il eut étudié sous lui à Valence.

[45] Voy. *Vie de Loysel*, dans ses *Opuscules*, p. xiij et xiv.

[46] *Reg. Mss. de Grenoble*, 9 août et 11 octobre 1555, et 26 février 1557, f.° 438, 459 et 194. — *Mémoires*, sac 570, liasse 1re, pièce 17; sac 914, liasse 1re, pièce 1re.

[46*] André d'Exéa, l'un d'eux, avait, il est vrai, publié deux traités (voyez notre *Histoire du droit et de Cujas*, p. 385, note 64, et ci-après, note 82); mais il n'avait sans doute obtenu que bien peu de succès, soit comme auteur, soit comme professeur, puisque son nom n'est pas même cité dans les biographies des jurisconsultes, telles que celles de Melchior Adam, de Taisand, etc.

[46**] Voy. ci-après, note 108 et la partie du texte qui y correspond.

[47] D. *Reg. Mss.*, 11 octobre 1555, f.° 459.

L'exemple de Govéa faillit à être contagieux. Claude Roger, autre professeur de Valence, demanda, au bout d'un mois, une chaire à l'université de Grenoble (voy. d. *Reg.*, 29 novembre 1555, f.° 481), et il paraît que le seul

Le procédé du conseil était justifié par un acte authentique, par les usages du temps et par les désirs de Govéa lui-même; cependant il est probable qu'il excita le ressentiment, et de la ville de Valence, et de Jean de Montluc, et que dès-lors ils épièrent les occasions de s'en venger, en faisant priver Grenoble d'un établissement dont le voisinage était d'ailleurs dangereux pour leur université.

Sur ces entrefaites, l'université de Grenoble ayant obtenu du roi, en 1558, un nouveau revenu annuel de 400 livres à prendre sur les gabelles du Pont-Saint-Esprit, on arrêta de *conduire* un nouveau professeur[48], et ce fut Gribald qu'on choisit pour la seconde fois, en 1559, et qui se contenta de 480 livres d'honoraires[49], c'est-à-dire de ce qui restait de libre sur les 1,400 livres affectées à l'université, après avoir prélevé le traitement de Govéa.

Ce désintéressement de Gribald, après quinze années d'intervalle depuis son premier professorat, pendant lesquelles le prix des denrées avait dû un peu augmenter, et Gribald acquérir plus de talens et d'expérience, s'explique lorsqu'on recherche ce qu'il avait fait dans une partie du même intervalle.

défaut de fonds empêcha de l'agréer. Il enseignait encore à Valence lors du second professorat de Cujas, années 1567 et suiv. (Voy. notre *Histoire du droit et de Cujas*, p. 393 et suivantes.)

[48] On avait eu aussi, vers la fin d'octobre 1555, un second professeur nommé Friol, vénitien, et, de 1556 à 1558, un autre nommé Colloreto. C'est tout ce que nous en avons pu apprendre. (Voy. d. *Reg. Mss.*, 18 octob. 1555, f.° 461; 7 novembre 1556, f.° 137; 13 décembre 1557, f.° 91; 17 avril 1558, f.° 150.)

(Addit.) Depuis notre première édition, nous avons vu dans diverses pièces (sac 570, liasse 1re, pièces 1 et 2; sac 914, liasse 3, pièces 15, 26, 29 et 30) que Colloreto était de Padoue, et qu'il avait professé à Grenoble en 1555, en 1557 et en 1558, aux appointemens de 120 livres par an.

[49] D. *Reg. Mss.*, 17 avril 1558, f.° 150 (cela s'induit de cette délibération). — Sa *conduite* est du 4 août 1559 (sac 570, liasse 1re, N.° 21).

Il est d'abord certain qu'il fut professeur à Padoue depuis 1548 jusque vers 1555 [50].

Vers ce temps, la secte des Sociniens ou Anti-trinitaires, qui niaient la divinité de Jésus-Christ, avait fait des progrès en Italie. Gribald fut accusé d'en être un des zélés partisans. Cette imputation acquérant chaque jour plus de poids, Gribald, qui craignait les poursuites de l'inquisition [51], se sauva dans sa terre de Fargies, située au pays de Gex et à quelque distance de Genève.

Il chercha, sans doute pour sa tranquillité, à se procurer l'appui de Calvin, alors tout-puissant à Genève; mais, à la première conférence où il se présenta pour exposer ses sentimens, le fier réformateur le repoussa en quelque sorte jusqu'à ce qu'il se fût expliqué clairement sur le mystère de la Sainte-Trinité, et bientôt le fit chasser de Genève [52].

[50] Heineccius (*Vita Panciroli*, in ejusd. oper., iij, 341) dit jusque vers 1553; Nicolas Comnène (*Hist. Gymn. Patavini*, j, 252), et, d'après lui, Chauffepié (iij, 23, lettre *P*), jusqu'en 1556. En combinant les diverses époques des professorats de Pancirole, successeur de Gribald à Padoue, telles qu'elles sont indiquées dans son éloge (voy. *id.*, par FRANÇ. VIDUA. Padoue, 1599, in-4°, bibl. roy. P. 192), on pourrait penser que ce fut jusqu'en 1555. (Voy. aussi ci–dev., note 31, p. 99.)

(Addit.) Il est du moins certain que ce ne fut point jusqu'en 1556. En effet, dans un compte de paiemens faits pour l'université depuis 1551, Bucher réclame (sac 570, liasse 1ʳᵉ, pièce 2) 49 sous donnés à un messager qui avait porté à Fargies une invitation à Gribald de venir *lire* à Grenoble, « mais, » dit–il, estoit conduit et allé en Allemagne, qu'appert par missive de sa » femme à M. Roybon, conseiller de Savoye, et d'autres de lui audit Bucher.» La date du message n'est point indiquée, mais le compte a été arrêté le 28 décembre 1555.

Ajoutons que si l'on prend en considération le temps nécessaire pour le message, les divers envois de lettres, les négociations de la *conduite*, le voyage de Padoue à Fargies, etc., il est probable que Gribald avait quitté Padoue au moins au commencement de 1555.

[51] *Ferunt illum suspectum de hæresi, ac reum factum à quæsitoribus sacris, ne custodiæ ac vinculis traderetur, fugâ sibi consuluisse.* (COMNÈNE, p. 252.)

[52] Voyez, sur tous ces points, BAYLE, mots *Gribaud* et *Gentilis* (Valentin), note C. — *(Addit.)* Voir aussi CALVIN, lettre du 6 des nones (2) de mai 1557, in ejusd. *Epist.*; Lausanæ, 1576, p. 393, 394.

Il paraît que Gribald se réfugia alors en Allemagne, et qu'il professa quelque temps le droit à Tubinge [52*]; mais, soit que ses opinions l'en eussent aussi fait expulser, soit que le désir de se ménager le grand conseil de Berne, alors souverain du pays où était située sa terre de Fargies [53], l'eût engagé à se rendre dans cette ville, il y fut arrêté et mis en prison. On lui reprochait, entre autres, d'avoir donné un asyle dans sa terre à Valentin Gentilis, dont le socinianisme était avoué, et il n'échappa au supplice qu'en faisant une espèce d'abjuration.

Quoi qu'il en soit, il était retiré dans sa terre lorsqu'au printemps de 1558, les Grenoblois cherchèrent à donner un adjoint à Govéa. Ignorant sans doute l'hétérodoxie qu'on reprochait à Gribald, ou séduits par son abjuration, ce que rend vraisemblable la profession de ceux qui négocièrent avec lui, et dont l'un était chanoine et l'autre procureur-général, ils l'appelèrent au mois d'août 1559 [54], et l'on conçoit que, dans sa position, il dut être peu difficile sur la quotité des appointemens.

[52*] Nous avons trouvé des renseignemens sur ce professorat dans MELCHIOR ADAM (*Vitæ jurisconsultor.*, 1706), à l'article de Jérôme Gérard, p. 95. D'après lui, l'hérésie de Gribald, *qui magno auditorio concursu apud Telbingenses jura explicabat.... detecta est....* Mais l'affaire s'assoupit par sa fuite, et ce doit être vers 1557, puisqu'il ajoute, à l'article de Jean Hochmann (p. 177) qu'il fut fait professeur en 1558, après le départ de Gribald.

[53] Le pays de Gex....... Il ne fut rendu au duc de Savoie que par le traité du 30 octobre 1564. (Voy. COSTA, *Mémoire sur la Savoie*, ij, 56.)

[54] C'est le 17 avril 1558 qu'il fut question de le rappeler. La négociation dura dix-huit mois. Étienne Roibon, chanoine de Grenoble, et depuis, conseiller à Chambéri, et le procureur-général Bucher la dirigèrent. (Voyez d. *Reg.*, 17 avril 1558, 4 août et 18 septembre 1559, f.° 150, 277 et 282, cidevant, note 49, p. 107.) On dut sans doute, pendant ce long intervalle, prendre des renseignemens sur les opinions religieuses de Gribald, puisque en 1555 on en avait pris sur celles de Govéa (d. *Reg. Mss.*, 9 août 1555, f.° 438). Il faut donc, ou que ses aventures de Berne n'eussent point été divulguées, ou qu'elles aient été postérieures à son deuxième professorat de Grenoble, ce qui serait fort possible, car le récit de Théodore de Bèze, cité par Bayle, est assez vague. (Voir toutefois ci-après, note 57.)

Le choix de ce second professeur fut d'autant plus malheureux pour l'université, que Gribald donnait du poids à l'accusation de socinianisme, en n'assistant pas au service divin, et que le premier professeur, Govéa, quoique plus prudent ou plus dissimulé, passait pour être encore plus hétérodoxe que Gribald [54*].

On jugera de la réputation de Govéa à cet égard par ce qu'en pensaient les protestans eux-mêmes. Au bout de quelques mois, le 13 février 1560, Hubert Languet, espèce d'envoyé de l'électeur de Saxe, chargé de donner des nouvelles de ce qui se passait en France, soit à l'électeur, soit à son chancelier Ulric Mordisius (Mordeisen), écrivait à celui-ci que Cujas avait quitté l'université de Valence pour celle de Bourges, ce qui était vrai, et qu'il y serait remplacé par Gribald, en quoi Languet se trompait [54**]. Il ajoute aussitôt une remarque dont on comprendra toute l'acrimonie lorsqu'on saura qu'un autre jurisconsulte, Pierre Loriol, dont nous parlerons bientôt, et dont on suspectait aussi les opinions religieuses, était professeur à Valence. Gribald et Loriol, dit Languet, réunis à Valence, y feront un beau couple, surtout si l'on considère qu'ils auront dans leur voisinage, à Grenoble, Govéa, qui est encore plus scélérat que chacun d'eux. *Ei* (Cujacio) *Valenciœ succedet Gribaldus. Pulchrum sanè par, ubi ipse et Loriotus conjuncti fuerint, et habuerint Gratianopoli vicinum Goveanum, qui utroque est longè sceleratior* [55].

[54*] Voir, plus loin, la partie du texte correspondant à la note 123****.

[54**] Voy. notre *Histoire du droit et de Cujas*, p. 387, 388.

[55] HUBERTI LANGUETI *Epistolæ*, lib. II, lettre 12, datée du 13 fév. 1560, édit. de 1699, p. 34.
Chorier dit aussi que Govéa sema dans Grenoble des sentimens différens de ceux qu'un chrétien doit avoir de la divinité. (Voy. *id.*, *Histoire générale*, ij, 612.) — Selon Guy-Allard, au contraire (*Biblioth. du Dauphiné*, 1680, p. 119), Govéa avait fait l'apologie de sa *conduite* dans un discours excellent qu'on voyait autrefois dans la bibliothèque d'Ennemond Rabot d'Illius, premier président du parlement de Grenoble, à la fin du XVIᵉ siècle (CHORIER, *Estat politique du Dauphiné*, tome I, p. 61); et, selon toute apparence, Govéa

Les habitans de Grenoble étaient sans doute moins prévenus, ou peut-être se laissèrent-ils entraîner par la réputation que deux jurisconsultes tels que Govéa et Gribald donnaient à leur université. Quatre mois à peine après la seconde *conduite* de Gribald, les élèves affluaient en si grand nombre dans leur ville, que plusieurs furent obligés de se retirer faute de logemens. Le 12 janvier 1560, sur le rapport qu'on en fit au conseil de ville, il arrêta que les aubergistes donneraient avis des élèves qu'ils ne pourraient recevoir, et que les consuls eux-mêmes se chargeraient de pourvoir à leur logement [56].

Cependant l'orage grondait déjà sur l'université. Le 15 octobre suivant, le conseil eut avis qu'on avait *taxé* Gribald auprès du gouverneur du Dauphiné, le duc de Guise, *d'être mal sentant la foi chrétienne*, et qu'on menaçait, à cause de cela, de supprimer l'université. Le conseil, soutenant que l'imputation faite à Gribald était calomnieuse (c'est ce que soutint aussi depuis, en 1577, Conrad Offenbach, élève de Gribald et éditeur de ses œuvres), pria le procureur-général Bucher de rédiger et envoyer des mémoires au gouverneur [57].

---

s'était, en effet, justifié, car autrement le duc de Savoie ne l'eût pas ensuite comblé de faveurs, comme on le verra plus loin.

[56] **D. *Reg. Mss.*, d. date, f.° 35.**

[57] **D. *Reg. Mss.*, d. date, f.° 134 et 136; — OFFENBACH, d. édit de 1577,** citée ci-devant, note 31, p. 99.

N. B. Offenbach ne donne aucune preuve à l'appui de la justification de Gribald. *(Addit.)* On trouve d'ailleurs dans la seconde *conduite* de Gribald une clause étrange, celle d'être affranchi de ses engagemens en cas d'une *nécessité à laquelle il serait contraint d'obéir* (sac 570, liasse 1re, pièce 21) : d'où l'on pourrait induire que lui-même n'espérait pas pouvoir se justifier de reproches dont la conséquence serait une expulsion. Et l'on serait d'autant plus fondé à l'induire, que non-seulement cette clause ne se trouve point dans la seconde *conduite* de Govéa, à peine antérieure d'une année (24 août 1558); mais qu'il s'y soumet à lire malgré tout empêchement, même de *peste*, et en exceptant le seul cas où le parlement cesserait ses fonctions (d. liasse, pièce 17).

Selon toute apparence, le procureur-général, qui se montra dans la suite un des catholiques les plus acharnés contre les protestans [58], négligea l'envoi des mémoires, ou n'y établit point sur des preuves positives l'opinion que le conseil avançait avec tant d'assurance. Le 9 ou 10 novembre suivant (1560), le parlement de Grenoble reçut des lettres du roi et du duc de Guise, portant ordre de chasser Gribald de la ville et du royaume, et les menaces de supprimer l'université furent renouvelées.

Les 10, 11 et 24 du même mois, le conseil prit des délibérations très-fortes pour faire rétracter ces ordres. Il observait, entre autres, que le départ de Gribald commençait à entraîner celui de beaucoup d'élèves; que les professeurs qu'on appellerait pour le remplacer seraient détournés d'accepter par la crainte d'être chassés sans jugement [59].... Ces remontrances, adressées à la cour, n'eurent aucun succès. Il n'est plus question dès-lors de Gribald dans nos registres. Les auteurs contemporains et les biographes modernes ne donnent, sur sa vie et sa mort, que des renseignemens vagues et douteux; tous ont même ignoré qu'il ait professé à Grenoble [60]. La conjecture la plus vraisemblable est

[58] CHORIER, *Histoire générale*, ij, 607 et 611.

[59] D. *Reg. Mss.*, mêmes dates, f.ᵒˢ 140 et suiv.
On essaya ensuite, mais sans succès, de *conduire* Roaldès, alors professeur à Cahors, pour remplacer Gribald. (Voy. *Reg. Mss.*, 29 août, 12 septembre et 17 octobre 1561, f.ᵒ 212, 216 et 219. — Voyez aussi, pour *Roaldès*, notre *Histoire du droit et de Cujas*, p. 592 et 593.)
Si l'on s'en rapporte à François Baudoin, il fut aussi appelé à Grenoble comme professeur, et il refusa d'accepter. (Voy. sa *Lettre à Calvin*, dans le recueil intitulé *Joannis Calvini responsio ad Balduini convitia*, 1562, p. 45.) Mais nos registres n'indiquent point cette proposition.

[60] Entre autres, BAYLE, CHAUFFEPIÉ et MORERI, mot *Gribaud;* — SIMON, *Bibliothèque du droit*, ij, 180; — ISAAC COMNÈNE, *Hist. Gymnas. Patavini*, in-f.ᵒ, 1726, tome I, p. 252; — NICERON, ix, 185...... Ce dernier fixe la mort de Gribald à 1556, et l'on vient de voir qu'il professait encore à la fin de 1560. Comnène la recule jusqu'à 1570; mais son récit est accompagné de circonstances inconciliables avec les faits avérés.

celle du célèbre Bayle, qui, d'après un passage de la vie de Calvin, où l'on annonce que Gribald était mort de la peste lorsque Valentin Gentilis vint chercher une seconde fois un asyle à Fargies, présume que ce fut vers 1565 ou 1566[61] que notre fameux professeur cessa de vivre ; et en effet les mêmes registres nous apprennent que, dans nos pays et dans les provinces voisines, il y eut une peste furieuse en 1564 et 1565[61*].

Les Valentinois, informés, sans doute par Montluc, alors ministre d'état et très-puissant dans le conseil de Charles IX, surtout auprès de Catherine de Médicis, du peu de crédit des réclamations des Grenoblois, profitèrent des préventions de la cour pour demander qu'on réunît l'université de Grenoble à celle de leur ville. Ils soutenaient que deux universités ne pouvaient subsister ensemble en Dauphiné, et qu'il fallait maintenir celle de Valence, qu'ils prétendaient être mieux placée, etc.[61**]. On eut avis de leurs démarches le 3 octobre 1561. Le conseil ordinaire de Grenoble renvoya cette affaire, à cause de son importance, à une assemblée du conseil général de la ville. Cette assemblée, retardée par divers événemens, ne se tint que le 31, et, ce jour-là, on apprit que les Valentinois avaient obtenu un arrêt[61***] par lequel le conseil d'état ordonnait une procédure *de commodo et incommodo*, c'est-à-dire une procédure tendant à examiner dans

[61] Et non pas en 1564, comme le rapporte M. WEISS, *Biographie univ.*, xviij, 472. (Voy. BAYLE, mot *Gribaud*, note C.) — Voici d'ailleurs un témoignage à l'appui des conjectures de Bayle, celui de Valentin Forster, qui, dans un ouvrage publié en 1565 (*Historia juris*, in-f.°, Bâle) cite (p. 262) Gribald au nombre des jurisconsultes alors vivans.

[61*] Voir, plus loin, la partie du texte correspondant aux notes 90 à 92.

[61**] Le procureur-syndic des états de la province n'admit point ces prétentions. Il demanda constamment dans le procès sur l'enregistrement de l'édit d'union, dont nous parlerons plus loin, que les deux universités fussent maintenues. (Voir, entre autres pièces, le N.° 9 du sac 22.)

[61***] Rendu le 21 septembre 1561..... Il est cité dans le même édit d'union d'avril 1565, indiqué ci-devant, p. 92, note 16.

laquelle des villes de Grenoble ou de Valence l'université serait mieux placée[62].

Mais bientôt la première guerre civile religieuse, qui éclata en France au mois d'avril suivant (1562), détourna les deux villes de s'occuper de cette contestation importante, d'autant plus que les cours publics des universités furent suspendus dans presque toutes les académies du royaume[63].

C'est ce qui dut arriver surtout à Grenoble dont les protestans s'étaient emparés, et qui était placé sous la domination de ce baron des Adrets si tristement fameux par ses cruautés[64]. Govéa

[62] D. *Reg. Mss.*, 3, 17 et 31 octobre, 7 et 21 novembre 1561, f.° 217, 219, 233, 234 et 238.

[63] Voyez, quant à Grenoble, d. *Reg. Mss.*, 3 mars, 17 septembre et 22 octobre 1563, f.° 384, 440 et 443; — CHORIER, *Histoire générale*, ij, 599.
Ils furent également suspendus à Toulouse, à Montpellier et à Valence. (Voy. D. VAISSETTE, *Histoire de Languedoc*, tome V, p. 249; — DAIGREFEUILLE, *Histoire de Montpellier*, part. II, liv. XII, chap. 1, p. 341; — HOTOMAN, *Opera*, édit. de 1600, préfaces, à la fin du tome III, p. 25 et 60, comparées.)

[64] Un passage de nos registres donne une idée de la manière d'agir de ce guerrier farouche et de la terreur qu'il inspirait. Peu de jours après ses premiers exploits, lorsqu'il était à peine parvenu à trois journées de Grenoble, et que cette ville, très-forte, était encore au pouvoir des catholiques, il y envoya un député dont la démarche auprès du conseil municipal est ainsi racontée : « Du 1er mai 1562 (f.° 286)..... Le sieur Daquin s'est présenté » soi-disant ayant charge du seigneur des Adrets étant de présent à Valence, » lequel aurait remontré au conseil d'avertir le sieur Jean Paviot, quatrième » consul, et M.e Jean Robert, avocat (il était du conseil), d'avoir à s'absenter » de la présente cité dans vingt-quatre heures, sous peine d'estre pendus et » estranglés. » Le conseil répond que Paviot est parti depuis deux jours, et Robert, ce matin; qu'on les avertira, s'ils reviennent, et qu'on prie M. Daquin « de porter les très-humbles recommandations de la cité au seigneur des » Adrets..... »
N. B. Chorier (ij, 558), en parlant de leur départ, a omis de faire mention de cette circonstance. — *(Addit.)* Voir, au reste, à ce sujet, notre *Supplément au récit fait par Chorier des désordres qui accompagnèrent, en 1562, l'occupation de Grenoble par les protestans* dans les *Mémoires de la Société des Antiquaires*, tome XIV (IVe de la seconde série), p. 175 et suivantes, surtout p. 176 et 177 (publié en 1838).

néanmoins ne quitta point la ville comme tant d'autres habitans, mais il ne put continuer ses leçons. Une note manuscrite d'un de ses élèves, Pierre de Mornyeu, gentilhomme de Belley, nous apprend qu'il y reçut même, le 9 août 1562, de la part d'un avocat grenoblois nommé Marc-Antoine, un outrage dont Mornyeu n'explique point la nature, mais qui devait être bien grave, puisqu'il le qualifie d'*atrox injuria*, et qu'il eut de la peine à retenir ses larmes lorsque Govéa le lui raconta [65].

Malgré cet outrage, Govéa resta à Grenoble au moins jusqu'à la fin d'octobre 1562, comme nous le voyons dans un compte du fermier des gabelles du Dauphiné [66]. Il se détermina, vers la fin de cette année, et sans doute à cause de l'impossibilité de reprendre ses leçons [66*], à accepter une place de professeur à

[65] Voy. p. 294 de l'exemplaire des œuvres de Govéa, ci-dev., note 43, p. 105. Mornyeu a mis cette remarque à la marge d'un passage où Govéa fait l'*éloge* de ce Marc-Antoine.

[66] Voy. ce compte, sac 914, liasse 1re, pièce 3. — Voy. aussi d. *Reg. Mss.*, 21 avril 1564, f.° 43.

[66*] On trouve dans les manuscrits .... (vol. 348, N.° 38) une notice de 4 pages sur Govéa, faite par Étienne Catini (*Stephanus Catinius*), de Chambéri, qui dit avoir étudié sous Govéa, d'abord à Grenoble et ensuite à Mondovi (*Mons Regalis*). Selon Catini, Govéa quitta Grenoble en 1561. Il se trompe évidemment. D'une part, la note de Mornyeu (voy. note 65) et surtout le compte du fermier des gabelles, constatant le séjour de Govéa dans cette ville en 1562; de l'autre, une des pièces nouvelles (sac 914, liasse 3, N.° 45) le constate encore mieux. Il s'agit d'une convocation des docteurs agrégés de l'université, pour examiner un docteur. Elle est datée du 4 avril 1562, et dans la liste des docteurs convoqués officiellement par le bedeau, au nombre de trente (on ne se contentait pas alors de cinq juges), on trouve *M. de Govéa, liseur.*

Au reste, l'erreur de Catini sur cette date et sur celle de la mort de Govéa, dont nous parlerons plus loin (note 74), est peu surprenante, parce que sa notice a été rédigée plus de vingt années après. Il y cite, en effet, les emplois et les succès obtenus par les trois fils de Govéa, dont l'un fut sénateur à Turin et conseiller d'état du duc de Savoie; or, l'aîné de ses fils, étant né en 1550 (Voy. MORERI, mot *Govéa*), n'avait pu être promu à de telles dignités avant 1580 ou 1585.

Toutefois, la notice de Catini est précieuse en ce qu'elle indique des faits

Mondovi, où il fut appelé par Emmanuel-Philibert, duc de Savoie, et successivement nommé conseiller au sénat de Piémont[67].

Les biographes, faute d'avoir pu, comme nous, puiser à des sources authentiques, n'ont pas moins commis d'erreurs sur la vie de ce grand jurisconsulte que sur celle de son collègue Mathieu Gribald. Bayle lui-même, qui lui a consacré un assez long article dans son *Dictionnaire*, n'a pu, malgré toute sa sagacité, éviter de tomber dans quelques fautes. Enfin, le critique de Bayle, Joly, chanoine de Dijon, qui compila, en 1748, un gros in-fol.[68], uniquement pour tâcher de prouver que Bayle avait peu d'érudition, a commis encore plus de fautes que celui-ci. Par exemple, Joly soutient que le vrai nom du jurisconsulte était, en portugais, *Gouvea*, et, en français, *Govéan* ou *Gouvéan*[69], tandis que

jusqu'à présent inconnus, et sur lesquels il n'a pu se tromper aussi facilement que sur des dates anciennes. Ainsi, il nous apprend, 1° que Govéa, en quittant Grenoble, faillit être victime, près du village de Domène, des embûches des guides que lui avait procurés l'avocat Marc-Antoine, déjà cité, et qu'il ne leur échappa que grâce à un gentilhomme envoyé par le duc et la duchesse de Savoie; 2° qu'il s'était marié deux fois, et avait eu, non un seul fils, comme le dit Moreri (*Sup.*), ou deux, comme l'avance Goigons (même mot), mais bien trois, le sénateur nommé Mainfroi, un célèbre prédicateur nommé Perolt et un savant professeur de mathématiques nommé Sautel; ce qui est confirmé par un autre élève de Govéa, dans une déposition (voir p. lvij de la *Vie de Govéa* déjà citée), si ce n'est qu'il nomme le second fils Pierre, et que, déposant au bout d'environ quarante années, il commet aussi une erreur de date (il y présente Govéa comme vivant en 1573).

Quoi qu'il en soit, il est du moins certain qu'en 1555, à son départ de Valence, Govéa avait déjà plusieurs enfans, d'après ce passage d'un compte de frais de voyage (sac 570, liasse 1re, pièce 12) : « dépendu (dépensé) 12 livres » 2 sous pour aller querre (chercher) madame de Govéa et ses enfans. »

[67] De Thou, *Histoire*, ij, 353, ad ann. 1565.
(*Addit.*) L'université de Mondovi fut ensuite transférée à Turin. (Voir notre *Histoire du droit et de Cujas*, p. 389, 390, 514 et 515.)

[68] Intitulé : *Remarques critiques sur le Dictionnaire de Bayle.*

[69] La Monnoie dit que c'est *Govéan*. (Voy. *Menagiana*, édit. 1715, iv, 223)
(*Addit.*) Guy-Allard (*Biblioth. du Dauphiné*, 1680, p. 118 et 119) et l'abbé de Saint-Léger (*Magasin encyclopéd.*, IVe année, an VI-1798, tome I, p. 340) écrivent aussi *Govéan*.

Bayle ne le nomme que *Govéa*[70]. Mais l'exactitude de Bayle est prouvée par les registres de notre conseil de ville, où, dans toutes les délibérations, le professeur est toujours nommé tout au long *M. de Govéa*[70*].

Les biographes sont encore moins d'accord sur l'époque de la mort de Govéa. Nicolas Antonio dit qu'il vivait encore en 1595; un autre pense, d'après Élie Vinet, qu'il n'est mort que peu avant 1587; André Schot assure qu'il professait à Grenoble en 1566, et qu'il s'y maria en 1570. Bruneau, sans en indiquer la date, fixe le lieu de sa mort à Grenoble[71]. Bayle soutient qu'il est peu vraisemblable que Govéa soit mort en 1565, comme l'annoncent le président de Thou et Guy-Allard, et, par cela même que Bayle contredit le président de Thou, le chanoine Joly ne manque pas d'adopter la version du président et de fixer la mort de Govéa à l'an 1565[72].

Aucune de ces assertions n'est exacte. Il résulte d'abord des

[70] Nicolas Antonio (*Biblioth. hispanica*, j, 97) le nomme aussi, en portugais, *Govea*, et non pas *Gouvéa*, comme Moreri, Joly, Goigons et M. Nicolle, *Biogr. Michaud*, xviij, 210, h. v.

[70*] Il en est de même dans les pièces des sacs déjà cités (570 et 914), et, entre autres, dans celles où sont les listes des personnages présens aux assemblées de l'université. Au nom *M. de Govéa*, on y ajoute souvent les mots *liseur* (pour *lecteur* ou *professeur*) ou bien même *liseur ordinaire*. Enfin, l'une de ces pièces (sac 914, liasse 3, N.° 16) est une quittance originale, ainsi conçue : « J'ai reçu de MM. les consuls de Grenoble, par les mains de messire » Bucher (le doyen) cent cinquante écus d'or sol, en diminution des neuf » cents liures de ceste première année de ma conduite à lire en droict en » l'uniuersité de Grenoble. Faict ce huitiesme de nouembre mil cinq cent » cinquante-cinq. (Signé de sa main) Antoine de Gouéa. »

[71] Voy., pour les deux premiers auteurs, BAYLE, mot *Govéa*, note 1 ; pour BRUNEAU, son *Supplément au Traité des criées*, p. 135; et, pour SCHOT, sa *Vie de Govéa*, dans LEYCKERT, *De vitis, etc.*, p. 202.

[72] Voy. DE THOU, ij, 352, 353, lib. XXXVIII, ad ann. 1565; — BAYLE, d. note 1; — JOLY, *Sup.*, p. 397; — GUY-ALLARD, *Sup.*, p. 119.

(*Addit.*) Semblable erreur dans Van-Vaassen (*Vie* déjà citée). Il indique la même date que Catini, ci-après, note 74.

registres de la mairie de Grenoble, que la mort de Govéa dut arriver entre le mois de février et le mois de mai 1566, puisque son procureur-fondé réclama, les 13 juillet et 28 décembre 1565 et 8 février 1566, des arrérages d'honoraires que la ville lui devait, et que, le 24 mai suivant, on arrêta d'en conférer avec le procureur-fondé *des héritiers de feu M. de Govéa*[73]. Enfin, une des notes manuscrites de l'élève déjà cité nous apprend positivement qu'il mourut à Turin le 5 mars 1566[74].

[73] **D.** *Reg. Mss.*, dd. dates, f.° 150, 213, 229, 270.

[74] Elle est à la page 322 de l'exemplaire déjà cité. On y rapporte d'abord une épitaphe en vers latins, par Philippe Pingon, élève de Govéa, et l'on ajoute : *Obiit Taurini 5 martis horâ noctis 6, sive uti apud nos 12 post meridiem 1566, magno cum mœrore studiosorum.* Signé *Petrus à Mornyeu.*

(Addit.) Cette indication, concordant avec les énoncés authentiques des registres cités ci-dessus, mérite toute espèce de confiance : aussi, ne nous arrêterons-nous pas à celle de Catini (septembre 1565), dont nous avons d'ailleurs démontré l'inexactitude quant aux dates (note 66 *, p. 115). Nous ferons observer seulement qu'il y confirme le bruit répandu sur la cause de la mort de Govéa, savoir : une maladie occasionnée par une indigestion de melon, bruit rapporté par de Thou (*suprà*), et, d'après lui, par Moreri, du moins dans l'édition de 1725, car dans la dernière, c'est-à-dire dans celle de 1759, on a supprimé, et fort mal à propos, l'article de l'édition de 1725, pour s'en tenir à celui du supplément de 1745, qui, d'après son rédacteur même, ne devait être qu'une addition au premier.

BERRIAT-SAINT-PRIX.

(La suite aux prochaines livraisons.)

INSOMNIE.

L'OMBRE, de son manteau d'ébène,
Recouvre les vallons déserts;
On n'entend plus dans les airs
Des aquilons siffler l'haleine :
Tout, sous les cieux, semble assoupi;
Le sinistre hibou gémit seul, dans la plaine,
Autour d'un chêne décrépi.

C'est la nuit! la nuit que j'abhorre,
Avec ses lugubres effrois,
Ses longs soupirs dans les beffrois
Dont elle bat l'airain sonore;
La nuit qui mêle amour et fiel,
Et qui, sur nos chevets, en passant, fait éclore
Des rêves d'absynthe ou de miel.

La nuit, pour le riche, c'est l'heure
Ou du sommeil ou des plaisirs,
L'heure où les amoureux désirs
Prennent leur vol vers sa demeure;
Pour le pauvre, c'est le moment
Où son corps fatigué souffre, où son ame pleure,
Sans voir de terme à son tourment!....

Dormez, vous que, parmi la foule,
L'aveugle fortune a choisis
Pour habiter des oasis,
Où le bonheur, à torrens, coule;
Oisifs, dont les jours parfumés
Brillent loin de l'égout où l'indigence roule :
Il est un Dieu juste! dormez!.....

Je ne dors pas, moi, car ma tête
Éternellement doit bouillir,
Car de mon cœur je sens jaillir
Le fiel, comme un flot de tempête.
Nul sommeil pour moi; mon regard
Veille, irrité, hagard, et, comme une arbalète,
Sans cesse à Dieu décoche un dard.

Pour moi, point de couche de plume
Qui me ferme un instant les yeux;
A se bâtir un songe heureux
En vain mon espoir se consume;
Sur mon sein, qu'il frappe et qu'il mord,
Toujours le cauchemar en bondissant écume,
Et je fais des rêves de mort!

Tantôt je vois la poésie
Mourant de faim, comme Gilbert;
Tantôt c'est l'aride désert
Que les heureux nomment la vie;
Puis la Morgue, les pieds dans l'eau,
De cadavres hideux toujours inassouvie,
Ou bien la Grève et le bourreau!

Et quand, à minuit, seul dans l'ombre,
J'aperçois sur mon oreiller
Tous ces fantômes osciller,
Comme des éclairs au ciel sombre;
Des frissons courent sur ma peau,
De funèbres pensers et des terreurs sans nombre
M'entrent au cœur comme un couteau!

L'amour, dans les plis de mon ame,
Comme un reptile, vient s'asseoir;
Car, lorsqu'on aime sans espoir,
C'est un ver qui ronge, une flamme
Où, comme aux enfers, l'on se tord,
Un poison qui déchire, une mer où l'on rame
Sans jamais aborder le port.

La rafale, gonflant ma voile,
Toujours me pousse vers l'écueil;
Mon existence est un long deuil :
Au ciel je n'ai pas une étoile;
Je vois mes jours se rembrunir,
Et mon passé, vieilli, couvert d'une sombre voile,
Me présage un triste avenir.

Au moins, si quelque jeune fille,
Ainsi qu'un bluet dans les blés,
Parmi mes rêves désolés,
Ouvrait son œil bleu qui scintille !
Mais non..... plus d'amour aujourd'hui,
Plus de gai rendez-vous sous la verte charmille ;
Ces jours dorés se sont enfui !

Au moins, si, comme la colombe,
J'avais des ailes pour voler,
Là-haut j'irais me consoler !....
Mais, si je m'élève, je tombe,
Et je heurte mon front meurtri :
Comme un rameau pieux qui meurt sur une tombe,
Mon joyeux printemps s'est flétri !.....

Ainsi, sur cette plage aride,
A souffrir je suis condamné.
Hélas ! pourquoi donc suis-je né ?
— Pour avoir au front une ride,
Au cœur les serres d'un vautour,
Pour vivre dans les pleurs, parmi l'ombre et le vide,
En attendant mon dernier jour !!!

✳ ✳ ✳

Décembre 1838.

Documens historiques inédits.

PRÉAMBULE.

ON se figure communément que la plupart des institutions populaires de notre régime politique ne datent que d'hier, et sont une conquête faite par l'esprit d'indépendance et la civilisation modernes. Cette croyance, aussi fausse qu'irréfléchie, révèle une profonde ignorance de l'histoire nationale; et il faut avouer que, malgré les efforts que l'on fait depuis quelques années pour répandre le goût des études historiques, les annales du pays sont encore malheureusement lettres-closes aux yeux du plus grand nombre. On dirait que, rangées parmi les hautes sciences, elles ne doivent trouver accès qu'auprès des érudits et de quelques personnes studieuses. Les habiles, qui ont puisé leurs connaissances historiques et politiques dans les *résumés* et dans les pages du *Constitutionnel*, s'imaginent surtout que le cahos régnait avant la révolution sur toutes choses, et que depuis cette époque tout a été inventé dans l'ordre des institutions civiles de notre régime actuel. Ils ne se doutent guère que la plupart de ces prétendues créations modernes se retrouvent presque intégralement, ou avec quelques modifications, et le plus souvent avec des développemens beaucoup plus larges et plus libéraux, dans les siècles de la monarchie même les moins favorables à l'essor des libertés publiques. Il a fallu que des érudits, et entre autres un homme d'un rare savoir, M. Raynouard, aient réuni les monumens authentiques qui prouvent que depuis la conquête romaine le régime municipal a toujours régné en France avec plus ou moins de modifications, pour que les publicistes de tribune aient renoncé à la tendance d'en attribuer l'origine à la Convention nationale, et la restauration perfectionnée aux législateurs de 1830.

Les preuves de cette vérité historique abondent : celle que nous allons mettre sous les yeux de nos lecteurs va nous montrer les élections municipales faites par le concours du peuple entier en pleine vigueur au milieu du XVIIIe siècle, et par conséquent ayant franchi sans altération le règne si despotique de Louis XIV. Cette particularité, qui semblerait être de prime abord une anomalie en hostilité avec les principes de la monarchie pure, s'évanouit lorsqu'on se rappelle les élémens qui constituaient alors la société : le clergé, la noblesse et le tiers-état. La royauté, occupée sans cesse à tenir en bride les deux premiers ordres de l'état, qui, bien que vaincus et dépouillés de cette puissance qui les avait rendus si redoutables, pouvaient encore inquiéter l'orgueil et la tranquillité du trône, sans crainte, au contraire, sur les manifestations du tiers-état, dont l'heure terrible n'était pas encore venue, laissait l'élément populaire se mouvoir dans un cercle d'agitations inoffensives, dont le résultat était de maintenir l'équilibre entre les trois ordres. Voilà ce qui nous explique pourquoi, sous Louis XIV, dans certaines villes, le peuple entier procédait à la nomination de ses magistrats; forme politique qui peut-être ne pourrait pas être aujourd'hui restituée sans danger, parce que la nation ne se composant désormais que de deux élémens, le peuple et le souverain, l'équilibre tendrait à se rompre.

Le document que l'on va lire, et qui est d'autant plus précieux qu'il se réfère aux annales de la province, va nous montrer de quelle manière avaient lieu les élections consulaires à Grenoble en 1731, et quelles modifications le pouvoir voulut lui apporter, afin d'en restreindre les abus ou les développemens.

MÉMOIRE

SUR L'USAGE QUI SE PRATIQUE A GRENOBLE POUR L'ÉLECTION CONSULAIRE, ET LES MOYENS A EMPLOYER POUR PRÉVENIR LES INCONVÉNIENS QUE L'USAGE ACTUEL A INTRODUITS [1].

Il y a quatre consuls à Grenoble, dont deux changent tous les ans; en sorte que chaque consul ne reste en place que deux années, en cas qu'il ne soit continué, cas qui arrive rarement.

L'élection des deux consuls à remplacer est précédée des dispositions suivantes :

Ceux qui doivent sortir du consulat forment chacun une liste de huit sujets propres à remplir leur place; ils en remettent une copie à Messieurs du conseil ordinaire de ville, et en envoient une seconde au gouverneur de la province, qui en désigne un pour chaque place, et notifie son choix au corps de ville.

La lettre du gouverneur est lue au conseil des quarante, qui s'assemble la veille des élections. C'est toujours le dimanche qui suit immédiatement le jour des Rois qu'elle se fait. Des huit sujets proposés par chacun des consuls sortans, on en retient quatre pour chaque place de consul, afin de laisser au peuple la liberté des suffrages; mais ceux désignés par le gouverneur sont toujours en tête de chaque liste.

[1] Ce mémoire Ms. se trouve à la bibliothèque du roi, fonds de Fontanieu, dép. des Mss., tome VIII, page 145, des neuf volumes de mémoires faisant suite à la correspondance administrative de Fontanieu, en 120 vol. in-fol., coté P. 120.

Après la levée du conseil des quarante, l'élection consulaire s'annonce au peuple à son de trompe pour le lendemain. Le lendemain, quatre commissaires du parlement, accompagnés des consuls et du corps de ville, assistent à la messe qui se célèbre en l'église collégiale de Saint-André. Le cortége entre au palais, où l'on reçoit les suffrages. Tous les habitans, non-seulement ceux de la ville, mais encore ceux du territoire qui en dépend, sont admis à donner leurs voix.

Cette liberté trop générale jette toujours une confusion tumultueuse dans l'assemblée; outre le bruit énorme que causent les discours du menu peuple, qui seul y assiste, la bourgeoisie dédaignant de s'y mêler, il est certain que ces habitans, la plupart illitérés, ne sont pas capables de faire un choix convenable, et le peuvent d'autant moins que le plus grand nombre ne connaît pas le mérite des sujets proposés, et ignore souvent jusqu'à leur nom, qu'ils ne prononcent que pour jouir de la satisfaction personnelle de dire qu'ils ont eu part à l'élection.

On est cependant forcé de nommer le sujet qui a le plus de voix, et il est arrivé, lors de la dernière, par une cabale pratiquée pendant la nuit, que le choix ne tomba pas, comme il est d'usage, sur les sujets désignés par S. A. Monseigneur le duc d'Orléans, mais sur d'autres qui, ayant capté les voix, n'étaient pas convenables, quand ils n'auraient eu contre eux que cette seule raison. Le roi a cassé cette élection, pour cette fois, par un arrêt du conseil.

Pour remédier, à l'avenir, à cet inconvénient, on ne propose pas d'ôter au peuple la liberté des suffrages, mais seulement de les recevoir par la bouche de chacun des membres du conseil des quarante, composé de tous les ordres et du syndic de chaque corps et métier : ils sont au nombre de trente-deux, tous habitans connus, et à portée de juger eux-mêmes de la capacité des sujets qui peuvent être désignés. Cet usage se pratique avec succès dans la ville de Lyon pour l'élection des échevins, et dans presque toutes les autres de la province : il mettra l'autorité du gouverneur à couvert d'être compromise avec une multitude insensée. On appelle à Lyon deux syndics de chaque corps; mais un seul suffira à Grenoble, par la petitesse de la ville. Si cette proposition est agréée, on joint au présent mémoire un projet d'arrêt, sur lequel, attendu que l'élection se fait au parlement, il faudra des lettres-patentes pour l'enregistrement.

Fait à Grenoble, le 20 juin 1731.

Le roi étant informé que les suffrages de tous les habitans en général de la ville et du territoire de Grenoble sont reçus dans l'élection qui se fait annuellement au parlement, en présence des commissaires nommés à cet effet, de deux consuls pour remplacer ceux qui sortent de place, ce qui cause une confusion dans l'assemblée et ne donne que trop souvent lieu à un choix contraire aux intérêts de la ville, et Sa Majesté voulant remédier aux abus qui peuvent résulter de cet usage, en le limitant, sans néanmoins priver le peuple de participer à ladite élection;

Ouï le rapport, Sa Majesté, étant en son conseil, a ordonné et ordonne qu'à l'avenir, à commencer en l'année prochaine 1732, les suffrages du peuple pour l'élection consulaire ne seront plus reçus que par la voix de chacun des membres du clergé, de la noblesse et du tiers-état qui composent le conseil de la ville de Grenoble appelé le conseil des quarante, du syndic de chacun des corps d'arts et métiers établis dans ladite ville; à l'effet de quoi, ladite élection ne sera plus annoncée au peuple à son de trompe, comme par le passé, mais seulement à chacun desdits syndics, par des avertissemens en bonne forme qui leur seront envoyés de la part du conseil des quarante, la veille du jour marqué pour l'élection, laquelle sera confirmée à la pluralité des voix, sans avoir égard à celles qui pourraient être données par aucuns des autres habitans; et seront, pour l'exécution du présent arrêt, toutes lettres nécessaires expédiées.

Fait au conseil d'état du roi, Sa Majesté y étant, tenu à......., le......

HISTOIRE

DE L'ANCIENNE UNIVERSITÉ

de Grenoble.

(DEUXIÈME ET DERNIER ARTICLE [*].)

Revenons à l'université de Grenoble.

La première guerre civile, qui en avait interrompu les cours, fut terminée par l'édit de pacification du 19 mars 1563. Aussitôt après sa publication, retardée à Grenoble jusqu'à la fin d'août [75], on s'occupa de mesures pour mettre en état d'en reprendre les leçons. On arrêta, entre autres, le 17 septembre, de refaire les chaires et les bancs, car la guerre civile leur avait été aussi funeste qu'en 1546 la bataille des cordeliers [76]. Comme les leçons ne pouvaient avoir du succès et attirer des élèves étrangers

[*] Voyez la *Revue du Dauphiné*, tome V, page 87.

[75] CHORIER, *Hist. gén.*, ij, 596.

[76] D. *Reg. Mss.*, 17 septembre et 22 octobre 1563, f.º 440 et 443.

qu'autant qu'il y aurait à la tête de l'université un grand jurisconsulte, on chercha à en *conduire* un qui eût de la réputation, et le choix des Grenoblois tomba malheureusement sur Pierre Loriol[77], dont nous avons vu (page 110) que les opinions religieuses étaient déjà décriées[78].

Nos compatriotes étaient assez excusables, parce que la plupart des jurisconsultes un peu distingués ayant embrassé la réforme, il devenait très-difficile d'en obtenir un qui ne fût pas au moins suspect d'hérésie. Tels étaient les émules de Cujas, François Hottoman et Hugues Doneau, Charles Dumoulin, Jean de Coras, François Baudoin, Louis Russard, Jacques Lectius, et autres, en si grand nombre, que plusieurs écrivains avaient adopté ce singulier adage : *Omnis jurisconsultus malè de religione sentit;* ou bien : *Bonus jurisconsultus, malus christianus*[79]. Cujas lui-même,

[77] D. *Reg. Mss.*, 3, 13 et 28 janvier, et 21 juillet 1564, f.° 3, 10, 15 et 80.
Au mois d'août 1820, long-temps après les lectures, et, à plus forte raison, après la composition de notre mémoire, M. Poncelet, avocat et docteur en droit (nommé depuis professeur-suppléant chargé de l'enseignement de l'histoire du droit à l'école de Paris), nous a communiqué une dissertation sur Loriol, publiée à la fin de 1812 par M. Ch.-Henri Haase, de Leipsick (*Lipsiæ*, in-8° de 34 pag.). On présume bien que ce savant, n'étant pas à portée des sources, a dû commettre plusieurs erreurs; mais on trouve aussi dans son intéressant opuscule des documens relatifs au séjour de Loriol à Leipsick, que vraisemblablement nous n'aurions pu nous procurer dans nos bibliothèques.
(Addit.) M. Poncelet est, depuis 1829, professeur en titre de l'histoire du droit romain et du droit français.

[78] Il est au moins certain, par l'épître dédicatoire de son commentaire sur le titre du Digeste *Si certum petatur*, publié en 1552, qu'il avait embrassé avec ardeur la réforme (voyez M. HAASE, page 30); mais cet ouvrage était probablement inconnu à Grenoble (nous n'avons pu l'y découvrir) lorsque le conseil municipal de cette ville appela Loriol à son université.

[79] Le premier adage est rapporté par Christophe Egendorph (*Consilia de discendi jure*, 1537, cap. II, f.° 139).
A l'égard du second, nous voyons dans l'éloge de Jean Harppretch, professeur à Tubinge, né en 1560, mort en 1639, qu'il avait fait un discours pour tâcher de réfuter ce *vulgatum dicterium*. Cet éloge, publié par Thomas Lansius en 1640, est à la biblioth. roy., au recueil in-4°, P. 192.

malgré son extrême prudence, n'échappa point, comme on le verra, à l'imputation d'hétérodoxie, et la religion qu'il avait adoptée est même encore aujourd'hui un problème entre les savans [79*].

Pierre Loriol justifiait d'ailleurs, sous d'autres rapports, la détermination du conseil de Grenoble. Né à Salins, en Franche-Comté, ou aux environs, il avait été professeur d'abord à Bourges depuis 1528 jusqu'à 1545 [80], et successivement à Leipsick, où il avait enseigné avec un succès prodigieux jusqu'à environ 1554 [81]. En 1555, il remplaça Govéa à Valence, et il avait con-

[79*] Voyez notre *Histoire du droit et de Cujas*, *Éclaircissemens*, § xj, pag. 529 et suiv.

[80] Les épîtres de ses traités *De gradibus* et *De juris apicibus* (Lyon, 1554 et 1545) sont datées de Bourges, 1541 et 1545. — Bruneau fixe à 1528 le commencement de son professorat de Bourges (voy. *id.*, *Suppl. au Traité des criées*, p. 96 et suiv.), d'après Catherinot.

(*Addit.*) Voy. aussi LA THAUMASSIÈRE, *Histoire du Berry*, chap. LXVIII, page 62. Il ajoute qu'en 1532 Loriol épousa à Bourges Pétronille Babou, fille de Gabriel Babou, notaire royal.

[81] M. HAASE, pag. 23 à 28.

Son fils y soutint, le 19 novembre 1554, une thèse dans le frontispice de laquelle le père est qualifié de *jurisconsultus celeberrimus ;* d'où M. Haase, p. 27, présume que Loriol père n'était plus à Leipsick. Mais, outre qu'on pût glisser cette qualification à son insu dans l'impression de la thèse, il serait assez extraordinaire que Loriol eût laissé à Leipsick, à deux cent cinquante lieues de Valence, un fils encore jeune, qui le suivit dans ses migrations ultérieures (voy. ci-après, note 98). Il est donc plus probable qu'il ne quitta Leipsick qu'en 1555, lorsqu'il fut appelé à la chaire de Govéa.

(*Addit.*) Nous avons trouvé, depuis notre première édition, la preuve qu'on ne peut rien induire de la qualification de *celeberrimus*, parce que les jurisconsultes se la laissaient donner sans cérémonie dans les actes passés en leur présence. Nous avons déjà cité un diplôme de 1545 (note 22, page 94), où elle est donnée à Gribald. Elle est aussi attribuée 1° à Govéa, dans un diplôme de docteur dont il conféra lui-même les insignes en 1558 (sac 914, liasse 3, pièce 32) ; 2° à Cujas, dans un diplôme de même genre délivré en 1568, sur sa présentation, et cité dans notre *Coup d'œil sur l'emploi de la langue latine dans les actes anciens* (*Mémoires de la Société des Antiquaires*, tome VI, page 293).

A l'égard 1° des pouvoirs pompeux conférés par ce diplôme, voir encore le

tinué d'y professer jusqu'au mois de février 1564[82], lorsqu'il fut appelé à Grenoble pour trois ans. Enfin, il avait publié, depuis 1541, plusieurs ouvrages estimés et fort cités au XVIe siècle[83], tels que des traités *De juris apicibus* et *De debitore*, et des commentaires sur les titres des règles du droit, des degrés de parenté, et divers autres titres du Digeste, etc. On jugera, au reste, de sa réputation par ce que disait de lui un jurisconsulte belge, nommé Gilbert Regius, dans un ouvrage publié en 1564 : *Petrum Loriotum Salinensem, singularis doctrinæ et judicii virum audivi Valentiæ Cavarum annos aliquot; ea siquidem erat hominis fama, ut nihil ejus consuetudine et disciplinâ felicius mihi contingere sperarem*[84].

Mais plus Loriol, la religion exceptée, avait de titres à l'estime

Coup d'œil, pag. 292 et 293; 2° du nombre d'examinateurs pour le doctorat, voir ci-dev., note 66*, page 115, et notre *Discours sur l'enseignement du droit en France*, 1838, page 20; 3° de la manière de conférer les insignes du doctorat, voir même *Discours*, page 21 et note 1, *ibid*.

[82] Il était professeur à Valence dès 1556, d'après l'épître de son commentaire sur la seconde partie du Digeste (Lyon, 1557), adressée à Montluc, en qualité de chancelier (*præsul*) de l'université de Valence; et André d'Exéa, autre professeur à la même université (voy. ci-dev., note 46*, page 106), le qualifie de *collègue* dans ses *Prælectiones* sur la juridiction (pag. 94), publiées à Lyon en 1559.

[83] Il fut cité dès 1545 par François Baudoin (*Prolegomena juris*, 1545, page 132); en 1562, par Emmanuel Soarez (*Observationes juris*, cap. XXVI, dans le *Trésor* de Meerman, tome V, page 585); avant 1594, par Jean Borcholten (mort cette année), dans son commentaire sur les Instituts (voy. la *table* de *id.*, édit. 1595, biblioth. de Grenoble, N.° (ancien) 5647 et (nouv.) 5868. — M. Haase, pag. 17, 18 et 34, indique plusieurs autres jurisconsultes qui ont cité et *loué* les ouvrages de Loriol, d'autres qui se sont formés à ses leçons, et il fait lui-même l'éloge des traités *De apicibus* et *De juris arte*. *(Addit.)* Loriol a aussi été cité en 1580 par Pierre de la Grange (*Petrus Grangianus*), dans ses *Paradoxa juris civilis, etc.*, cap. LXVII (*Trésor d'Otton*, tom. V, p. 649).

[84] *Voy. id., Enantiophanon juris*, lib. II, cap. X, au *Trésor d'Otton*, t. II, p. 1501. — Regius avait vingt-quatre ans lors de la publication de cet ouvrage, en 1564. (*Voy.* d. tom. II, *præf.*, p. 31.)

des Grenoblois, plus les Valentinois durent savoir profiter de sa réputation d'hétérodoxie pour reprendre et appuyer leur première demande d'union. Dès le 13 avril 1564, François Hottoman, à qui l'évêque Montluc avait fait donner une chaire de professeur à Valence, vers la fin de 1562[85], lui dédia un ouvrage où il le sollicitait, en termes détournés, mais assez intelligibles, de procurer, par son crédit auprès du roi, l'accroissement que son université désirait[86]. L'été suivant, le roi étant venu en Dauphiné, et n'ayant pu s'approcher de Grenoble alors désolé par la peste, on profita sans doute de son passage à Valence, au commencement de septembre[87], pour obtenir qu'on fit la procédure *de commodo et incommodo*, ordonnée en 1561. Un maître des requêtes s'en

[85] Voy. la préface (N.º 20) de son *Commentaire sur la loi des XII tables*, datée de Valence, le 27 décembre 1562 (*in ejusd. oper.*, t. III, in-f.º, p. 23), et la préface (N.º 49) de son fils (*ibid.*, p. 70).

[86] Voy. cette épître dans les mêmes préfaces, N.º 21, p. 26. — Ennemond Bonnefoi, professeur à Valence, dans la suivante (N.º 22, p. 27), datée du 18 août 1565, en citant l'édit d'union de l'université de Grenoble à celle de Valence, donne à entendre qu'Hottoman eut quelque influence sur cette opération.

[87] Charles IX fit, de 1564 à 1566, avec sa cour, un voyage dans les provinces de l'est, du sud et de l'ouest. On a plusieurs de ses lettres-patentes, déclarations, etc., datées de Lyon, les 19, 24 et 27 juin, et 2, 4, 5, 6 et 7 juillet 1564. (Voy. BLANCHARD, *Compilat. chronolog. des ordonn.*, tom. I, p. 871 et suiv.)
De là, selon Chorier (*Histoire générale*, ij, 600), le roi vint au château de Roussillon, à deux lieues de Vienne, d'où il se rendit pendant quelques jours à Crémieux, et nous avons en effet un rescrit (voy. ci-dev. note 35, p. 102) daté de Crémieux, le 16 juillet. (Voy. *Table Mss. des regist. du parlement de Toulouse*, bibl. de Grenoble, N.ᵒˢ (anciens) 1719 et 217.) — Il retourna aussitôt à Roussillon, où il donna aussi plusieurs lettres-patentes, etc., les 22, 27 et 29 juillet, 2, 4, 9, 10, 12, 13 et 14 août. (BLANCHARD, *ibid.*) — Il descendit de là à Valence, au commencement de septembre, suivant Chorier (*ibid.*); mais c'est quelques jours plus tôt, puisqu'on a des rescrits datés de cette ville, les 30 août, 1ᵉʳ, 2 et 5 septembre. De Valence il fut à Étoile, à deux lieues au midi (*rescrits* des 10 et 12 septembre), à Montélimar (*rescrit* du 13), à Avignon (*rescrits* des 30 septembre, 5 et 14 octobre), à Aix (*rescrit* du 24 octobre), à Marseille (*rescrit* du 9 novembre), à Arles (*rescrits*

occupa depuis le 15 jusqu'au 30 du même mois de septembre. Il
en présenta le rapport le 18 octobre, lorsque la cour voyageait en
Provence [88]; et, au mois d'avril 1565, lorsqu'elle était à Bordeaux,
le roi rendit un édit qui réunissait l'université de Grenoble à celle
de Valence [89].

Les Grenoblois se plaignirent de ce que cet édit était subreptice
et avait été arrêté sans qu'on leur eût communiqué la procédure,
sans même les appeler, et à plus forte raison les entendre [90]; et
lorsqu'on examine les lieux et les époques, on est convaincu que
leurs plaintes étaient fondées. Depuis le mois de juin 1564,
Grenoble était en proie à une peste dont les ravages devinrent si
violens, qu'au mois d'août la plupart des habitans, presque tous
les magistrats, les hommes de loi, les notaires, enfin les membres
du conseil de la ville s'enfuirent hors de ses murs. La dernière

des 26 novemb. et 6 décemb.), à Montpellier, etc. (*Voy.* BLANCHARD, *ibid.*)
M. Dufau (*Hist. gén. de France*, 1819, tome XXX, part. II, pag. 23-28)
s'est donc trompé lorsqu'il fait aller le roi de Valence au château de Roussillon
(c'eût été une marche rétrograde), et de ce château en Provence.

[88] Voy. *Répert. Mss. des titres de l'hôtel-de-ville de Valence*, même date.
(*Addit.*) Édit d'avril 1565 (liasse ou sac 17 *b*, déjà cité, pièce 1re) au préambule.

[89] Voy. *Mémoires Mss. divers de Grenoble*, sac 914, et *ibid.*, liasse 1re,
pièce 4, au préambule.
(*Addit.*) Il devait être motivé (on l'a vu page 113) sur ce que l'université,
en supposant qu'on ne put en maintenir qu'une en Dauphiné (mais voy. note
61**, page 113), serait mieux placée à Valence. On y expose, en effet, que
Valence l'emporte sur Grenoble pour l'opportunité du lieu, la salubrité de
l'air, le bon marché des vivres, la commodité des logis...... Mais on y insiste,
avant tout, sur ce que Grenoble a un grand nombre d'établissemens publics
(parlement, chambre des comptes, etc.), et une grande abondance de richesses
et de peuple; tandis que Valence « ne peut s'accroistre et bonifier que par une
» bonne université, laquelle ne peut apporter grande diminution à Grenoble. »
(Sac ou liasse 17 *b*, déjà cité, pièce 1re.)

[90] *Mémoires ou requêtes Mss.*, des 28 février, 31 mars et 1er avril 1566,
même liasse, pièc. 5, 6 et 7. — *Reg. Mss. de Grenoble*, 7 novembre 1561,
f.º 234. — Voy. surtout ci-après, note 92*.

assemblée de ce conseil, qui en tenait toujours une, et fort souvent deux chaque semaine, est du 11 août; après quoi l'on n'en trouve plus dans ses registres jusqu'au 15 décembre; et, après celle-ci, il y a une nouvelle lacune jusqu'au 20 janvier 1565, quoiqu'il ne manque pas un seul feuillet, et que les nombres de la pagination se suivent avec exactitude[91]. Comment les conseillers auraient-ils pu défendre la ville contre des procédures et rapports faits dans cet intervalle, d'autant plus qu'il paraît que l'édit d'union ne leur fut même connu qu'à la fin de 1565[92]?

Fondé sur ces motifs, le conseil de ville forma opposition, comme tiers non ouï, à l'enregistrement de l'édit[92*]. Le procès, d'abord porté au parlement de Grenoble, fut bientôt évoqué au conseil d'état[92**]. Il serait tout-à-fait superflu d'indiquer les mémoires et délibérations qui furent rédigés, et les députations qui furent envoyées à cette occasion, et dont il est question dans les registres ou archives de Grenoble[93]. Nous ne nous arrêterons qu'à deux ou trois circonstances, parce qu'elles eurent beaucoup d'influence sur la décision finale.

---

[91] Ceci est un extrait d'une foule de délibérations prises depuis le 8 juin 1564 jusqu'au 13 juillet 1565 (voy. dd. *Reg. Mss.*) pendant les intervalles où les assemblées purent se former.

[92] La première délibération où il en soit question est datée du 14 décembre 1565. (Voy. *iid.*)

[92*] Sa *non-audition* résulte de l'édit même, puisqu'on s'y borne à citer « les » articles et remontrances présentés par les ville et université de Valence », sans énoncer, ni directement, ni implicitement, qu'on les ait communiqués à la ville de Grenoble.

[92**] Voir, pour les pièces du procès soutenu au parlement, *Archives de Grenoble*, sac 22. — L'évocation, qui était déjà dans l'édit d'avril 1565, fut renouvelée par des lettres de jussion, le 12 février 1566 (même sac, pièce 2).

[93] Voy., entre autres, *Mémoires Mss.*, *requêtes*, *lettres*, *etc.*, sac 914, liasses 1re et 2e, surtout pièces 6 et suiv. de la 1re ; — *Édits*, *arrêts*, *etc.*, sac ou liasse 17 *b*, pièce 1re ; — dd. *Reg. Mss.*, 13, 15 et 17 mars, 2-juin, 23 août, 8 et 15 novembre 1566, et 13 juin 1567.

I. En ordonnant l'union des deux universités, l'édit d'avril 1565 avait en même temps décidé que les 1,400 livres prélevées sur les produits des gabelles pour l'entretien de l'université de Grenoble seraient payées à celle de Valence [94]. Il résulta de là que la ville de Grenoble, déjà dénuée de ressources, et dont les charges et dettes s'étaient augmentées pendant la guerre civile de 1562 et 1563, se trouva hors d'état d'entretenir les professeurs. Ceux-ci cessèrent leurs lectures; les élèves quittèrent la ville, et l'université parut tomber d'elle-même.

La détresse de la ville était telle, qu'elle fut réduite : 1° le 24 mai 1566, à proposer aux héritiers de Govéa de leur emprunter les honoraires arriérés qu'elle devait à celui-ci avant son décès; 2° le 26 janvier 1567, à proposer aussi à Loriol, auquel elle devait également des arrérages considérables, de renouveler sa *conduite*, qui expirait le mois suivant, mais en se soumettant à ne recevoir aucun honoraire à l'avenir, si la ville perdait le procès relatif à l'union; marché singulier, dont Loriol ne voulut pas courir la chance [95].

Observons à ce sujet que les biographes n'ont pas été plus exacts pour Loriol que pour Gribald et Govéa. Simon, par exemple, dit que Loriol professa à Bourges et à Valence, où il mourut en 1558 [96], tandis que nous voyons, par nos registres, qu'au mois de février 1567, Loriol professait encore à Grenoble,

---

[94] Voy. sac 914, liasse 1re, pièce 4; — dd. *Reg.*, 14 et 28 décembre 1565, 11, 18, 21 et 25 janvier, 1er mars, 30 juin, 8 et 15 novembre 1566; — CHORIER, *Histoire générale*, ij, 612.

[95] D. *Reg. Mss.*, mêmes dates.
Enfin, elle fut obligée d'emprunter pour payer Loriol. (D. *Reg.*, 1er et 14 juillet 1567, f.° 22 et 25.)

[96] *Bibliothèque du droit*, ij, 159. — M. Haase, p. 28 et 30, et Bruneau, *Supplément au Traité des criées*, p. 96, ont commis la même erreur.
(Addit.) Selon M. Weiss (*Biographie Michaud*, tome XXV, 1820, p. 46), Loriol, après avoir refusé, en 1565, une chaire à Besançon, se retira à Leipsick, où il mourut vers 1580.

dont Simon ne parle pas, et qu'au 1er juillet suivant il y soutenait contre la ville un procès pour ses honoraires arriérés[97]. Il paraît même certain, par deux de leurs énonciations, qu'il y mourut ou vers la fin de 1567[97*], ou seulement vers 1573[98].

II. Une opération adroite du conseil de ville de Valence ne fut pas moins nuisible à la ville de Grenoble que la cessation temporaire des cours de notre université. Au mois d'avril 1567, il envoya à Cujas, pour lors professeur à Turin, un député qui passa avec lui, le 5 mai, un traité pour l'engager comme professeur à Valence, mais un traité subordonné à la ratification de la ville. La ville de Valence ajourna sa ratification jusqu'à la décision du procès relatif à l'union. Elle envoya sur-le-champ le même député à Paris, avec des lettres pour Montluc, où elle lui faisait observer que si elle n'obtenait pas l'union (et par-là même les 1,400 livres affectées annuellement à l'université de Grenoble), elle serait hors d'état de payer les honoraires promis à M. Cujas[99].

Ces honoraires étaient en effet très-considérables. Indépendamment des rétributions des grades et de cent écus d'or pour les frais de son voyage de Turin à Valence, on promettait à Cujas une somme annuelle de 1,600 livres et la location gratuite d'une

[97] D. *Reg. Mss.*, 26 janvier et 1er juillet 1567, p. 360 et 22.

[97*] Voy., pour cette première époque, ci-après, note 123 ***.

[98] En 1574, Loriol fils, ayant été cotisé à la taille, en fut exempté, sur sa demande, par le conseil municipal, soit parce qu'il était du nombre des vingt-un avocats consistoriaux du parlement, soit en considération « des bons » et agréables services ci-devant faits à la ville par *feu* M. Loriol, son père. » (Voy. d. *Reg.*, 21 mai 1574.)

(Addit.) Dans notre première édition, nous induisions de ce passage que la mort de Loriol était survenue en 1573, parce que, si elle eût été antérieure, son fils, dès-lors cotisé, n'eût pas manqué de réclamer. Nous ne réfléchissions pas qu'on avait pu omettre de cotiser Loriol fils aussitôt après la mort de son père. (Voy. même note 123 ***.)

[99] *Reg. Mss.* des conclusions de la ville de Valence, du 22 mai 1567, et autres documens cités dans notre *Histoire de Cujas, Éclaircissemens*, § 8, N.º 8, p. 518 et suiv.

maison. On pourra juger de ce que ces honoraires vaudraient à présent, par la différence des loyers de la maison, qu'après bien des recherches nous avons découvert être située dans la rue Saint-Félix de Valence, et appartenir aujourd'hui à madame veuve David, de Grenoble. Elle fut louée, en 1567, pour Cujas, 70 livres, et aujourd'hui elle produit plus de 600 francs, ou huit à neuf fois plus qu'en 1567 [99*].

Il faut l'avouer, c'était un bien singulier motif que le défaut de ressources que la ville de Valence faisait valoir pour demander la suppression de l'université de Grenoble. Il dut néanmoins être du plus grand poids auprès de Montluc [99**], à cause de son estime et de son affection pour Cujas, qui étaient telles, que, pour aider la ville de Valence, il lui abandonna, pour tout le temps que Cujas y professerait, 200 livres de pension qu'elle lui faisait annuellement [100]. On conçoit, d'ailleurs, que Montluc dût être fort empressé d'attacher à l'université dont il était le chef, en qualité de chancelier [101], un savant déjà placé par l'opinion la plus générale à la tête des jurisconsultes de ce siècle, et qu'en même temps cette réputation de Cujas dût également, au conseil d'état, concourir à faire pencher la balance en faveur de l'université à laquelle il s'agrégeait.

Aussi, quoique la cause de l'université de Grenoble fût fortifiée de l'avis des tribunaux suprêmes et de celui des états de la province, le 16 juin 1567, ou quelques jours à peine [102] après

[99*] *Aujourd'hui*, c'est-à-dire en 1821, date de notre première édition. (Voy. ci-devant, note 29**, page 98.)

[99**] Il concordait, d'ailleurs, avec le motif principal de l'édit d'union, exposé ci-devant, note 89, page 134.

[100] *Reg. Mss. de Valence*, 11 juin 1567.

[101] Voy. ci-dev., note 82, page 132; — *Scaligerana secunda*, mot *Recteur*, page 530.

[102] Voy. d. *Reg. Mss. de Valence*, 6 juillet 1567; — CHORIER, *Hist. gén.*, ij, 612; — surtout sac ou liasse 17 *b*, pièce 1re.

(*Addit.*) Le parlement de Grenoble n'enregistra l'édit d'union qu'en 1577,

l'arrivée du député de Valence à Paris, l'opposition de la ville de Grenoble fut rejetée par le conseil d'état, et l'édit d'union maintenu avec toutes ses conséquences; et aussitôt qu'on en eut l'avis officiel à Valence, le 6 juillet, on ratifia la *conduite* passée avec Cujas, qui se rendit bientôt dans cette ville.

III. On voit que c'est surtout à la protection puissante de Montluc que l'université de Valence dut son triomphe. Plusieurs documens le prouvent : tels sont, d'abord, la délibération prise par le conseil de Valence, le 22 mai 1567, où l'on s'en rapporte à Montluc pour le traité fait avec Cujas, et où on lui envoie un député à Paris pour solliciter l'union, et une lettre de ce député, du 4 juin suivant, où il annonce qu'il a trouvé monseigneur l'évêque dans de bonnes dispositions touchant l'union des universités et la *conduite* passée avec M. Cujas [103]....... Telle est aussi une lettre du député de Grenoble à Paris (Bectos de Valbonais, premier consul), datée du 28 juillet précédent, 1566, où, parlant d'une entrevue avec le maître des requêtes rapporteur du procès, il dit qu'il en espère bonne justice, quoique *le crédit de monseigneur de Valence soit grand* [104].

Ce crédit était assez naturel. Issu d'une des plus illustres familles de l'Europe, celle de Montesquiou-Fezenzac [105], frère et père naturel de deux maréchaux de France, Jean de Montluc

---

et à la charge que, sur les anciens deniers du sel affectés à l'université de Grenoble et transportés par l'édit à celle de Valence, on prélèverait chaque année 300 livres, pour entretenir deux régens qui enseigneraient les *bonnes lettres* à Grenoble. (Sac ou liasse 17 *b*, pièce 1re.)

Il s'éleva sur ce point diverses difficultés entre les deux villes, difficultés qu'elles terminèrent en 1582, par une transaction où celle de Valence s'engagea à payer à celle de Grenoble une indemnité de 3000 livres (sac 914, liasse 1re, pièce 14), et où celle-ci se départit de toute opposition au paiement des mêmes deniers.

[103] *Reg. Mss. de Valence*, 22 mai et 11 juin 1567.

[104] Voy. cette lettre, sac 914, liasse 1re, N.º 10.

[105] Voy. MORERI, mots *Montluc* et *Montesquiou*.

était conseiller au conseil privé [106], ce qui équivalait aux fonctions actuelles de ministre d'état, et il était généralement regardé comme un des hommes les plus éloquens et les plus habiles de son temps. On lui confia à l'intérieur du royaume, même sur la fin de ses jours, quoiqu'il eût encouru la disgrâce de Henri III, les affaires les plus difficiles [107], et, à l'extérieur, les négociations les plus épineuses. Il fut chargé de seize ou dix-sept ambassades différentes [108], dont deux en Turquie, autant en Pologne, à Rome

[106] Il l'était depuis environ 1559, car Cujas, dans sa défense de Montluc (*Prœscriptio pro Montlucio*), composée vers la fin de 1574 (voy. notre *Histoire de Cujas*, *Éclaircissem.*, § 5, N.° 29, page 472), dit qu'il y a quinze ans qu'*il est* du conseil privé. (Voy id. *Opera*, édit de Fabrot, viij, 1262.)

On voit aussi, par ces expressions de Cujas, que Montluc était encore du conseil privé à la fin de 1574. Néanmoins, M. Dufau (*Hist. génér. de France*, 1820, tome I, page 39) ne le comprend point dans la liste des membres dont il dit que ce conseil fut composé par Henri III pendant son séjour à Lyon, c'est-à-dire pendant septembre, octobre et la moitié de novembre 1574. (Voy. *Lett. dans les addit. aux Mémoires de Castelnau*, iij, 440, 442, N.°ˢ 138 et 143.) C'est une omission. L'assertion de Cujas est confirmée par Matthieu, qui, en citant le réglement de Henri III, indique l'évêque de Valence au nombre des conseillers autorisés à rester dans la chambre du roi lorsqu'il y entrait pour délibérer avec ses ministres. (Voy. *id.*, tome I, page 403; — Secousse, *Acad. des Inscript.*, xvij, 662.)

[107] Entre un grand nombre de commissions dont nous avons la note, nous nous bornerons à citer celle de la surintendance générale de police, justice, finances et octrois des villes dans le Languedoc, qui lui fut délivrée par des lettres-patentes du 12 janvier 1578 (quinze mois avant sa mort) avec la mission délicate de pacifier les troubles de religion dans cette province. (Voy. D. Vaissette, *Hist. du Languedoc*, tome V, page 368.)

Ce fut l'élection au trône de Pologne qui priva Montluc de la faveur d'Henri III, parce que ce monarque ne la regardait que comme une espèce d'exil. (D'Aubigné, *Hist.*, liv. II, chap. II, tome II, page 667.)

[108] Le Laboureur (*Addit. aux Mém. de Castelnau*, liv. II, chap. V, tom. I, pag. 427) et Moreri (mot *Montluc*) disent seize ambassades : Montluc, dans sa seconde harangue aux Polonais, semble en compter dix-sept. (Voy. *idem*, dans La Popelinière, *Hist. de France*, in-f.°, 1581, liv. XXXV, f.° 172.) Au reste, les historiens n'en indiquent pas un plus grand nombre; d'où il résulte que sa carrière diplomatique se termina avec sa seconde légation en Pologne.

(*Addit.*) Nous avons découvert une copie ancienne (sac 914, liasse 3, pièce 23) du diplôme constatant que le grade de docteur en droit a été conféré à

et en Angleterre; d'autres en Hongrie, à Venise, en Écosse, en Belgique, etc. [109]. Pendant sa seconde ambassade en Pologne, ou cinq ans après l'union de l'université de Grenoble à celle de Valence, il parvint, malgré les plus grands obstacles, à faire nommer roi de Pologne, le duc d'Anjou, depuis Henri III [110].

Remarquons, en passant, une nouvelle ou plutôt de nouvelles erreurs des biographes. Chaudon, tout bénédictin qu'il était, 1° désigne dans son *Dictionnaire historique portatif*, devenu dans la suite *importatif*, si l'on peut parler ainsi, cette seconde ambassade de Pologne comme la première des seize ou dix-sept ambassades de Montluc, et ce fut justement la dernière [111]; 2° il lui fait donner par le roi, en récompense du succès de la même ambassade, l'évêché de Valence, et Montluc avait cet évêché depuis vingt ans [112]!

Montluc par l'université de Grenoble, le 3 des ides (11) de juin 1557. Il y est dit qu'il avait alors rempli huit légations, savoir : une en Grèce, deux à Rome, une à Venise, une en Angleterre, une en Belgique, une en Pologne, une en Écosse.

[109] CUJAS, *Præscriptio pro Montlucio*, d. p. 1262.

[110] Voy. LA POPELINIÈRE, *ibid.*, f.° 162 et suiv.; — les deux harangues de Montluc, *ibid.*; — CHOYSNIN, *Discours*, etc., *pour l'élection du roi de Pologne*, 1574.

[111] Voy. ci–devant, note 108, page 140.

[112] Il y fut nommé en 1553. (COLUMBI, *De rebus gestis episcoporum Valentinorum*, pag. 214.)

Les mêmes erreurs sont dans le *Dictionnaire* de PRUDHOMME, mot *Montluc* (après avoir parlé de l'élection de Pologne, il annonce que Montluc fut *ensuite* nommé ambassadeur en Italie, en Allemagne, en Angleterre, en Écosse et à Constantinople), et elles ont été reproduites par son continuateur Goigous. M. de Lacretelle, dans son *Histoire de France*, ouvrage d'ailleurs si recommandable, s'est également trompé lorsqu'il dit (liv. VII, tome II, page 390) que Montluc « avait déjà, en semant l'or et les promesses, gagné un parti » nombreux au duc d'Anjou, lorsqu'on apprit (en Pologne), mais avec des » détails confus, le massacre général des protestans en France. » Nous voyons, soit dans LA POPELINIÈRE (liv. XXX, f.° 85), soit dans CHOYSNIN (*Discours* déjà cité, f.° 8 et suiv.), soit dans DE THOU (lib. LIII, ad ann. 1572, p. 841) que Montluc, quoique parti le 17 août, arrêté à chaque instant dans son voyage

Un autre événement nous fournit encore une preuve plus forte du crédit de l'évêque de Valence. D'après le droit romain, la succession des enfans morts sans descendans et sans frères ou sœurs germains appartient, après la mort de leur père, à leur mère, à l'exclusion de tous les parens paternels des enfans[113]. Blaise de Montluc, frère de l'évêque, avait assuré ses biens, situés en pays de droit écrit, à son fils Pierre, en le mariant à Marguerite de Caupène. Pierre périt dans une expédition contre l'île de Madère, en 1565, laissant un fils en bas-âge. L'évêque, voulant empêcher, en cas que son petit-neveu mourût jeune, que les biens des Montluc ne passassent à la famille de Caupène, eut assez de pouvoir pour faire rendre, au mois de mai 1567, un mois à peine avant l'arrêt d'union des deux universités[114], un édit connu sous le nom d'édit de Saint-Maur ou édit *des mères*, par lequel, au mépris des lois romaines, consacrées par un usage de

par une multitude d'obstacles, ne put arriver en Pologne que le 18 octobre ; que, tombé malade à Épernay, il avait appris, avant d'être sorti de la Champagne, la nouvelle de la Saint-Barthélemi, et que cette nouvelle était répandue dès long-temps avant qu'il eût atteint les frontières de Pologne ; qu'elle mit même Choysnin, par qui il s'était fait devancer, dans une position très-embarrassante ; que tout ce que put faire Choysnin, ce fut d'obtenir qu'on ne condamnerait point le duc d'Anjou avant d'avoir entendu *le boiteux*, c'est-à-dire l'évêque de Valence.

[113] *Novelle* 118, chap. II.

[114] Quatre mois auparavant, ou en janvier 1567, il avait obtenu du roi des lettres de légitimation pour Jean de Montluc de Balagny, son fils naturel. (Voy. MORERI, mot *Montluc;* — DREUX DU RADIER, *Biblioth. hist. du Poitou,* ij, 399.) Cet acte est une preuve non moins décisive de l'étendue de son crédit en 1567, puisque les enfans des prêtres étaient rangés dans la classe des enfans incestueux, et qu'il est de règle que les incestueux ne peuvent point être légitimés. Mais, quelque illégal qu'il fût, il effaça le vice de la naissance de Balagny. Il fut depuis maréchal de France, et il épousa deux femmes appartenant à des maisons illustres, Rénée de Clermont d'Amboise et Diane d'Estrées de Cœuvres. (MORERI, *ibid.*)
N. B. L'édit de Saint-Maur a été rapporté en 1729.

plusieurs siècles, on réservait aux parens paternels les biens qui étaient parvenus aux enfans, du chef de leur père.

Si nous adoptions de confiance les époques indiquées par les biographes, tels que Moreri, l'auteur de la partie historique de l'*Encyclopédie*, Chaudon, Goigous [115], nous ne comprendrions rien à cette espèce d'intrigue dont nous devons les détails curieux au président de Thou, parce que, faute d'avoir examiné avec soin son récit de l'expédition de Madère, ils ont reculé à l'année 1568 la mort de Pierre de Montluc [116], tandis qu'elle a, au contraire, précédé de deux ans le fameux édit de Saint-Maur [117].

[115] Voyez ces biographes, mot *Montluc*.

[116] Ce qui a pu induire en erreur Moreri et ses copistes ou imitateurs, c'est que de Thou a placé dans son livre XLIV, où il rapporte les événemens de 1568, le récit de l'expédition de Madère; mais, en lisant avec attention ce récit, ils auraient facilement reconnu que de Thou le fait remonter à l'an 1565. En effet, au commencement du livre (édit. 1620, ij, 530) il parle du retour de Dominique de Gourgues, de son expédition en Floride, retour qui eut lieu le 6 juin 1568 ; mais, avant d'en donner les détails, il juge à propos, dit-il, de parler d'autres expéditions antérieures faites aux Indes. Alors il raconte celles de Ribaud, qui eurent lieu en 1562, 1564 et 1565. Ensuite il passe à celle de Montluc à Madère, en disant qu'elle se fit *eodem anno*, expressions qui se rapportent évidemment à 1565, et que Moreri aura cru indiquer 1568. Ce qui prouve d'ailleurs qu'il s'agit de 1565, c'est qu'il dit 1° qu'elle se prépara après l'entrevue des cours de France et d'Espagne à Bayonne, qui eut lieu précisément en juin et juillet 1565 (*ibid.*, lib. XXXVII, pag. 321) ; 2° que c'est après cette expédition et celle de Ribaud qu'on entreprit celle de Gourgues (il en commence le récit à la fin de la page 537), qui partit le 22 août 1567 (page 538), pour rentrer le 6 juin 1568 (page 539).

(*Addit.*) Gourgues fit en effet son expédition à cette époque. (*Chronique Bourdeloise*, par GAB. DE LURBE, in-4°, 1619, f.° 41.)

[117] Il est bien clair que si Pierre de Montluc n'eût péri qu'en 1568, l'évêque, son oncle, n'aurait pas eu intérêt à faire rendre, en mai 1567, l'édit de Saint-Maur ; car assurément il n'aurait pas pu prévoir alors que son neveu serait tué l'année suivante.

Ces mesures extraordinaires annoncent, au surplus, qu'il y avait entre les frères Montluc une union fort étroite, ce qu'il serait difficile de concevoir si l'on admettait ce que dit M. de Lacretelle (*Histoire de France*, ij, 16) que « le maréchal de Montluc, dans ses *Mémoires*, ne parle jamais de son frère, » l'évêque de Valence, dont il condamnait sans doute les opinions et la poli-

Le conseil de ville de Grenoble n'avait pas un protecteur aussi puissant que Montluc. Il ne fut informé que tard de l'arrêt d'union. La première assemblée où l'on parle de démarches à faire pour conserver l'université est postérieure de trois mois, c'est-à-dire fut tenue le 12 septembre 1567 [118]; mais, le 29 du même mois, la seconde guerre civile religieuse éclata dans tout le royaume. Il fallut s'occuper de soins plus importans jusqu'à la publication de la paix, ou plutôt de la trève du 23 mars 1568, connue sous le nom de *paix boiteuse* ou *mal assise* [119].

On fit aussitôt des réclamations. Nous avons découvert, dans les archives de la mairie, une feuille chargée de ratures et apostilles, intitulée *Mémoires à présent dressés* [120], *pâques* 1568, et pâques fut le 18 avril. Nous y jetterons un coup d'œil, parce qu'elle donne une idée des opinions et de l'esprit du temps [120*].

» tique........ » Mais c'est une erreur. Le maréchal parle, au contraire, à diverses reprises, de son frère. Ainsi (tome II, livre VII, f.° 166, édit. 1593), il annonce qu'au mois de septembre, avant la bataille de Montcontour, c'est-à-dire au mois de septembre 1569, l'évêque était à Gaure ; au mois d'octobre suivant (f.° 172), à Lectoure ; au milieu de décembre (f.° 182), à Bordeaux... Ainsi, en racontant les événemens de 1570, il dit qu'au mois de juin l'évêque se rendit encore à Bordeaux, afin de chercher à se procurer des fonds pour l'expédition de Béarn projetée par le maréchal (f.° 190) ; que celui-ci ayant été blessé à l'assaut de Rabasteins (23 juillet), l'évêque ne le quitta jamais, jusqu'à ce qu'il le vît hors de danger (f.° 212).....

[118] *Reg. Mss. de Grenoble*, d. date, f.° 47.

[119] C'était par allusion, soit au peu de durée de cette paix et à l'inexécution de ses conditions, soit à ses deux principaux négociateurs, dont l'un, Armand de Biron, depuis maréchal de France, était boiteux, et l'autre, Henri de Mesmes, était seigneur de Mal-Assise. (Voy. DE THOU, ad ann. 1568, lib. XLII, in fine ; — MORERI, mot *Mesmes (Henri de)*; — *Journal de l'Étoile*, édit. 1744, tome I, page 35, note de Lenglet.)

[120] Ils sont dans le sac 914, liasse 1re, pièce 13.

[120*] Ce mémoire est d'autant plus remarquable qu'il a été dressé et écrit par le procureur-général Bucher, comme nous venons de nous en assurer par une comparaison de l'écriture avec celle de diverses pièces, comparaison que nous n'avions pu faire lors de notre première édition.

On y observe d'abord que l'université est un privilége accordé à la ville de Grenoble, et que tous les priviléges furent consacrés par le transport du Dauphiné en 1349.....; mais pour que ce moyen pût faire quelque impression, il n'aurait pas fallu, comme on le fit, se borner à citer l'édit du dauphin Humbert, de 1340, il aurait fallu insister sur la disposition déjà rapportée (ci-devant, p. 90) de l'édit du 25 juillet 1339, savoir : que l'université créée serait perpétuellement fixée à Grenoble, *ut in ea essent perpetuò generalia studia utriusque juris, medicinæ et artium.*

Après avoir ensuite rappelé la restauration faite en 1542 par le comte de Saint-Pol, l'édit de confirmation donné en 1547 par Henri II (voy. ci-devant, p. 92 et 102), avec la clause *en tant que de besoin*, qui laissait subsister dans toute sa force la création primitive du dauphin, on passe aux moyens qui, dans ce temps, devaient être les plus décisifs.

« Les écoliers catholiques, y dit-on, ne voudraient aller, ni » leurs parens les laisser aller à Valence, où les deux principaux » régens, MM. Cujas et de Bonnefoi, sont de prétendue reli- » gion [121]..... »

Nous remarquerons, au sujet de ce passage, 1° que l'expérience

[121] On y reproche aussi aux Valentinois d'avoir favorisé la réforme, et, entre autres, de n'avoir pas démantelé leur ville, comme le roi l'avait ordonné.

Le premier reproche pouvait paraître fondé au moment où l'on dressa le mémoire, c'est-à-dire le 18 avril 1568, puisque la paix du 23 mars précédent n'avait été publié à Valence que le 15 avril, ce qu'on pouvait aussi ignorer à Grenoble le 18, et que le chef des protestans, Miribel, n'avait point encore remis les clefs de la ville (ce ne fut que le 19). Voy. *Reg. Mss. des conclusions de Valence,* 12, 15 et 19 avril 1568.

Quant au second reproche, Chorier (*Histoire génér.,* ij, 601) et M. Dufau (*Histoire de France,* xxx, part. II, page 23) disent, au contraire, sous l'an 1565, que les fortifications de Valence furent démantelées. Ces deux assertions opposées pourraient se concilier, en admettant que les fortifications de Valence furent réellement démantelées, mais seulement après la paix de 1568; de sorte que Chorier et M. Dufau ne se seraient alors trompés que d'époque.

prouva bientôt la futilité de l'objection, car les leçons de Cujas attirèrent à Valence un nombre prodigieux d'élèves de tous pays ; 2° que ce passage prouve que la religion de Cujas, sur laquelle les biographes modernes sont encore partagés, était au moins alors un problème, puisqu'on lui attribuait les mêmes opinions qu'à Bonnefoi, protestant déclaré, qui échappa avec peine aux massacres de la Saint-Barthélemi, et alla finir ses jours à Genève [122].

On observe ensuite, dans le mémoire, qu'on doit toujours craindre du désordre à Valence ; que, par exemple, dit-on naïvement, « M. Hottoman, principal régent en 1566, qui était de » prétendue religion, y reçut un soufflet, puis s'en alla avec » cela [123]. »

On termine par soutenir que les élèves seront mieux à Grenoble, où il y a de plus éminens personnages.

Ce qu'il y a de plus curieux dans cette pièce, ce sont les moyens qu'on indique à la fin comme devant être employés pour réplique aux objections de Valence. Ils montrent qu'on espérait surtout tirer grand avantage de l'hérésie des professeurs ; car, prévoyant que les Valentinois pourraient rétorquer l'argument contre Grenoble, on dit qu'il faudra répondre que « MM. Athé- » née [123*], Riquier, de Boissonne et de Govéa, et autres docteurs

[122] Voy., sur ces divers points, notre *Histoire de Cujas*, à la suite de notre *Histoire du droit*, *Éclaircissem.*, §§ xj et xxij, pag. 529 et suiv, 591 et suiv.

[123] Il est certain qu'Hottoman quitta Valence à la fin de 1566, pour aller professer à Bourges, où il fut appelé par Marguerite de France, duchesse de Savoie et de Berri, et par le chancelier de l'Hospital, en remplacement de Cujas, que la duchesse avait aussi appelé à Turin. (Voir la même *Histoire*, page 390.) Cela résulte de la vingt-troisième préface ou épître d'Hottoman, datée du 13 avril 1567, et où il annonce qu'il est à Bourges depuis quelques mois. (Voy. d. préf., pag. 28, in oper. ejusd., tom. III, in fine, édit. 1600.) Mais nous ne trouvons nulle part rien qui soit relatif à l'aventure fâcheuse indiquée ci-dessus.

[123*] Voy. ci-dev., texte et note 38*, page 102.

» étrangers de l'université de Grenoble, allaient tous à la
» messe [125]**. »

Mais comme une simple allégation n'eût pas été de grand poids
par rapport à Gribald, à cause de l'éclat qu'avait eu son expulsion,
et par rapport à Loriol, qui devait être bien connu à Valence, où
il avait professé plusieurs années, on invite à donner sur leur
compte les explications suivantes :

« Les enfans et domestiques de M. Loriol allaient tous à la
» messe, et de lui ne s'est vu sortir aucune chose onéreuse, ni
» qu'il suivît oncques l'exercice de prétendue religion, fors qu'il
» *était* fort solitaire, et ne se *montrait* guère qu'à sa leçon [125]***. »

Voilà tout à la fois et un aveu naïf de l'hétérodoxie de Loriol,
et un éloge de sa manière d'agir; car la circonspection et l'exactitude sont certainement de grandes qualités dans un professeur.

« M. Moffa, » poursuit-on (il faut se rappeler que Mathieu
Gribald s'appelait aussi Moffa, et qu'il était seigneur de Fargies,
sur le territoire de Colonge, au pays de Gex, appartenant alors au
canton de Berne), « M. Moffa, durant sa première *conduite*, en
» 1543 et 1544, allait toujours à la messe : à la dernière, en
» 1560 [125]****, il disait ne pas oser, pour ce que ses biens étaient
» sous les Bernois, auprès de Colonge, qui les lui eussent ôtés. »

Nous doutons beaucoup qu'un tel motif eût justifié, auprès de
la cour de Charles IX, les Grenoblois d'avoir accueilli et soutenu
Gribald. Les protestans, il est vrai, tout comme les catholiques,

---

[125]** On aurait pu ajouter qu'ils donnaient le *pain bénit*, espèce de devoir
des catholiques aisés; du moins on trouve trois listes des membres de l'université qui l'avaient donné, dont deux datées de 1555 et 1557, et portant toutes
les trois le nom de Govéa. (Sac 570, liasse 1re, pièce 13; sac 914, liasse 3,
pièces 18 et 41.)

[125]*** On pourrait induire de ces expressions que Loriol n'existait plus, et
comme, d'une part, elles semblent indiquer un temps déjà un peu éloigné, et
que, de l'autre, Loriol vivait encore en juillet 1567 (voy. ci-dev., pag. 136 et
137), sa mort, dans cette hypothèse, aurait eu lieu vers la fin de 1567.

[125]**** Voy. ci-dev., pag. 94, 107, 109.

lorsqu'ils dominaient dans un pays, saisissaient ou taxaient les biens de leurs adversaires pour les frais de la guerre : les registres de Grenoble et de Valence en font foi[124]; mais les cantons suisses, loin d'avoir la guerre avec la France, étaient alors ses alliés; et leurs troupes, le 29 septembre 1567, six mois avant la rédaction du mémoire, avaient sauvé Charles IX que les protestans, commandés par le prince de Condé, avaient été au moment d'enlever[125].

On termine ce mémoire par dire qu'il faudrait faire une requête *lugubre* au roi, pour demander le maintien de l'université et la jouissance des revenus accordés sur les gabelles.

Nous ignorons si ce mémoire singulier fut présenté au roi; nous voyons seulement qu'en 1576 Henri III continua à l'université de Valence le prélèvement de 2,000 livres sur les gabelles, dont précédemment la moitié était donnée à l'université de Grenoble[126]; qu'en 1579, Catherine de Médicis étant venue à Grenoble, on réclama vainement auprès d'elle le rétablissement de l'université, et que le connétable de Lesdiguières ne réussit pas mieux dans la suite[127].

Mais le peu de succès de ces démarches ne porte aucune atteinte à la légitimité des titres qu'aurait pu faire valoir la ville de Grenoble, tels que l'édit de 1339, et il ne prouve pas non plus que l'université n'y fût point bien placée. L'expérience avait démontré le contraire pendant vingt-cinq ans, puisque les élèves y affluaient au temps de Gribald et de Govéa. Si celle de Valence

---

[124] Ainsi, à la fin de 1567, les réformés s'étant saisis de Valence, faisaient peser les frais de la guerre, dans cette ville, sur les catholiques, et ceux-ci, restés maîtres de Grenoble, les y faisaient supporter aux protestans. (Voy. *Reg. Mss. des conclusions de Valence*, 8 décembre 1567 et jours suivans; — *Idem de Grenoble*, 26 décembre 1567 et jours suivans, et 19 février 1568.)

[125] DE THOU, *Histor.*, lib. XLII, ad ann. 1567.

[126] *Transaction de 1582*, sac 914, liasse 1re, pièce 14.

[127] CHORIER, *Hist. génér.*, ij, 688, 612.

acquit bientôt une grande réputation sous le professorat de Cujas, ce fut précisément à l'aide des secours que lui fournit la suppression de l'université de Grenoble, puisque, sans cela, d'après l'aveu de son conseil de ville, elle n'eût pu mettre à sa tête le premier jurisconsulte du monde.

Il est probable d'ailleurs, et c'est aussi l'opinion générale dans nos pays, que jamais les autorités administratives et judiciaires de Grenoble ne renoncèrent aux droits de leur ville, et que, de temps à autre, elles essayèrent de faire entendre leurs réclamations au gouvernement [128].

Il y prêta enfin attention vers le commencement du XVIIIe siècle, lorsque la décadence de la première université du ressort de notre ancienne cour supérieure, Valence, et la nullité complète de la seconde, Orange, prouvèrent par des faits matériels combien l'on s'était trompé sous Charles IX, lorsqu'on avait supprimé celle de Grenoble.

Dès le 13 septembre 1732, sous le ministère et d'après l'impulsion de l'illustre chancelier d'Aguesseau, un arrêt du conseil créa une commission pour examiner l'état des deux universités. Elle fut composée du premier président et du procureur-général au parlement de Grenoble, MM. de Grammont et Vidaud de la Bâtie, de deux conseillers à la même cour et de l'intendant de la province de Dauphiné, M. de Fontanieu, et l'on ordonna aux deux universités de lui remettre leurs titres et leurs registres de dix années. La

---

[128] C'est ici que finissait notre premier travail, lorsque nous le soumîmes à la Société des sciences et des arts de Grenoble, le 23 septembre 1819. Les faits suivans ont été puisés pour la plupart dans le compte rendu de M. de Sauzin et dans le mémoire du parlement de Grenoble (voy. ci-après, p. 150), imprimés en 1765 par ordre de cette compagnie, et intercalés ensuite dans le tome XXIV des édits par elle enregistrés (Grenoble, in-4º, chez Giroud); compte et mémoire que nous allons citer, et qui nous furent indiqués, après la séance, par M. Jourdan, membre de la Société.

Au reste, nous avons aussi fait à ce qui précède beaucoup d'additions, surtout aux notes, d'après diverses recherches postérieures à la première lecture.

commission, après avoir en vain attendu la remise de ceux de Valence, donna, le 30 août 1738, son avis, dont la conclusion était qu'il fallait supprimer l'université d'Orange, et transférer celle de Valence à Grenoble.

Les deux universités réclamèrent à leur tour, comme n'ayant pas été entendues. On renouvela la commission en 1742. MM. de Sauvigny et de Piolenc y furent substitués à MM. de Fontanieu et de Grammont. L'université de Valence leur envoya, au mois de février, des députés avec ses titres. Enfin la seconde commission donna, le 12 février 1744, un second avis en tout conforme à celui de la première.

Malgré cette autorité imposante, et quoique le dépérissement des études à Valence devînt chaque jour plus sensible, et que le parlement fît de temps en temps quelques tentatives, les choses restèrent dans le même état jusqu'en 1764.

Il en essaya une nouvelle cette année. Par arrêtés des 24 juillet, 6 septembre et 28 novembre, il chargea M. de Sauzin, un de ses conseillers, de faire des recherches, et de lui présenter un rapport sur la même matière. Ce magistrat, aidé des documens qu'il trouva dans l'avis de la seconde commission [129], soumit son travail aux

---

[129] Il avoue (page 21) que l'avis de la commission lui fut fort utile pour le précis historique par lequel il commença son rapport ou compte rendu.

Ce précis historique énonce quelques-uns des faits que nous avons rapportés au commencement de notre travail; mais il garde le silence sur presque tout ce qui s'est passé au XVIᵉ siècle, entre autres, sur les événemens relatifs à l'enseignement de notre université, à ses professeurs, à son union à celle de Valence, etc., etc. Enfin, dans le petit nombre de ceux qu'il rapporte, il y a des inexactitudes. C'est que, chose assez étrange, les commissaires, et successivement M. de Sauzin, se sont bornés à consulter Valbonnais et les titres remis par les universités de Valence et d'Orange. Ils n'ont compulsé ni les auteurs contemporains, ni même les registres de la mairie de Grenoble qui étaient pour ainsi dire sous leurs mains. Il est vrai que, pour y découvrir les faits retracés ci-devant, nous avons été obligé d'examiner les délibérations d'une trentaine d'années, où ils sont épars, examen que la mauvaise écriture et les abréviations du temps, l'obscurité des rédactions, etc., ont rendu très-long et très-difficile.

chambres assemblées, le 11 décembre 1764. Enfin, le 20 mars 1765, le parlement présenta au roi un mémoire où, adoptant d'abord une opinion précédemment émise par le chancelier d'Aguesseau [130], il proposait de supprimer les deux universités d'Orange et de Valence, et d'en créer une à Grenoble pour les remplacer.

Il demanda ensuite, dans le cas où l'on trouverait trop de difficulté à cette opération, de supprimer la première université et de transférer la deuxième à Grenoble, et, en dernière analyse, si les suppressions répugnaient trop, de créer une troisième université à Grenoble.

Les motifs, soit du mémoire du parlement, soit du rapport de M. de Sauzin, sont, entre autres, que la situation des deux universités de Valence et d'Orange est vraiment déplorable; que la première, depuis l'érection de l'université de Turin, surtout depuis celle de la faculté de droit de Dijon, en 1723, réduite à quelques élèves du pays, est tombée dans un état de langueur dont elle ne s'est plus relevée; qu'à celle d'Orange, dès le XVIe siècle, on ne faisait pas « et on ne fait jamais à présent aucune » leçon; que les actes s'y réduisent exactement à ceux que ré- » pètent, à l'improviste et en courant, les voyageurs à qui l'on » confère des degrés : le reste des examens et des études est feint » et simulé [131]. »

Cette démarche, encore plus imposante que celle des commissions de 1738 et 1744, surtout eu égard à ce que les mémoires du parlement et de M. de Sauzin furent rendus publics par la voie de l'impression, n'eut pas néanmoins plus de succès. Les mémoires furent oubliés; l'université d'Orange ne reprit point ses leçons; le nombre des élèves de celle de Valence ne s'accrut point; car, au moment de la révolution, l'on y en comptait à peine une dou-

---

[130] Ainsi, l'établissement d'une école de droit à Grenoble a en sa faveur le suffrage du plus grand magistrat du XVIIIe siècle.

[131] *Mémoire du parlement*, pag. 51 et 52.

zaine, quoiqu'elle eût des professeurs du plus grand mérite [132] ; et toutes les deux ne continuèrent pas moins, jusqu'à leur suppression, à conférer les grades, dits *per saltum*, à tous les particuliers qui en avait la fantaisie ou le besoin, et auxquels leurs affaires permettaient de séjourner dans ces villes pendant les deux jours qui suffisaient aux cérémonies des inscriptions, des examens et des actes [133].

Au reste, la justice des réclamations du parlement de Grenoble a été depuis prouvée de la manière la plus décisive par l'état florissant de la nouvelle école de droit de cette ville. Dès son érection, vers 1805, sa prospérité est toujours allée croissant, quoiqu'on y ait tenu à l'observation des règles, soit quant aux inscriptions, soit quant à l'assiduité des élèves, soit quant à la rigueur et à la publicité des examens et actes, avec une sévérité bien opposée au

[132] Entre autres M. Planel, actuellement doyen de la faculté de droit de Grenoble.

(Addit.) Lors de la réorganisation de cette faculté en 1824 (voy. ci-dev., note 3*, page 88), cet excellent professeur fut mis à la retraite (il est mort le 14 décembre 1828, à l'âge de soixante et quinze ans), et il en fut de même de feu M. Pal, sous-doyen, et non moins habile dans l'enseignement.

M. Planel a publié une *Dissertation sur la donation des biens présens et à venir, dans le rapport de la substitution en faveur des enfans nés du mariage.* Grenoble, 1816 , in–8°.

On peut encore citer au nombre des professeurs dont l'université de Valence se glorifiait avec raison :

1° M. Brohard, auteur d'un *Commentaire sur l'édit des hypothèques de* 1771, mort en 1787 ;

2° Antoine Marville, à qui l'on dut, au XVIIe siècle, la révision et la publication d'un des ouvrages les plus savans et les plus utiles, soit pour le droit, soit même pour l'histoire, le *Codex Theodosianus* de Jacques Godefroy. Lyon, 1665, 6 volumes in–f.° (Voir, au sujet de cet ouvrage, STRUVE, *Bibliotheca juris selecta*, in–8°, 1756, p. 31.)

[133] Nous pouvons l'assurer d'après un témoin que nous devons bien connaître (voy. note A, pag. 64 et suiv. de notre *Discours sur l'enseignement du droit,* 1838). Au surplus, ces abus s'étaient introduits dans la plupart des universités bien long-temps avant les réclamations du parlement de Grenoble, et le gouvernement, avant la révolution, avait le projet d'y remédier. (Voy. même *Discours,* pag. 32 et suiv.)

relâchement étrange, ou plutôt scandaleux [133*], qui s'était depuis si long-temps glissé dans presque toutes les anciennes académies du royaume.

[133*] Cette remarque s'applique aussi, surtout pour ce qui concerne les examens et les actes, à l'école de droit de Paris. (Voy. même *Discours*, p. 49 et suiv., et p. 72 et suiv.)

BERRIAT-SAINT-PRIX.

SAINT-GELIN-DE-RAS.

MORT DU DAUPHIN GUIGUES VIII

Devant le château de la Perrière.

> Il est, au dernier plan des Alpes habité,
> Un village, à nos pas, accessible en été,
> Et dont, pendant six mois, la neige amoncelée
> Ferme tous les sentiers aux fils de la vallée.
>
> (LAMARTINE. *Jocelyn*, 6ᵉ époque.)

LA petite commune de Saint-Gelin[1] est assise sur le vaste plateau de Ras. Cette montagne, escarpée de tous côtés, s'étend du nord au midi entre le village de Saint-Étienne-de-Crausset[2] et le bourg de Voreppe[3]; ses flancs rapides sont resserrés à l'est par une profonde vallée, et à l'ouest par le bassin de Voiron.

---

[1] Cette paroisse est désignée dans tous les actes publics, jusqu'en 1784, sous le nom de *Saint-Gelin;* c'est depuis cette époque seulement que, par corruption, elle a été appelée *Saint-Julien.*

[2] *Crausset*, improprement dit *Crosset*, diminutif de *crau*, du celto-gallique *graig*, qui signifie pierre ou rocher. De ce mot on a fait *Graisivaudan*, vallée dans les rochers, et *Crau*, plaine de la Provence qui est couverte de pierres. Dans la Bretagne, où le celtique s'est conservé, on dit *crau*, pour rocher.

[3] Voreppe est situé dans l'étroit passage appelé *Vorago Alpium* dans les *Tables de Peutinger*, et qui lui a donné son nom.

La surface de Ras présente une infinité d'accidens pittoresques. Sa robe de verdure, déchirée çà et là par des blocs granitiques et rongée par des ravins, retombe en lambeaux épars sur les balmes de Voreppe. Au nord, le chemin du Crausset semble creusé dans le sein aride et osseux de la montagne, pour montrer aux géologues ses couches calcaires. Quelques rares plantes, sorties des rides profondes de ces assises primitives de notre globe, pendent tristement le long du rocher, pareilles à la fleur desséchée sur le marbre des tombeaux.

Pour aller de Voiron à Saint-Gelin, on suit d'abord les chemins étroits et capricieux de Coublevie, qui courent, de la plaine, s'escarper, tout pierreux, au revers occidental de la montagne. La vue, quelque temps emprisonnée par les arbres, découvre un site nouveau à chaque mamelon où le sentier se replie. Arrivé au sommet de Coublevie, un horizon immense se développe. C'est là que tous les genres de végétation, tous les contrastes de la nature sont réunis, et que le paysagiste peut varier ses tableaux, sans cesser d'être vrai.

Le bruit des cascades de la Buisse révèle la position de ce village. Les toiles de ses blanchisseries, couchées dans les prairies, plaquent de leur éclatante blancheur la plaine verdoyante, et semblent une surprise de neige par un beau printemps. Plus loin, Mont-Haut, aux formes altières, veille à la porte des Alpes, et s'avancerait pour en fermer l'entrée, si le *serpent* de l'Isère ne l'enlaçait de toutes parts. D'un autre côté, le poétique Voironnais, semé de jolis villages, se dessine avec une grâce infinie; sa petite ville est blottie dans un coin du vallon, comme pour laisser plus d'espace à sa riche végétation. Quelques maisons s'échelonnent sur les pentes de Vouïse [1] que surmonte un petit arbre dont la

---

[1] *Vouïse*, formé de *voïse*, vieux mot français employé par Marot (épît. 49), qui signifie *je vois*. Les hauteurs de cette montagne offrent, en effet, la vue d'un immense panorama.

vue fait battre le cœur de tout Voironnais rentrant dans ses foyers. Les chaumières de Tolvon, éparses sur l'inclinaison de son riant coteau, ressemblent aux débris de son château-fort, que le despote Richelieu fit violemment abattre en 1633, quand la royauté portait un dernier coup à la féodalité expirante. Laissant les vallons étroits et sinueux de Saint-Nicolas s'enfuir sous leurs vagues d'ombres et de lumières, le regard s'étend sur une plaine immense, et ne s'arrête qu'aux contours vaporeux des montagnes du Vivarais.

En reportant la vue sur la route qui reste à parcourir pour arriver à Saint-Gelin, l'aspect du paysage change subitement, par une de ces transitions brusques qu'on ne trouve que dans les Alpes : la nature devient sévère dans ses formes, et prend un caractère imposant; le chemin ne monte plus, mais, étroit et uni, il s'enfonce entre des montagnes escarpés dans le Bret[1]. D'abord évasé à son entrée, ce passage se resserre bientôt; quelques arbustes tristes et languissans surgissent encore parmi des fragmens de rochers. A mesure qu'on avance dans ce labyrinthe, les montagnes, rapprochées, se dressent plus menaçantes, et la voix, réfléchie par leurs cavités, marche d'écho en écho; d'énormes quartiers de rocs détachés par les ébranlemens de ces remparts couvrent la route et brusquent ses ondulations. Au milieu de ce désordre, la nature alpestre, qui se plaît dans les contrastes, a placé un vallon frais et paisible dont la chatoyante verdure apparait comme le mirage du désert. Cet oasis, entouré d'une ceinture de rochers, est formé par le déchirement de la montagne; quelques blocs calcaires, couchés sur le gazon, ressemblent à des monumens élevés par la main des sombres génies qui ont présidé à ces bouleversemens.

---

[1] *Bret,* vieux mot dauphinois, dit Paradin, employé pour désigner un passage étroit dans les rochers. Ce vieil historien cite (liv. II, chap. 67 de sa *Chronique de Savoie*) un passage de ce nom qui existe dans les montagnes du Valais, près de Saint-Maurice.

Une croix de bois, placée dans ces lieux, s'élève sur un autel rustique, et semble là pour recevoir l'expression des sentimens religieux que font naître dans l'ame du voyageur ces scènes imposantes empreintes de la puissance infinie de Dieu.

Pendant le calme d'une nuit d'automne, quand le Bret, attristé de l'approche de l'hiver, est éclairé par la lumière blafarde et indécise de la lune, on ne se hasarde pas sans émotion dans les détours de ce passage. Les ombres fantastiques des nuages qui courent dans le ciel se glissent sur les rochers nus et bizarres, ou traversent silencieusement cette solitude en prenant des formes gigantesques; alors l'imagination, péniblement impressionnée par ces prestiges, se remplit de terreur.

En suivant le chemin ardu qui conduit à la fontaine du Vieil-Homme, les rochers s'elèvent en masses compactes, laissant couler, comme une sueur, quelques gouttes d'eau qui clapottent sur les cailloux. Plus loin, la montagne se creuse en un vaste portique; une fontaine s'en échappe, et, fuyant de rocher en rocher, elle va se perdre dans la pente gazonnée du vallon.

De même que, pour tromper leurs solitudes, les pâtres ont peuplé les montagnes d'êtres imaginaires, ils ont aussi attribué aux sources et aux plantes des vertus surnaturelles, et par ces superstitions, qui parlent à leur imagination, ils s'attachent plus fortement aux lieux qui les ont vus naître. C'est ainsi que la fontaine du Vieil-Homme a reçu son nom de la fable qui lui attribue la propriété de prolonger la vie [1].

---

[1] Le culte druidique des fontaines, conservé par les Romains, subsiste encore dans le Voironnais : quelques-uns placent les sources sous la protection de la Vierge Marie; d'autres, qu'une superstition grossière retient dans le fétichisme, pensent qu'un esprit veille auprès des fontaines et donne à leurs eaux des vertus particulières. Les Romains avaient la fête *fontinale* qu'ils célébraient le 13 octobre; la cérémonie consistait à jeter des bouquets et des couronnes dans les fontaines, ou à les attacher sur les puits. Cet usage, resté dans nos campagnes, n'a subi d'autres changemens que celui du jour de la fête, que l'on célèbre le premier du mois de janvier.

Lorsqu'on atteint au plateau de Ras, l'horizon s'agrandit; les bois et quelques rochers envahissent le sol mal cultivé. Cette contrée agreste semble ne pouvoir se dépouiller de son âpreté sauvage; cependant un joli lac s'encadre dans une verte prairie, et frange parfois de sa blanche écume ses bords festonnés. Un bois de hêtres, au tapis velouté de mousse, se mire tout entier dans son onde limpide et la moire de sa sombre verdure. La montagne du Jussom, dont l'aspect majestueux se mêle à tous les sites pittoresques de Ras, avance, au-dessus du bois, sa face austère, et la projette dans le lac comme pour former un fond imposant aux gracieuses images qui s'y reproduisent. Si la brise légère frôle de sa douce haleine la surface du lac, cet admirable tableau se mobilise et prend un aspect magique et toujours nouveau : soit que les rayons du soleil en fassent scintiller les eaux, soit que les étoiles se multiplient dans ses rides, comme la lumière dans les mille facettes du cristal, ce lac offre un charme infini par la variété de ses effets.

Non loin de là, on voit la petite église de Saint-Gelin, entourée de son cimetière comme d'une ceinture funéraire. Ce champ du repos, labouré par la mort, a pour tout ornement quelques croix de bois, seuls monumens tumulaires que l'on y rencontre, seuls titres de famille restés de tant de générations oubliées. Sur un rocher élevé, se trouve un calvaire, image simple et touchante du plus sublime sacrifice. La révolution de juillet avait placé sur ce point culminant et central de la commune un arbre au drapeau tricolore; parfois un souffle du ciel venait entourer le faîte de la croix de cette flottante banderole, comme pour rappeler tout ce qu'il y a de sympathique dans ces deux symboles de liberté. On eût dit qu'une haute pensée philosophique avait présidé à cette rencontre fortuite, pour montrer la fraternelle origine de la croix du Christ et de l'arbre de 89.

Une cascade à l'eau folle et légère suspend son écharpe au pli de la grande montagne; ondulée par le vent, elle secoue sa poussière humide aux rayons du soleil, qui prête les couleurs de l'iris à sa gerbe étincelante; souvent aussi ses eaux se glissent contre le rocher comme un serpent, et bondissent à leur chute en nuage de perles.

Le Jussom, au front dénudé, élève sa tête blanchie par les siècles dans la sérénité d'un ciel d'azur. De vieux sapins balancent leurs noirs obélisques sur les profondes crevasses qui sillonnent la pente de cette montagne : de petits nuages sortis de son sein courent sur ses flancs, semblables aux brandons de guerre des clans écossais; parfois aussi des vapeurs chargées d'humidité montent pesamment du fond de la vallée, enveloppent la base de la montagne, et laissent ses pics sereins planer au-dessus comme une île aérienne. L'immense et vague rumeur qui s'élève souvent au milieu des forêts, pendant le silence de la nuit, solennise ce beau paysage; cette voix sublime, modulée par les vents, semble rendre des oracles comme la forêt de Dodone. Ce langage mystérieux est familier aux montagnards, qui savent interpréter les avertissemens renfermés dans ces paroles augurales. On ne saurait dépeindre tous les phénomènes qui se reproduisent chaque jour sur les montagnes; c'est de leurs prestiges que l'imagination tire ses plus brillantes compositions.

Ces lieux n'offrent pas seulement le vif intérêt des sites pittoresques, ils attachent aussi par les souvenirs historiques qui, au travers des siècles, nous font assister aux derniers momens de l'un des plus grands princes qui aient régné sur cette province.

Les limites incertaines de la Savoie et du Dauphiné suscitaient depuis trois siècles des guerres incessantes entre les souverains de ces deux états. Le Voironnais, dont les comtes de Savoie s'étaient emparés en 1107, revendiqué par les Dauphins comme ayant fait partie de leur domaine, se trouvait plus particulièrement le théâtre du choc des deux armées. Le comte Amé V, voulant arrêter les excursions de l'ennemi, fit bâtir plusieurs places fortes sur ses frontières. Le château de la Perrière (carrière de pierres) éleva alors ses tours crénelées sur une éminence du plateau de Ras, afin de garder l'étroite vallée de Voreppe à Saint-Laurent-du-Désert. Cette forteresse était protégée à l'est par une pente rapide qui descend jusqu'au fond de la vallée, au midi par le bourg de Saint-Gelin, dont les épaisses murailles se rattachaient aux deux côtés du château ; une grosse tour carrée et à quatre étages fermait l'angle que dessinaient les remparts du nord et de l'ouest, le long desquels s'ouvrait un large fossé. Ces nouvelles barrières n'arrêtèrent point les hostilités entre les deux pays rivaux.

La garnison de la Perrière ravageait, dans ses sorties, les terres voisines du Dauphin. Quelques paysans, victimes de ces brigandages armés, formèrent le hardi projet de s'emparer de cette forteresse. Cette entreprise audacieuse sourit à l'esprit aventureux de Guigues VIII ; il leur fit délivrer des instrumens de guerre pour surprendre le château. Pendant que ces hommes entreprenans montaient à l'assaut, au milieu de la nuit, leurs chevaux, qu'ils avaient cachés dans le bois, se détachèrent et amenèrent « si grande » noise » que la garnison, réveillée, se précipita sur les remparts et repoussa vigoureusement leur attaque. Cet échec n'ébranla point le courage des Dauphinois : secourus de nouveau par leur prince, ils mirent le siége devant la place.

Le château de la Perrière n'ayant ni bailles ni braies qui en défendissent l'abord, il était facile aux assaillans d'approcher des murailles et d'en saper les fondations, à l'abri de leurs muscules. Deux catapultes, armées chacune d'un dard de trois coudées de longueur, menaçaient les assiégés qui se présenteraient à la défense, et les piétons, porteurs de targes ou pavois, offraient partout un rempart mobile aux archers dauphinois.

La garnison du château faisait bonne contenance devant ces préparatifs d'attaque ; elle avait foi dans son courage comme dans la force de sa position. La grosse tour ainsi que les murailles étaient couvertes d'armes offensives et défensives : ici, la catapulte était destinée à lancer des pierres ; les mangonneaux, les balistes

et les couillards chargés de gros quartiers de rochers et de dondaines, devaient enfoncer les muscules, rouler sur l'ennemi et
emporter des files entières de piétons ou démonter les cavaliers[1].
Auprès des arbalètes de traits, on voyait des faisceaux de viretons.
Les chaudières de graisse et de bitume fumaient de toutes parts;
les dards enflammés et les falariques chauffaient aux fourneaux,
et menaçaient d'incendier toute machine de bois qui s'appro-
cherait de trop près des murailles; une infinité d'armes plus
simples achevaient de fortifier la place.

Telles étaient les dispositions prises par les combattans, quand
le Dauphin, impatient des retards apportés dans l'attaque du
château, se rendit à la Perrière, accompagné de quinze cents
cavaliers[2]. Arrivé au camp, Guigues voulut visiter les fortifications de l'ennemi : ses capitaines essayèrent vainement de le dé-
tourner d'entreprendre cette reconnaissance, lui représentant
qu'ils iraient eux-mêmes, mais qu'elle offrait trop de péril pour
que leur prince dût s'y exposer. *Je suis venu*, leur dit-il, *pour
partager vos dangers, et non pour en être le spectateur*, et sortant
à cheval, accompagné de Hugues Allemant de Valbonnais et
d'Aimard de Clermont, il monte par un petit sentier jusque dans
les fossés du château. Oublieux de lui-même et indifférent aux
traits qui pleuvent à ses côtés, le prince examine avec détail la
défense de la place, et pendant qu'il indique du geste un côté
accessible du fort, le garrot d'une arbalète le perce de part-en-
part[3]. *Ce n'est rien*, dit-il en se relevant, *ne donnons pas à nos
ennemis la satisfaction de croire qu'ils m'ont blessé;* et s'appuyant

---

[1] On retrouve dans les ruines de la Perrière plusieurs débris de ces armes,
et notamment un grand nombre de dondaines.

[2] GIOVANI VILLANI, *Chronique de Florence*, liv. X, chap. 124.

[3] Garrot ou gareau, trait d'arbalète armé d'un fer à pointe quadrangulaire,
dont on se servait au XIIIᵉ et au XIVᵉ siècle. On appelle encore vulgairement
garrot un gros bâton comme celui qui servait de trait à la lance du garrot.

sur Valbonnais et sur Clermont, il redescendit jusque dans son camp.

A la vue de leur chef, frappé d'un coup mortel, les troupes poussèrent un cri de douleur et de vengeance. Guigues refusa de se coucher, en proférant ces paroles mémorables qui rappellent celles d'un empereur romain : *Je veux tenir devant la mort; mes ennemis ne m'ont jamais vu abattu, et celui-ci est le moins terrible aux gens de cœur.* La tente du Dauphin se remplit d'officiers et de soldats éplorés; seul il semblait étranger à sa blessure. Ce héros, rappelant par un dernier effort tout ce qu'il lui restait d'une si noble vie, adressa des consolations à ceux qui l'entouraient, et donna les ordres nécessaires au succès du siége et au gouvernement de ses états. Les chirurgiens avaient déclaré que le Dauphin expirerait au moment où l'on retirerait le trait de sa poitrine; néanmoins Guigues, comme Epaminondas, ordonna cette fatale opération, qui lui arracha la vie sans un soupir de douleur. Ce prince, dont le mâle courage rappelle les plus beaux traits de l'histoire, mourut le 23 juillet 1333, à l'âge de vingt-quatre ans, dans une grange convertie depuis par son successeur en maison de chasse [1].

La mort de Guigues fut promptement vengée par ses troupes, car, dès le lendemain, s'étant jetées avec fureur contre le château, elles enfoncèrent les murailles, mirent le feu à la principale tour, où s'étaient réfugiés les Savoisiens, et passèrent au fil de l'épée tout ce qui n'avait pas péri dans les flammes; « puis les Dauphinois » se prindrent à saccager et à piller le chastel et le bourg de Saint- » Gelin, et par feu et autres moyens les ruinèrent de telle sorte » qu'il n'y demeura pas pierre sur pierre. »

---

[1] La mort de Guigues VIII n'amena point de troubles dans ses états, mais elle détruisit toutes les espérances de prospérité que ses éminentes qualités avaient fait concevoir. La souveraineté du Dauphiné perdit tout son éclat sous le gouvernement de son successeur Humbert II, prince dévot, vaniteux et dissipateur, qui finit par vendre ses états pour payer ses dettes.

Les habitans de Saint-Gelin n'ont point relevé les ruines de leur bourg; les maisons sont maintenant éparses sur le plateau; elles ne se rencontrent plus groupées en village, et le laboureur indifférent mêle son grain à la poussière de ses pères. La tradition, qui répare les oublis de l'histoire, a marqué la place où s'élevait l'église du bourg, en entourant d'une superstition prophétique la pierre sacrée de l'autel, seul reste de ce monument. Je laisserai parler Claude Expilly, dans le style simple et naïf de son siècle, de l'usage religieux qui ramène chaque année autour de cette pierre les populations des paroisses voisines :

« Il ne reste plus aujourd'hui (1623) du fort de la Perrière et
» du bourg de Saint-Gelin que quelques masures cachées sous les
» buissons, et un pan de mur avec une pierre d'autel au lieu où
» était l'église du bourg, qu'on nommait Saint-Marcelin; cette
» pierre est au milieu d'une terre appelée *Champ-du-Vas;* les
» paroissiens des environs y vont souvent en procession, princi-
» palement aux mois de juin, de juillet et d'août, pour avoir la
» pluie ou la faire cesser; ils disent qu'en baissant la pierre,
» avec les cérémonies et prières que font les prêtres, la pluie
» cesse, ou quand ils y vont pour en avoir, ils la haussent, et la
» pluie incontinent arrive. On a observé que, quoique le prêtre
» et ceux qui assistent à la cérémonie foulent le blé en passant,
» et autour de la pierre, néanmoins les épis se relèvent et n'en
» reçoivent aucun dommage. »

L'usage de cette procession subsiste encore; le but en est le même, mais la foi des fidèles s'étant refroidie, on a cessé de consulter les mouvemens de la pierre, et le blé foulé ne relève plus sa tige sous les pas des assistans.

C'est en présence des ruines de la Perrière que les pensées évoquées par de nobles souvenirs s'arrêtent pieuses et recueillies sur ces débris du passé; on se reporte involontairement en arrière de plusieurs siècles, et l'imagination ranime toute la scène tragique du combat qui s'y est livré; les acteurs de ce drame apparaissent groupés autour du prince, dont la courageuse résignation s'exprime par les dernières paroles qu'il adresse à ses nobles compagnons : *Je meurs sans regret, puisque je laisse la gloire du Dauphiné en les mains de si valeureux chevaliers.....* Les ombres des Clermont, des Sassenage, des Allemant, des du Terrail, des Poitiers, des Grolée, semblent errer dans ces lieux; l'écho redit encore ces noms auxquels se rattachent toutes les illustrations de cette province. Le touriste antiquaire, l'historien du Dauphiné ne sauraient passer près de la Perrière sans interroger les derniers vestiges de son château, sous lesquels tant de braves guerriers dorment oubliés depuis cinq siècles : de leur cendre sortent quelques jeunes chênes, comme les fleurons de leur couronne immortelle.

Un segment de tour, plutôt oublié que respecté par le temps, assiste mélancoliquement à sa propre destruction; penché sur la profonde vallée, il semble mesurer l'abyme où chaque jour se précipitent quelques-unes de ses pierres, et où lui-même ira bientôt s'ensevelir. Alors il ne subsistera plus aucune trace apparente de cette forteresse, au pied de laquelle la témérité d'un jeune prince vint accomplir l'un des plus grands événemens de l'histoire du Dauphiné.

Hector BLANCHET.

Auteurs consultés pour cet article.

Guillaume Paradin, *Chronique de Savoie.* — N. Chorier, *Histoire générale du Dauphiné.* — Denis de Salvaing, *De l'usage des fiefs.* — Valbonnais, *Histoire du Dauphiné.* — Guy-Allard, *Dictionnaire du Dauphiné.* — Charvet, *Histoire de l'église de Vienne.* — Sismonde de Sismondi, *Histoire des Français.*

VIIIe LETTRE

SUR

L'HISTOIRE DE LA VILLE DE GAP.

(1588 à 1595.)

*Valeur des habitans de Gap reconnue par l'historien de Lesdiguières.
— Prédications d'un moine italien et ses prédictions sur la ruine
de la ville de Gap. — Le fort de Puy-Maure relevé pour la
première fois en 1577 et pour la seconde en 1588. — Le moine
italien prêchant à Tallard. — Ses prédictions sur le château. —
Conjecture sur ce moine. — Combats entre Lesdiguières et la ville
de Gap. — Rencontre de Saint-Jullin et de Lesdiguières à Curban
et à Claret. — La Valette vient au secours de la ville. — Il s'en
retourne et est accusé de trahison. — Gap réduit à l'extrémité.
— Nouvelle industrie pour échapper à la famine. — Mort de La
Marcousse, gouverneur de Tallard. — Exploits du chevalier de
La Croix. — Trève entre Gap et Puy-Maure. — Union de Lesdiguières et de La Valette contre les Guises. — Danse champêtre
des dames de Gap. — Courtoisie de Lesdiguières. — Reprise des
hostilités. — Nouvelle suspension d'armes. — Mort d'Henri III.
— La ville de Gap se soumet à Henri IV. — Décimes imposés
au clergé et recouvrés par Lesdiguières. — Assemblée du clergé
du diocèse. — Noms des principaux chanoines et bénéficiers de*

1590. — Nouvelles foires établies à Gap. — Vente de la terre épiscopale de la Bâtie-Neuve. — Assemblée du clergé à la Baume-lès-Sisteron. — Mariage célébré à Puy-Maure entre Magdeleine de Bonne et Charles de Créqui.

LA constance inébranlable que montrèrent nos ancêtres durant les luttes cruelles du XVIe siècle, et surtout pendant les années 1588 et 1589, qui les virent se terminer dans le Gapençais, arrache à l'historien de Lesdiguières les paroles suivantes que j'aurais vivement désiré de voir graver en lettres d'or sur toutes les portes de la ville et sur la façade de tous nos monumens, si les religionnaires nous avaient laissé des monumens, et si les embellissemens de la ville ne menaçaient d'enlever les restes de nos vieilles portes :

Quelques avantages que Lesdiguières eût remportés à diverses fois sur la ville de Gap, il n'y en avoit point qui lui résistât avec plus de vigueur que faisoit celle-là, et c'étoit une pierre d'achoppement à la pluspart de ses entreprises [1].

(1588.) Le héros du Champsaur voulant, à tout prix, écarter cette pierre d'achoppement, cherchait le moyen d'imposer à la ville un joug qu'il ne lui fût pas possible de secouer ; il le trouva en relevant une forteresse jadis établie sur le monticule de Puy-Maure qui domine la ville du côté du nord-ouest. Mais avant de vous parler de l'exécution de ce projet funeste, je me permettrai, Monsieur, de revenir sur la prédiction singulière dont je vous ai déjà entretenu dans ma première lettre, et qui fut faite bien des anuées avant que Lesdiguières occupât cette éminence. La relation en est empruntée à l'auteur de la *Fête du Saint-Sacrement* déjà tant de fois citée dans ma correspondance.

« Ce coteau que nous avons en face, et sur le penchant duquel
» la vigne étale sa verdure, présente encore à sa sommité les restes

---

[1] *Histoire du Connétable de Lesdiguières,* liv. III, chap. III.

» d'un château et de fortifications qui furent rasés en 1633, en
» vertu de l'édit de Louis XIII du mois de novembre 1627. Ah !
» puissent ces ruines être éternelles, puisque la durée de notre
» ville est attachée à la non-réédification de la forteresse de Puy-
» Maure ! Prêtez votre attention au récit d'une terrible prophétie.

» En l'année 1546, apparut tout-à-coup dans nos murs un grand
» serviteur de Dieu, italien de naissance, grand prédicateur et
» parfaitement entendu du peuple, bien qu'il ne prêchât qu'en sa
» propre langue. Son éloquence était grande, et, avec la rapidité
» de l'éclair, la renommée en publia les effets dans toute la con-
» trée. L'église cathédrale ne pouvant plus contenir le grand
» nombre d'auditeurs accourus des villages voisins, le prédicateur
» s'établit sur la place Saint-Arnoux, où il tirait des larmes des
» yeux de tous les assistans, en leur parlant du royaume de
» Dieu et de la nécessité de faire pénitence. Il prédit plusieurs
» malheurs qui ne tardèrent pas à s'appesantir sur notre ville,
» entre autres les grands troubles des guerres civiles, et la peste
» qui la ravagea l'année suivante, et qui fit périr un grand nombre
» de ses habitans. Un jour, qu'il était placé au-devant de la mer-
» veilleuse église de Saint-Jean-le-Rond, il porta ses regards sur
» Puy-Maure : une sueur froide coula de son front, et étendant les
» bras vers la sommité du monticule, il s'écria par trois fois :
» Malheur !!! Il ajouta d'une voix sombre et fortement accentuée :
» — Habitans de Gap, écoutez mes paroles. Une forteresse fut
» élevée sur ce mont au IXe siècle par ces hordes sorties de l'Arabie
» avec une religion nouvelle qu'ils ne purent faire embrasser
» à vos ancêtres, malgré un siècle et demi de ravages et de per-
» sécutions. Les Sarrazins furent ensuite exterminés sous vos
» murs par Guillaume, comte de cette contrée, le 3 des kalendes
» de janvier, indiction cinquième, ce qui tombe en l'année 992.
» Le reste des infidèles, poursuivi l'épée dans les reins jusqu'à la
» forteresse de Fraxina, qui fut rasée, se répandit ensuite dans
» les plus hautes vallées des Alpes, où le temps les a confondus

» avec les indigènes, dont ils finirent par embrasser la croyance.
» Délivrés de ce terrible fléau, vos pères détruisirent les fortifi-
» cations des Maures, et le lieu où elles s'élevaient prit dès-lors le
» nom qu'il a conservé jusqu'à ce jour. Eh bien! ces fortifications
» se redresseront encore trois fois. N'appréhendez pas trop les
» désastres qui surviendront après les deux premières; mais
» malheur à la génération qui verra la forteresse de Puy-Maure
» s'élever dans les airs pour la troisième fois! Cette cité antique
» sera alors détruite jusqu'en ses fondemens, car vos saints patrons
» l'auront entièrement délaissée; les habitans en seront exterminés
» depuis le centenaire jusqu'à l'enfant nouveau-né; le noyer que
» trois siècles ont vu croître sur le penchant de vos coteaux, sera
» arraché et réduit en cendres, comme l'aubépine qui borde vos
» chemins; en un mot, vos descendans éprouveront une ruine
» totale, et les enfans de la Provence chercheront vainement le
» lieu où la ville de Gap montre aujourd'hui les vingt tours qui
» flanquent ses murs d'enceinte, et la flèche de sa cathédrale si
» fortement élancée vers le ciel ! [1] »

« A ces mots, la multitude consternée se prosterna, et joignant
» sa voix à celle du saint prédicateur, elle fit retentir la place de
» Saint-Arnoux de cris de miséricorde, afin d'obtenir du Tout-
» Puissant la réformation de cet arrêt terrible, si sa justice ne
» l'avait pas rendu irrévocable.

» Les deux premières parties de cette désolante prophétie
» s'accomplirent vers la fin du XVIIe siècle, et Lesdiguières en
» fut l'exécuteur. En l'année 1577, il fit acheter les champs qui
» se trouvaient sur le coteau de Puy-Maure, sous le prétexte d'y
» vouloir bâtir une ferme. Il y forma d'abord une enceinte de
» palissades, afin de dérober aux habitans la vue des véritables
» constructions qu'il y faisait élever. Champoléon, son beau-frère,
» termina ensuite les travaux; et ce qui ne présentait au commen-

[1] JUVENIS, *Mémoires inédits.*

» cement qu'une clôture devint une fortification imposante, qui
» fut démolie à l'époque où le roi eut traité de la paix avec le duc
» de Mayenne, et que celui-ci l'eut imposée à Lesdiguières. Mais
» ce vaillant capitaine, profitant de l'absence de Saint-Jullin,
» gouverneur de Gap, rétablit cette forteresse en 1588, malgré
» les fréquentes sorties des habitans et les escarmouches qui,
» commençant avec le jour, ne finissaient qu'avec la nuit. Il par-
» vint en dix jours à établir un fort composé de cinq bastions et
» de courtines hautes de quinze pieds aux endroits les plus bas;
» d'autres édifices y furent ajoutés dans la suite, et le tout fut rasé,
» ainsi que je l'ai déjà dit, en l'année 1633[1]. Maintenant, quelle
» sera la main sacrilége qui, en relevant de nouveau le fort de
» Puy-Maure, consommera la ruine de l'antique et noble cité de
» Gap[2]!

» Le moine italien, que nous avons perdu de vue, prêcha aussi
» dans la petite ville de Tallard, au moment où l'on réparait le
» superbe château dont je vous ai déjà entretenu. Il dit, un jour,
» aux habitans de l'imperceptible cité, qu'ils voyaient s'élever un
» grand édifice, mais qu'il ne resterait pas long-temps dans la
» famille du seigneur qui le faisait construire[3]. Et, en effet, c'est
» ce qui arriva. Depuis l'année 1439, la vicomté de Tallard
» était possédée par l'illustre famille de Clermont-Tonnerre; mais,
» en l'année 1600, Henri de Clermont la vendit à cet Étienne de
» Bonne, seigneur d'Auriac, qui en avait si vaillamment et si
» cruellement défendu le château pendant les guerres de religion,

---

[1] JUVENIS, *Mémoires inédits.* — *Histoire du Connétable de Lesdiguières*, liv. III, chap. III.

[2] Ce n'a pas été celle de M. le vicomte Colomb, qui, devenu possesseur de Puy-Maure, a détruit naguère jusqu'en leurs fondemens les constructions sarrazines et huguenotes.

[3] JUVENIS, *Mémoires inédits.* — On présume que c'est à l'époque des prédications du moine italien que fut construite l'élégante chapelle, encore intacte, du château de Tallard.

» et l'on vit ainsi s'accomplir la prédiction du religieux italien [1].

» Quelques années avant son apparition dans nos contrées, de
» jeunes espagnols, peu familiers avec la langue italienne,
» prêchaient également dans les rues et sur les places publiques,
» et attiraient la foule dans plusieurs villes d'Italie. C'étaient les
» disciples et les compagnons d'Inigo Lopez de Recaldo, de la
» maison de Loyola, dont le nom figure au calendrier sous celui
» de Saint Ignace. On remarquait parmi eux François-Xavier
» de Pampelune, Pierre Fabre de Savoie, Salmeron, Lainez et
» Robadilla. Pleins de zèle et d'enthousiasme, ils faisaient le vœu
» d'obéissance passive et d'entière soumission au siége de Rome,
» et se consacraient entièrement au service du pape, alors que
» de tous côtés on commençait à se séparer de Sa Sainteté.
» N'est-il pas vraisemblable que l'un des disciples d'Inigo (si ce
» n'est le fondateur lui-même de la célèbre société de Jésus, ou
» tout au moins le grand apôtre du Japon) avait franchi les Alpes,
» afin de prémunir nos ancêtres contre les nouvelles erreurs qui
» déjà s'étaient glissées dans nos vallées, et qu'il était l'auteur
» des funestes prédictions dont la plupart de ses auditeurs virent,
» en partie, le funeste accomplissement? C'est une conjecture
» que je livre à vos méditations. »

Si vous le permettez, Monsieur, j'ajouterai quelques détails à
la relation faite, en 1744, par le consul de Gap au prince de
Conti.

(1588.) Ce fut pendant la nuit du 4 avril 1588 que Lesdiguières arriva au bas du coteau de Puy-Maure avec Montbrun,
très-digne fils de celui dont l'histoire rend de si bons témoignages, et,
de plus, avec Grignan, Gouvernet, Morges, Champoléon, Beaumont et Briquemaut, qui s'étaient joints à lui avec leurs troupes et
celles que lui avaient envoyées les sieurs de Cugié, de Blacons et
de Vachères. Il l'investit d'abord, s'empara des moulins situés sur

---

[1] *Mémoire sur les divers possesseurs de la vicomté de Tallard.* Mss.

les torrens de Bonne et de Laye, et les détruisit pour commencer à donner à la ville de Gap toutes sortes d'incommodités. Les habitans, nullement intimidés par ces préparatifs hostiles, ni de la présence du banc et de l'arrière-banc de la noblesse huguenote du Dauphiné, sortent avec la garnison, commandée par L'Épinay et par Bombin, cadet de Paquiers, le premier, lieutenant, et le second, enseigne du gouverneur absent, et donnent avec tant de force et de persistance sur la troupe ennemie, qu'il fut impossible à celle-ci de les faire rentrer dans la ville. Le lendemain et les jours suivans eurent lieu ces combats brillans, qui commençaient dès l'aurore et ne finissaient qu'avec le crépuscule. Cependant Lesdiguières avait tracé le fort de Puy-Maure, et y faisait travailler sans relâche. Chaque compagnie de gens à cheval élevait le bastion qui lui avait été assigné, et lui-même, à la tête des fantassins, leur portait le gazon nécessaire. Arabin et le *traître* Beauregard avaient la conduite de cet ouvrage, qui, au bout de dix jours, apparut avec ses bastions et ses courtines aux regards stupéfaits des intrépides Gapençais.

Saint-Jullin, instruit de ce qui se passait autour de la ville confiée à sa bravoure et à sa vigilance, se hâte de quitter la Provence. Il atteignit le village de Curban lorsque Lesdiguières, qui était allé à sa rencontre, y arrivait de son côté. Le combat s'engage entre les cinquante maîtres qu'il avait amenés et la compagnie de gens à cheval que Saint-Jullin avait à ses ordres : le gouverneur de Gap est repoussé jusqu'à Claret, laisse ses chevaux dans ce village et s'enferme au château. Lesdiguières se saisit des chevaux abandonnés, attaque le château, y perd quelques-uns des siens, ne peut le forcer et se voit contraint de s'en retourner à Puy-Maure; alors Saint-Jullin revient à Curban, et, sachant que Gap est investi de toutes parts, il implore le secours de La Valette, qui aussitôt se met en chemin avec les compagnies de gendarmes du duc d'Épernon, d'Alphonse d'Ornano, de Tournebon, de Ramefort, de Mont-Clus, la sienne propre et quelque infanterie, et parvient à les introduire dans la place. Les habitans sentent redoubler leur courage en voyant dans leurs murs l'élite des soldats de la Sainte-Ligue ; ils font une sortie et attaquent Lesdiguières en une grande escarmouche en laquelle ils sont battus....... *à leur accoustumée*, ajoute l'insolent historien qui, quelques lignes plus haut, avait été forcé de signaler leur courage, leur constance et leur inébranlable fermeté. La Valette passe quelques jours à examiner le fort de Puy-Maure, ne voit ou ne veut voir aucune possibilité de s'en emparer, s'en retourne en Provence et livre Gap à ses propres forces. A tort ou à raison, cet abandon précipité fit accuser La Valette d'être d'intelligence avec Lesdiguières ; mais toujours est-il certain que, laissant le seigneur de Poligny à Puy-Maure, Lesdiguières le poursuit ou fait semblant de le poursuivre jusqu'à Ventavon, qu'il ne peut ou ne veut pas l'atteindre, et qu'en s'en retournant, il s'empare du château de Jarjayes [1].

Vous croyez peut-être que nos ancêtres, consternés du départ de La Valette et des brillantes compagnies de gendarmes qui l'accompagnaient, vont perdre leur courage et livrer au plus cruel ennemi de leur religion une place aussi importante pour l'union catholique que l'était la ville de Gap. Non! non! leur ardeur se ranime ; de plus grands périls leur assurent une gloire plus grande. Chaque matin, sans qu'il soit besoin d'en renouveler l'ordre, sans aucun de ces rappels qui, de nos jours, ne peuvent parvenir à rassembler un piquet de garde nationale, tout piquier, tout arquebusier de la milice urbaine, qui connaît le poste que son patriotisme lui assigne, s'y rend exactement. La destruction de leurs moulins leur impose de cruelles privations ? N'importe! l'industrieuse nécessité leur suggéra un moyen infaillible, quoique lent, d'échapper à la famine. Il leur reste deux moulins à bras qui ne peuvent suffire à moudre le grain nécessaire à leur subsistance ; ils suppléent à l'insuffisance des deux usines à l'aide de

[1] *Histoire du Connétable de Lesdiguières*, liv. III, chap. III.

moutardiers; chaque chef de famille prend le sien et s'en sert pour avoir de la farine; le pain ne leur manque pas; « et Lesdi- » guières, n'en pouvant deviner la cause, y envoya un homme » exprès pour l'apprendre, comme il fit, *avec autant d'admiration* » *que de déplaisir* [1]. » Grâces vous soient rendues, honnête et véridique Louis Videl !

L'intérêt que nous inspire la ville de Gap n'aurait pas dû me faire oublier sa *microscopique* rivale, comme dirait le digne consul de 1744, s'il vivait encore de nos jours. Je me hâte d'y revenir, pour vous apprendre que le comte de Grignan, en se rendant à l'appel de Lesdiguières, avait pris le chemin de Tallard. La Marcousse y commandait à la place du seigneur d'Auriac, que La Valette en avait mis dehors, je ne sais trop pourquoi. Ce nouveau gouverneur s'étant avancé tout seul pour reconnaître les troupes de Grignan, deux arquebusiers suscités par Saint-Martin, bâtard de Ventavon, qui se trouvait dans les rangs du gentilhomme provençal, se glissèrent le long du chemin, et, cachés derrière une haie épaisse qui les dérobait à sa vue, firent feu sur La Marcousse, l'atteignirent, le tuèrent, et son cheval s'en retourna vers Tallard à toute bride. Il fut universellement regretté, comme l'un des hommes les plus vaillans et les mieux faits de son temps; mais il fut blâmé d'être sorti seul du château de Tallard pour une occasion qui paraît assez peu importante aux yeux de l'historien du connétable. — J'aurais dû ne pas omettre non plus qu'à son retour de Claret, Lesdiguières, apprenant que Maugiron, lieutenant de roi en Dauphiné, faisait fourrager le pays de Trièves, y envoya La Croix de Tallard avec les arquebusiers de Morges. Le noble chevalier arrive, surprend les troupes de Maugiron au grenier de Gresse, démonte et fait prisonniers le capitaine Disimieu et cinquante maîtres, tombe sur l'infanterie et fait mordre la poussière à Bonvert, sergent-major de Grenoble, qui la commandait, ainsi

---

[1] *Histoire du Connétable de Lesdiguières,* liv. III, chap. III.

qu'à deux capitaines; ce qui peut échapper gagne la montagne; et le chevalier de La Croix n'a que trois hommes blessés. Vers la fin de l'année, ce capitaine sauve, par son courage, l'armée de Lesdiguières engagée de nouveau dans un combat meurtrier, près du Bourg-d'Oisans, contre les soldats de Maugiron; et Lesdiguières rendit publiquement à La Croix le témoignage qu'il doit à sa valeur [1]. Gloire à la petite ville où il prit naissance, quoi qu'en aient pu dire les consuls passés et présens de la ville de Gap !

Cependant, toutes les escarmouches, tous les petits combats entre cette ville et le fort de Puy-Maure n'avançaient guère les affaires de l'un et de l'autre parti, et l'on commença, sur la fin de l'été, de parler d'accommodement. Ce qui engagea les habitans de Gap à y consentir, ce fut la perte qu'ils éprouvèrent au célèbre moulin de Burle, un jour qu'ils attaquèrent les barricades que Lesdiguières y avait fait élever, afin de leur ôter toute communication avec la ville d'Embrun : ils y perdirent beaucoup de leurs meilleurs hommes; et d'ailleurs les troupes de M. de Bonne avaient, selon leur louable coutume, ravagé la campagne autour de la ville et enlevé la moisson. Une trève fut alors convenue pour six mois, au moyen de dix mille écus que les habitans de Gap s'engageaient à payer, sous le cautionnement du baron de la Roche qui, peut-être, n'était ni protestant ni catholique, mais du tiers-parti. Nos voisins de Tallard voulurent obtenir le lendemain une trève semblable : de si grandes difficultés s'y opposèrent, que les députés de ce bourg s'en retournèrent sans rien conclure [2]. Est-ce faute de pouvoir trouver une caution? Videl ne le dit pas, et je me garderais bien de le présumer.

A l'abri des engagemens contractés, nous pourrons sans doute reprendre avec nos voisins des relations trop long-temps suspendues. Nos pères auraient pu l'espérer si, à la même époque, les

---

[1] *Histoire du Connétable de Lesdiguières*, liv. III, chap. III et V.
[2] *Ibid.*, liv. III, chap. IV.

sieurs de La Valette et de Lesdiguières n'avaient fait un traité d'alliance offensive et défensive contre le duc de Guise, fondé sur les sinistres intentions de ceux de cette maison, lesquelles ne tendaient rien moins, dit le traité, qu'à la subversion du royaume, la perte des princes du sang et celle de leurs parens, de leurs alliés et de leurs serviteurs. Les plénipotentiaires des deux illustres seigneurs s'étaient rendus à Mont-Maur, baronnie située à trois lieues de Gap. La Valette fut représenté par un gentilhomme provençal nommé Le Buisson, et Lesdiguières par le sieur de Gouvernet; et là se conclut cette ligue, qui fut ratifiée par les hautes parties contractantes, à Castel-Arnoux, le 14 août 1588 [1].

(1589.) Malgré la suspension d'armes convenue entre Lesdiguières et les habitans de la ville de Gap, ceux-ci ne purent voir sans un secret déplaisir un vieux soutien de la religion catholique s'unir ostensiblement au plus ferme appui de la religion réformée. La trêve était sur le point d'expirer, lorsque les magistrats de cette ville montèrent à Puy-Maure pour voir Lesdiguières, de retour d'une course qu'il venait de faire jusqu'à Nyons, et s'entretinrent avec lui comme s'ils n'avaient jamais été ennemis. M. de Bonne fut sensible à cette prévenance et descendit souvent dans la ville. Un dimanche, par une belle soirée du printemps, il remontait au fort, lorsqu'il aperçut dans un verger, qui devait être situé près de la porte Saint-Arey ou vers le chemin des Serennes, des dames qui dansaient le *rigodon,* le *branle* ou la *gaillarde,* tandis que l'une d'elles *touchait,* c'est-à-dire chantait l'air sur lequel les autres dansaient. En galant chevalier, noble François de Bonne s'arrête en les saluant; nos dames lui font une profonde révérence, et la moins timide d'entre elles, enhardie par le sourire gracieux et bienveillant du guerrier, lui adresse les paroles suivantes : « Monsieur des Diguières, nous passons ici

<hr>

[1] *Histoire du Connétable de Lesdiguières,* liv. III, chap. IV.

» le temps à danser; mais, comme vous le voyez, notre danse
» est toute rustique, puisque nous n'avons pas de violons. —
» Messieurs de Gap sont peu galans, répondit Lesdiguières d'un
» ton un peu caustique; je vous promets, Mesdames, que la
» journée de demain ne se passera pas que je ne vous fasse
» entendre les miens. » — Ces bonnes dames, ne s'apercevant
nullement de l'ironie que renfermaient les paroles de Lesdiguières,
le remercièrent de son extrême obligeance et de sa noble courtoisie, et continuèrent leurs innocens ébats sans plus s'inquiéter
de la présence du guerrier. C'était quelque peu traître de la part
de celui-ci de faire pointer, dès le même soir, ses canons contre
une ville qu'il venait de quitter amicalement, où il avait été bien
choyé, où il s'était sans doute bien repu, et de les faire tirer le
lendemain à l'aurore, *avec grand bruit et force ruines de cheminées,*
parce que la trève avait expiré cette nuit même[1].

Il paraît que les habitans de Gap avaient perdu le souvenir de
la durée de la suspension d'armes; ils furent encore cette fois
réveillés en sursaut par le bruit éclatant de l'artillerie de Puy-
Maure. Les consuls s'empressèrent de vêtir leur pourpoint des
dimanches et leur haut-de-chausses de velours noir, et de monter
à la forteresse, pour demander à Lesdiguières raison de sa bruta-
lité. Le guerrier leur répondit en ricanant qu'il avait promis des
violons à leurs dames, et qu'en homme de parole, il les avait fait
jouer dès le point du jour; puis, changeant tout-à-coup de visage,
et d'un ton de voix sentant la menace, il ajouta : « Ne savez-vous
» pas que la trève est rompue? Si vous ne vous résolvez à em-
» brasser mon parti, assurez-vous que je vous ferai danser un
» mauvais branle.... » — Son parti !... Ombre du chanoine La-
palu, combien vous dûtes frémir d'une proposition aussi insolite !
Cependant, comme les habitans de Gap se trouvaient moins que

______

[1] *Histoire du Connétable de Lesdiguières*, liv. III, chap. VI.

jamais en état de lui résister, ils lui donnèrent des otages, et la trève fut prolongée encore pour un mois [1].

C'était au printemps de l'année 1589 que les élégantes de la fin du XVIe siècle s'ébattaient innocemment dans les prairies de Camargues ou de la porte Saint-Arey, et que monseigneur des Diguières abattait les cheminées de la rue Souveraine.

Le 1er août de la même année, frère Jacques Clément, parricide ou martyr, selon l'opinion qui a raconté son action infâme, plongeait son couteau dans le flanc d'Henri III, *de cet excommunié, de cet assassin des martyrs de Lorraine, de cet homme distrait et séparé de l'Église, qui bouffoit de tyrannies exécrables, qu'il étoit très-saint et très-recommandable de mettre à mort, comme fit jadis Judith à Olopherne, attendu que l'homicide délivroit un grand peuple de l'oppression tyrannique d'icelui* [2].

La doctrine contenue dans ces dernières lignes nous paraîtrait bien étrange, si, de nos jours, le fanatisme politique n'en avait émis d'aussi condamnables. Du reste, ce n'est pas dans le parti de la Ligue seulement qu'elle trouvait des apologistes : les protestans furent les premiers à déclarer *qu'il étoit licite de tuer un roy et une royne qui s'opposent à la réformation de l'Evangile*. Jusque dans le sein de son palais, Catherine de Médicis était menacée du poignard avec lequel ils s'étaient débarrassés du duc de Guise et du président Minard; et l'amiral de Coligni lui-même qui, le premier aussi, appela l'étranger en France, n'avait-il pas dirigé l'arquebuse de Poltrot devant Orléans? Ainsi s'exprime un nouvel historien de la réforme, qui, à l'appui de ses assertions, a produit un grand nombre de pièces restées inédites jusqu'à ce jour, et qui semblent les justifier [3].

[1] *Histoire du Connétable de Lesdiguières*, liv. III, chap. VI.

[2] *Discours véritable de l'estrange et subite mort de Henry de Valois, advenue par permission divine le mardy 1er aoust 1589.*

[3] CAPEFIGUE (*Histoire de la Réforme*, tome II, pag. 423 et suiv.), qui, à

A l'époque où la nouvelle de la mort du roi se répandit dans le Gapençais, si le courage de nos ancêtres ne fut pas abattu, du moins leur intelligence fut prise en défaut. Lesdiguières leur fit entendre que la mort d'Henri III ayant appelé à la couronne le roi de Navarre, son légitime successeur, toute querelle de religion avait cessé. Les bourgeois de notre bonne ville hésitèrent quelque temps; puis, voyant qu'il n'y avait pour eux d'autre salut que l'obéissance, ils se soumirent. Hélas! les volontés tenaces, les têtes ardentes avaient succombé dans les mille combats livrés aux hérétiques! D'ailleurs, Alphonse d'Ornano, nouveau gouverneur du Dauphiné, avait reconnu Henri IV pour son légitime souverain, et il était sur le point de traiter avec Lesdiguières pour conserver cette province *à son naturel seigneur*. Bombin, qui fut depuis vicomte de Paquiers, sortit de Gap, et, d'après le traité, la garde en fut confiée à la fidélité des habitans, bien que de fraîche date. Ceux de Tallard suivirent notre exemple; et le capitaine Genton fut commis par Lesdiguières pour garder la ville et le château. C'est en cet endroit de son livre que Louis Videl raconte l'action généreuse de son héros envers Le Moulin et Bajole; il nous apprend que les consuls et les plus considérables de la ville de Gap étant montés à Puy-Maure, pour reconnaître le roi en la personne de son représentant, Davin, l'un des consuls, commença sa harangue par protester qu'ils n'étaient pas venus dans l'intention d'intercéder en faveur de personnes qui l'avaient trop cruellement offensé, pour espérer qu'une si faible entremise pût faire obtenir leur pardon; mais Lesdiguières, interrompant l'orateur, le pria de passer au véritable objet de la réunion. Enfin, le traité fut fait et parfait entre les consuls et François de Bonne, dans les premiers jours du mois de septembre 1589. Les plus notables habitans furent nommés capitaines de quartier, et répondirent de la cité.

l'appui des mots soulignés, cite un pamphlet attribué au ministre des Roziers et publié en 1566.

Le Moulin et Bajole, qui leur furent adjoints, se vouèrent dès-lors entièrement au service de Lesdiguières, et furent des premiers à faire retentir la ville de ce cri naguère si réprouvé, si mal-sonnant, si hérétique : Vive le Roi ! A bas la Ligue [1] !

Mais lorsque les candides habitans de Gap apprirent, quelques mois après, que la Sainte-Ligue était toujours fidèlement représentée par les *Seize*, et qu'elle avait proclamé roi de France le cardinal de Bourbon, sous le nom de Charles X, combien ne dut-il pas s'en trouver parmi eux qui maudirent leur soumission à l'hérétique relaps, et qui, avec une rage concentrée, durent s'écrier en cachette : A bas Henri ! Vive la Ligue !

Lesdiguières se trouvait encore à Gap vers la fin de décembre; il s'occupait alors du recouvrement des décimes imposés au clergé, lesquels étaient affectés au paiement des ministres protestans, ainsi qu'on le voit par une lettre qu'il écrivait à Montbrun le 30 de ce mois. Nous le laisserons courir à de nouvelles conquêtes dans le Dauphiné, et recevoir un échec à l'île de Crémieu, où notre ancien gouverneur La Poëpe Saint-Jullin s'était cantonné avec un régiment de dix enseignes commandé par Bombin, qui était allé le joindre après la réduction de notre ville [2]. Mais nous le retrouvons bientôt occupé plus que jamais de la perception des décimes dans le diocèse de Gap.

(1590.) Les chanoines et les bénéficiers cherchèrent les moyens de le satisfaire, dans une première assemblée tenue dans cette ville le 12 mars 1590. Une requête qu'ils lui adressèrent pour le supplier de leur dire quelles sommes devaient être versées entre les mains de son receveur, tant pour l'année expirée que pour l'année présente, *afin qu'ils y pourvoyent si bien que sa seigneurie soyt contente;* pour le prier de ne contraindre que le receveur des décimes et ses cautions, etc., fut répondue de la manière suivante :

[1] *Histoire du Connétable de Lesdiguières*, liv. III, chap. VII.
[2] *Ibid.*, liv. III, chap. VIII.

*Est ordonné que le clergé de Gap satisffaira entièrement à leur cotte
part des vinct mil escus acordés par le traité de trefve, et à laquelle
gratuitement et par espécial nous les avions receus, pour aussy tost
leur estre ottroyée main levée de tous leurs biens ecclésiastiques. Pour
l'année prochaine ils y pourvoiront come ils verront à faire, dé-
clarant quand à nous de vouloir observer le contenu en lad. trefve.
Faict à Serres, ce 17 de mars 1590.* Lesdiguières.

La *dicte trefve* ne m'est pas connue; mais Pierre Paparin,
apprenant dans sa retraite de la Baume qu'une seconde assemblée
du clergé devait avoir lieu à Gap, sans pouvoir du roi ni autorité
de l'évêque, et que l'on pourrait y faire assister messire Jehan du
Figuet, l'un de ses vicaires, et faire sous son nom quelques
ordonnances contraires aux délibérations des assemblées tenues
légitimement, ordonna à ce vicaire de notifier à l'assemblée future
un arrêt du bureau de Lyon et un autre du conseil privé, sur
l'esgalation des décimes du clergé. La réunion eut lieu le 28
mars, dans la *nef sainte* de l'église cathédrale. L'assemblée était
composée des vénérables ecclésiastiques qui avaient survécu aux
guerres civiles, tels que les chanoines Sixte Conflans, Jehan
Buisson, Arnoux Gullier, avec qui nous avons déjà fait connaissance. On y voyait encore les chanoines Benoit Olier de Montjeu,
Jacques Thomé, Guillaume Burgaud, et ce Paul de Beauvais dont
la vie devait se prolonger jusqu'au règne de Louis XIV, pour
transmettre à la génération suivante, et principalement au docte
Raymond Juvenis, les détails de la grande révolution religieuse
qui s'était opérée sous ses yeux. Enfin, siégeaient dans l'assemblée
ecclésiastique noble Loys de Rovilliasc, sieur de Chabestaing
(Chabestan), comme représentant de noble Jehan-Claude de
Rovilliasc, prieur d'Aspres, Upaix et Montbrand; noble Guillaume
Flotte, prieur de Manteyer; noble Antoine d'Aiguebelle, au nom
de Michel d'Aiguebelle, son frère, prieur de Saint-André-en-
Rosanoys; noble Loys d'Aiguebelle, prieur de Saint-Jacques
d'Upaix, et noble Charles d'Aiguebelle, prieur de Saint-Giraud-de-

Montgardin et de Clamensane. Après des noms aussi illustres, il est presque honteux de nommer Dominique Beraud, prieur de Saint-Mens; Jehan Barban, curé de Saint-André-lès-Gap; Jehan Boyer, curé de cette ville, et Lagier Morel, curé de la cité de Tallard. Cette réunion, comme les précédentes, avait pour objet de *satisfaire à la partie due au sieur des Diguières, pour raison de laquelle lesdits bénéficiers estoient en la peyne*, bien qu'ils pussent produire des quittances dont le montant était plus élevé que la somme due. Il fut résolu néanmoins d'imposer trois décimes sur les biens ecclésiastiques, pour satisfaire au paiement de ce qui était encore dû à Lesdiguières sur le montant de l'assignation sur le clergé, dont il était porteur. L'assemblée régla la manière dont le rôle serait établi, la perception faite et les poursuites dirigées, et nomma le seigneur de Chabestaing pour se rendre auprès du décimateur huguenot, à l'effet d'obtenir quelque soulagement. A ce qu'il paraît, l'ambassadeur des bénéficiers ne fut pas très-favorablement accueilli, car, le même jour, les membres de l'église cathédrale se réunirent encore dans la maison du doyenné, pour aviser aux moyens de faire entendre à monseigneur des Diguières *que sy son bon plaisir estoit d'accepter leur montagne de Chaudun pour gaige et asseurance des promesses qui luy seront faictes, ils luy en passeront les actes;* il était en outre prié *d'avoyr pitié des pauvres rantiers dudict chapitre, quy sont détenus aux arrests en ceste ville pour la rante de Savornon, nonobstant qu'ils n'en doivent rien, pour l'avoir payée à leurs principaulx, et commander de les eslargir de leur longue détention.* C'est dans cette dernière réunion que messire Jehan Figuet protesta au nom du révérendissime évêque de Gap[1]; ce qui, sans doute, n'empêcha pas le seigneur des Diguières de percevoir les trois décimes imposés sur les bénéficiers,

---

[1] *Procès-verbaux dressés par Jehan-Benoist Mutonis, notaire, secrétaire de l'évêque et du clergé, en date des 15 et 28 mars 1590. — Requête présentée par le clergé de Gap à Lesdiguières, le 17 du même mois. — Protestation de l'évêque de Gap, faite à la Baume le 24 aussi du même mois. Mss.*

et, sur la fin de la même année, de faire entrer Grenoble sous l'obéissance du roi, de s'emparer ensuite du gouvernement de cette ville, et de contraindre Henri IV à sanctionner cette petite usurpation [1].

(1592.) Les habitans de Gap jouissaient enfin des douceurs de la paix; ils laissaient le clergé s'entendre comme il le pourrait avec le seigneur des Diguières; ils exécutaient franchement le traité qu'ils avaient fait avec ce dernier; mais ils ne languissaient pas dans une molle oisiveté. Quittant les abstractions pour les réalités, et considérant que si l'homme ne vit pas seulement de pain, ce complément ne lui est pas moins nécessaire, ils s'occupaient alors de leur bien-être matériel. Le 1er juin 1592, ils obtinrent d'Henri de Bourbon, prince de Dombes et gouverneur du Dauphiné, l'établissement dans leur ville de deux nouvelles foires et d'un nouveau marché. La première fut fixée au lundi qui suit les fêtes de Pâques, et la seconde au premier lundi du mois d'août, avec franchise de neuf jours, suivant la coutume. Le marché devait être tenu le mercredi de chaque semaine, indépendamment de celui du samedi dont l'origine remontait à une époque très-reculée [2]. Ce marché fut dès-lors fréquenté, mais les deux foires tombèrent en désuétude. Cependant la dernière s'est relevée toute brillante sous la Restauration, au moyen d'une ordonnance royale qui l'a rétablie, sauf les franchises, qui sont passées de mode de nos jours.

(1594.) L'évêque boudait toujours à la Baume. Toutefois, il avait fini par reconnaître en Étienne de Bonne, seigneur d'Auriac, par lui accusé jadis d'avoir dirigé le pistolet qui lui fracassa un

---

[1] *Articles accordés et convenus sur le faict de la réduction de Grenoble soubs l'obéyssance du roy,* du 22 décembre 1590. — Dans cet acte, Lesdiguières prend les titres de conseiller du roi en son conseil d'état et privé, de capitaine de cent hommes d'armes de ses ordonnances, et de commandant en l'armée de Sa Majesté *ès pays de Daulphiné.* **Ms.** — *Histoire du Connétable de Lesdiguières,* liv. III, chap. XII.

[2] *Archives de l'hôtel-de-ville,* livre rouge, pag. 1 et 2.

genou eu 1574, un brave gentilhomme, exerçant franchement la religion catholique, apostolique et romaine ; ce qui se trouve littéralement constaté dans un acte passé *à la Baulme-lez-Sisteron, dans la maison de l'évesque*, le 28 janvier 1594. Par cet acte, Pierre Paparin de Chaumont, conseiller et aumônier du roi, évêque, comte et seigneur de Gap, vendit à d'Auriac, représenté par Hugues Davin, médecin et chirurgien de ladite cité, la terre de la Bâtie-Neuve, y compris ce château qui lui avait été si brutalement enlevé dans les premières années de son épiscopat, sous la réserve de la majeure directe, des droits de lods, investiture et autres droits seigneuriaux, et moyennant la rente annuelle et perpétuelle d'une charge de bled-froment et d'un écu d'or de l'ordonnance [1]. La terre de la Bâtie-Neuve resta dans la famille d'Auriac jusqu'en 1663, bien qu'en l'année 1641 M. de Lionne eût obtenu une sentence qui condamnait M. d'Auriac à la rendre à l'évêché, en remboursant le prix de l'aliénation. A cette première époque, elle fut acquise, avec les seigneuries d'Auriac et de la Rochette, de la succession vacante d'Alexandre de Bonne, comte d'Auriac et de Tallard, sous la garantie de Roger d'Austun, marquis de la Baume, par le maréchal de Villeroy. Le fils du maréchal, Louis-Nicolas de Neufville, duc de Villeroy, vendit ensuite, en 1732, la terre et seigneurie de la Bâtie-Neuve, avec le fief de Mont-Revel, les terres et seigneuries d'Auriac et de la Rochette, à messire Mathieu de Lovat, avocat-général au parlement de Grenoble, au prix de quatre-vingt-dix mille livres [2]. J'ignore comment ces terres et seigneuries passèrent dans la famille d'Agoût, qui les possédait encore au moment de la révolution ; mais je sais qu'elles furent sequestrées et vendues nationalement après l'émigration du chef de cette famille.

---

[1] *Acte reçu par Jean-Louis Castagni, notaire à Sisteron, le 28 janvier 1594, en présence de Jehan Arthemale, praticien, de Gap, et de Thomas Queyrel, marchand, de la même ville.* **Ms.**

[2] *Acte du 1ᵉʳ février 1732, reçu par deux notaires de Lyon.* **Ms.**

J'ai oublié de vous dire que, le 3 janvier de cette même année 1594, l'évêque avait assemblé son clergé à la Baume, pour s'occuper de l'affaire des décimes, et surtout pour faire tenir compte à Lesdiguières de huit cent cinquante écus que, dans un besoin pressant, il avait exigés du receveur du prélat. Le clergé de Gap fut représenté, en cette circonstance, par Jacques Gavier, prévôt de la cathédrale de Sisteron ; Jehan Tortonne, prieur de Volonne ; Galéas Codur, sacristain et chanoine régulier de la prévôté de Notre-Dame de Chardavon, et Antoine Richaud, prieur de Melve et Saint-Donin-de-Barras[1].

Le 22 mars suivant, Henri IV, qui avait abjuré le protestantisme dès le mois de juillet précédent, entrait dans Paris, aux acclamations de ce peuple qui naguère ne cessait de le maudire.

(1595.) Lesdiguières n'abjurait pas encore et s'alliait à l'une des plus illustres familles du royaume. Son séjour ordinaire était à Puy-Maure. C'est dans le château qu'il y avait fait élever que fut conclu et arrêté, l'année suivante, le mariage de Magdeleine de Bonne, sa fille aînée, avec Charles de Blanchefort de Créqui, fils de la comtesse de Sault, qui avait eu le bonheur d'être préféré au duc de Bouillon, au comte de Grignan et au maréchal de Biron.

Je termine ma lettre par ce mariage, tout en regrettant de ne pouvoir vous faire assister aux noces qui, probablement, furent célébrées sur notre monticule, car il n'a pas convenu à maître Louis Videl de nous y convier[2].

---

[1] *Procès-verbal du 3 janvier 1594. Ms.*

[2] *Histoire du Connétable de Lesdiguières*, liv. V, chap. VIII. — Chorier, *Histoire du Dauphiné*, tome II, liv. XX, sect. XXIV.

Théodore GAUTIER,
Conservateur de la Bibliothèque de Gap.

Gap, le 13 janvier 1839.

BULLETIN

LITTÉRAIRE ET SCIENTIFIQUE.

PALÉOGRAPHIE.

Les lecteurs de la *Revue* se rappellent avoir lu de curieux détails sur les archives de l'ancienne chambre des comptes de Grenoble, puisés dans les rapports adressés par M. Félix Crozet à M. le préfet de l'Isère et à M. le ministre de l'instruction publique[1]. Cet important dépôt des monumens paléographiques relatifs à l'histoire de notre province, ne pouvait être confié à des mains plus habiles que celles de M. Crozet, dont les connaissances diplomatiques font espérer que les explorations dirigées par ses soins produiront un jour à la lumière les plus précieuses découvertes dans l'intérêt des sciences historiques. Et, à vrai dire, à quelle source plus féconde pourrait-on puiser des matériaux pour élever l'édifice des annales du pays, qu'à celle qui a fourni à Lancelot, de l'académie des inscriptions et belles-lettres, et au président de Valbonnays, les élémens de leurs doctes travaux? Mais on ne saurait trop regretter les pertes qu'ont essuyées les archives de la chambre des comptes de Dauphiné, lorsqu'elles furent livrées, pendant les orages révolutionnaires, aux plus déplorables spoliations. Ces pertes, quoique immenses, ne sont cependant pas toutes irréparables, et nous nous empressons d'annoncer aux

---

[1] *Revue du Dauphiné*, tome IV, pag. 52 et suiv.

érudits et aux explorateurs de l'histoire locale que quelques pièces importantes, soustraites depuis longues années à ces archives, viennent d'y être réintégrées par le concours des circonstances les plus heureuses.

Il existe aux archives de la chambre des comptes de Grenoble plusieurs collections de registres renfermant des actes originaux ou transcrits en forme authentique. Une de ces séries de registres, intitulée *Generalia*, se compose de plus de 40 volumes, qui tous sont cotés par N.^{os}, et dont le titre offre un passage du *Credo*, de sorte que la réunion entière des volumes présente le texte entier du *Credo*. Or, un de ces registres, celui de l'année 1790, coté sous le N.° 41 et la rubrique *In Jesum Christum*, avait disparu et échappé à toutes les recherches, lorsqu'à la suite d'investigations faites à Paris parmi de vieux documens qui allaient être mis en vente, il a été découvert naguère par notre compatriote M. Barginet. L'auteur de l'œuvre remarquable publiée récemment sur *Martin Luther*, s'est empressé de remettre entre les mains de l'autorité ce monument précieux, ainsi que diverses autres pièces, telles que de vieux protocoles de notaires, des registres baptismaux, etc. Ces pièces, soumises à l'examen d'une commission nommée par M. le préfet de l'Isère, ont offert tous les caractères d'authenticité paléographique décrits par les savans auteurs du nouveau *Traité de diplomatique;* en conséquence, elles ont été restituées légalement aux divers dépôts dont elles faisaient originairement partie. Les limites de notre recueil ne nous permettent pas de donner l'analyse de tous ces documens : nous nous bornerons à présenter le sommaire du plus important, du registre du *Generalia*.

Ce registre renferme exclusivement les actes relatifs à la maison de Crouy-Chanel, dont quelques-uns contiennent des particularités fort originales et de nature à répandre de vives clartés sur quelques phases obscures de nos annales. Ainsi, dans un traité du 1er mars 1279, entre noble, puissant et *magnifique homme le seigneur Félix Crouy-Chanel*[1], et les habitans du château et mandement de Brastole, au sujet d'un droit de pâquerage, il est énoncé que les conventions, en vertu d'une formule solennelle souvent employée dans la chancellerie du moyen-âge, sont stipulées sur *l'effigie du roi André, bisaïeul du seigneur Félix Crouy-Chanel*[2]. Ce bisaïeul est André II le *Jérosolymitain*, qui occupa le trône de Hongrie de 1205 à 1235, circonstance qui se trouve confirmée par l'apposition à l'acte du scel de Félix de Crouy-Chanel, blasonné aux armes de la maison de Hongrie, *fascées d'argent et de gueules de huit pièces, timbrées d'un casque ayant pour cimier une croix surmontée d'un fer de lance, et pour supports deux hommes d'armes*. Ainsi, la famille de Crouy-Chanel, issue de la première race des rois de Hongrie, était venue sans doute chercher un asyle en Dauphiné, comme nous voyons, dans le cartulaire de Saint-Hugues, que, sous l'épiscopat d'Isarn, une foule d'hommes d'armes, venus récemment de la Germanie, se reconnurent les feudataires de l'évêque de Grenoble, qui leur avait distribué les terres de son diocèse conquises sur les Sarrazins.

Dans un acte postérieur, on trouve encore un témoignage de l'origine royale de la maison de Crouy : c'est un testament du 7 avril 1443, par lequel Rodolphe de Crouy ordonne qu'une année après sa mort ses héritiers *réuniront vingt-quatre prêtres disant messes, auxquels on servira un festin avec l'appareil convenable à la noblesse et à l'antique et royale origine de sa famille*[3].

Hector Chanel lègue, le 28 décembre 1488, à Michelle de Grolée, sa belle-fille, *sa grande croix d'or ornée de douze diamans,*

---

[1] *Inter nobilem et potentem ac magnificum virum dominum Felicium dictum Crouy Chanelis, etc.*

[2] *Acta fuerunt hec apud Brastolenum, super venerandum simulacrum regis Andree, proavi dicti domini Crouy Chanelis.*

[3] *Viginti quatuor sacerdotes, missas celebrantes, et eis prepari voluit unum prandium bene et honeste secus nobilitatem et originem antiquam et regiam familie Crouy Chanelis.*

pour la porter en mémoire de Notre Seigneur Jésus-Christ, après le décès de son épouse. Il veut aussi que cette croix soit en vénération perpétuelle dans sa famille, parce qu'elle avait été jadis apportée par pieux et magnifique seigneur André Crouy-Chanel, l'un de ses bons aïeux, issu du sang royal, et parce que cette croix a été bénite sur le Saint-Sépulcre, à Jérusalem, avant le retour dudit seigneur de la croisade[1]. Il enjoint aussi à Jean, son fils unique, de toujours se servir en temps de paix du scel, et de porter en temps de guerre l'étendard, blasonnés l'un et l'autre aux armoiries du scel joint à l'acte de 1279, insignes qui sont un témoignage perpétuel de la gloire et de la félicité de sa famille issue du sang royal de Hongrie[2].

Il eût été facile de multiplier les textes qui prouvent avec beaucoup de clarté que la maison de Crouy-Chanel est issue des rois de Hongrie, et de rapporter une foule de passages tirés d'actes authentiques qui établissent ses alliances et ses rapports avec des maisons puissantes, entre autres avec celle des Dauphins de Viennois; mais il n'a pas été dans notre pensée de dresser ici une table généalogique. Nous nous bornons à faire apprécier l'importance des pièces qui ont été restituées à la chambre des comptes de Dauphiné, afin de montrer le parti que l'on pourrait en tirer dans l'intérêt de l'histoire du pays. Parmi ces pièces, il se trouve plusieurs lettres qui se rattachent à divers événemens des annales

---

[1] *Item dedit et legavit dictus testator nobili Michaele de Grolea, uxori Johannis, sui filii, mox heredis inferius instituti, magnam suam crucem auream duodecim adamantibus exornatam, quod portabit in ornamentum et memoriam Domini nostri Jesu Christi, post obitum nobilis Catharine Guitfredi, dilecte uxoris dicti testatoris.*

[2] *Precepit et ordinavit prefatus testator prefatum heredem semper habere et portare sigillum pace et vexillum bello instrumento appositum recepto Aynardo notario, anno millesimo ducentesimo septuagesimo nono, videlicet sigillo et vexillo temporibus pacis et belli colores rubras et albas, et omni tempore gloriam et felicitatem familie prefati testatoris afferentes, et quod signum fuit in perpetuum regie Hungarie originis.*

du Dauphiné ; nous n'en rapporterons qu'une seule, émanée de Lesdiguières et relative à la prise du fort de Barraux :

« A Monsieur Claude de Chanel, capitaine de deux cents hommes
» de pied, en Allevard.

» Je n'ay pu jusques à ceste heure, Monsieur, vous tesmoigner
» mes sentiments de contentement et satisfaction pour vostre si
» bonne conduite en la prise de ce fort de Barraulx, en laquelle
» vous avez le plus contribué par vostre prudence, valleur et
» activité, suivant les rapports à moi faicts par plusieurs des miens,
» et en particulier par mon cadet de Charance. Et vous diray,
» Monsieur, que je ne attendois pas moins de vous, qui trouvez
» dans vostre famille exemples de toutes vertus et excellente con-
» duite. J'ai chargé mon secrétaire Galbert de vous tesmoigner
» mes pensées à vostre regard. Je vous aurois faict expédier sur
» le champ des lettres de noblesse, comme j'ay faict à mon cadet
» de Charance, si n'estoit notoire que vos ancêtres en octroyoient
» aux autres ; et puisque je ne puis ainsy recognoistre le grand et
» bon service qu'avez rendu au roy en ceste occasion, je vous prie
» m'ayder à trouver celle de servir à vostre avancement, et suis
» de toute mon ame vostre affectionné amy,   LESDIGUIÈRES.
» De Grenoble, ce 20 avril 1598. »

On sait que c'est en puisant les élémens de son *Histoire du Dau-phiné* dans la lecture attentive des actes originaux, que le pré-sident de Valbonnays est parvenu à donner aux faits dont il nous a retracé le souvenir une si rigoureuse exactitude ; méthode dont on reconnaît l'indispensable nécessité toutes les fois que l'on met en parallèle les récits transmis par les compilateurs avec les textes contemporains. Ainsi, les annalistes de l'église d'Embrun, le P. Fornier et l'abbé Albert, fixent à l'année 1311 l'avénement au siége archiépiscopal d'Embrun de Jean, qu'ils désignent tantôt sous le nom de Jean Dupuy, tantôt sous celui de Jean de Gas-cogne, et sur l'origine duquel ils avouent n'avoir pas de renseignemens. Cette incertitude est tranchée par le contrat de mariage de Pierre de Crouy-Chanel, du 9 décembre 1308, avec Agnès de Sassenage, dans lequel figure parmi les témoins *Jean de Crouy-Chanel, archevêque d'Embrun.* Il est donc d'une haute importance, si l'on veut parvenir à la découverte de la vérité historique, de rechercher et de produire à la lumière les documens officiels du passé. Sous ce rapport, nous ne saurions trop engager les personnes qui ont retrouvé les pièces dont nous avons bien superficiellement fait connaître la valeur, à les coordonner et à les livrer à la publicité. Des considérations respectables, lorsqu'elles sont dégagées des préoccupations de l'amour-propre, doivent, ce nous semble, les inviter à accueillir cette pensée : n'est-ce pas un devoir pieux de ne pas laisser tomber en oubli la mémoire de ses pères ? Un autre motif, non moins impérieux, puisqu'il émane d'un sentiment patriotique, ne sera pas sans influence sur leur détermination : possesseurs de matériaux de nature, par leur originalité, leur précision et leur importance, à répandre de vives lumières sur les annales de notre province, les révéler serait faire acte de bon citoyen.

BIBLIOGRAPHIE.

Lyon ancien et moderne, par les collaborateurs de la *Revue du Lyonnais*, sous la direction de LÉON BOITEL, avec des gravures à l'eau forte et des vignettes sur bois, par H. LEYMARIE. Lyon, Boitel, 1838, in-8°.

Écrire l'histoire des monumens, c'est peindre le génie, les appréciations et les sentimens des générations qui les ont élevés, et révéler toutes les conditions d'art sous l'influence desquelles elles ont vécu : c'est la manière la plus saisissante de dérouler les annales de l'humanité sous leurs aspects les plus pittoresques. Depuis quelques années les études architectoniques ont fait de véritables progrès; les investigateurs n'ont plus borné leurs recherches à la contemplation sèche et sans philosophie des formes, ils ont pénétré dans le sens intime de l'art, et révélé les idées créatrices qui ont inspiré ses œuvres. Le résultat de cette méthode large et féconde, lorsqu'on fera l'application de ses principes à la description des monumens que l'art à semés avec tant de profusion sur le sol national, sera d'offrir le tableau philosophique de toutes les richesses que la patience et le génie de tant de siècles ont léguées à la France.

En attendant que puisse s'accomplir une œuvre si vaste par ses idées d'ensemble et la variété de ses détails, une foule de savantes monographies viennent chaque jour jeter de vives clartés sur des trésors jusqu'alors inexplorés ou étudiés sans critique et sans intelligence. Les travaux de MM. de Caumont, Batissier, Jules Renouvier, du Mège, Didron, Langlois, Mallay, et d'une foule d'autres artistes, prouvent combien est opulent et inépuisable le domaine historique de l'architecture nationale. Parmi les travaux de ce genre qui viennent d'être entrepris avec la plus louable émulation, il y a justice à signaler à l'attention publique celui qui, sous le titre de *Lyon ancien et moderne*, se produit actuellement sous la direction de M. Boitel.

Lyon est une des villes du royaume qui offrent aux recherches de l'archéologue et au crayon de l'artiste la série la plus complète de monumens nés de la période romaine, du moyen-âge et de l'ère moderne : ajoutons aussi, qu'ayant été le théâtre de nombreux événemens, ils ouvrent la voie à des développemens historiques d'un grand intérêt. Ces sous ces trois aspects que M. Boitel a conçu le plan de l'ouvrage, dont le succès se place sous le patronage de ses concitoyens et des amis des arts. Afin de le faire apprécier avec plus de justesse, il ne sera pas inutile d'exposer en quelques mots ses principales divisions.

Lyon ancien et moderne formera trois volumes in-8°, illustrés de vignettes sur bois entremêlées dans le texte et de gravures sur cuivre détachées; il se divisera en deux parties, la première consacrée à l'histoire des monumens civils et religieux, la seconde à la chronique des faits et des événemens remarquables qui se réfèrent à l'histoire littéraire, biographique et civile de Lyon. Une œuvre de ce genre, distribuée par ordre alphabétique, admettait nécessairement le concours de plusieurs plumes, dont la collaboration est cependant ramenée à l'unité sous la direction de M. Boitel. Enfin, cet ouvrage, qui réunit au luxe de l'exécution matérielle le mérite de la science et de l'érudition la plus judicieuse, se présente avec les caractères d'une opportunité d'autant plus frappante, que la cité dont il évoque les illustrations a été naguère, de la part de quelques écrivains de la capitale, l'objet de dédains littéraires d'une remarquable fatuité.

Les premières livraisons de cette publication renferment les souvenirs historiques des abbayes d'Ainay et de Saint-Pierre, de l'Antiquaille, de l'Archevêché, et des recherches sur les anciens aqueducs. Toutes ces notices, dont les matériaux sont puisés aux meilleures sources, retracent avec une grande fidélité la filiation des événemens. La notice sur l'abbaye et l'église d'Ainay nous montre les ruines du paganisme servant de berceau au culte naissant du christianisme, et nous fait assister à toutes les vicissitudes de grandeur et de décadence qui agitèrent l'existence de la puissante abbaye pendant les fluctuations et les déchiremens du moyen-âge, et les violences des guerres civiles du XVIe siècle; puis, lorsque l'annaliste a épuisé les ressources de sa chronique, vient l'artiste qui nous dévoile les divers âges du monument, et raconte toutes les secrètes beautés de sa construction. La description de l'abbaye de Saint-Pierre est achevée sous la plume élégante de M.lle Dubuisson, et M. Pommet a traité avec beaucoup de soin ce qui concerne l'*Antiquaille*. Si les livraisons suivantes présentent les mêmes caractères de consciencieuse exécution, la publication de *Lyon ancien et moderne* fera le plus grand honneur aux lumières, au goût et au patriotisme de M. Boitel et de ses collaborateurs.

NOTICE

HISTORIQUE ET LITTÉRAIRE

SUR

J.-P. MORET DE BOURCHENU DE VALBONNAYS

PREMIER PRÉSIDENT DE LA CHAMBRE DES COMPTES DE DAUPHINÉ.

LA vie des hommes qui se sont voués, dans le silence de la retraite, aux études et aux travaux littéraires, utiles, sans doute, mais sans éclat et sans bruit, présente rarement des particularités qui sortent de la sphère des choses ordinaires du monde. Appliqués sans relâche et avec amour au culte pacifique de la science et des lettres, étrangers aux passions violentes et turbulentes, dont le germe est étouffé dans leur cœur par les tranquilles sollicitudes de l'esprit, ils consacrent exclusivement leur activité intellectuelle aux recherches de l'érudition et de la science; de sorte que leur existence, se répandant peu au dehors, est restée modestement cachée dans l'ombre. Cela était vrai surtout autrefois, avant que les besoins de la vie publique n'eussent acquis le développement que leur a donné la rénovation des mœurs modernes, avant surtout que le poison dévorant des passions politiques ne se fût glissé dans toutes les ames, pour les tourmenter incessamment des incitations de l'amour-propre et de l'ambition. Voilà pourquoi l'histoire littéraire nous a transmis si peu de détails sur la vie privée de la plupart des écrivains qui ont brillé en France avant la révolution de 1789 ; telle est la cause qui n'a pas laissé venir jusqu'à nous les particularités biographiques qui se rattachent à la vie de l'écrivain et de l'homme distingué sur l'existence et les travaux duquel nous allons cependant réunir quelques matériaux.

Jean-Pierre Moret de Bourchenu, marquis de Valbonnays, premier président de la chambre des comptes de Dauphiné, naquit à Grenoble le 23 juin 1651. Son père était doyen du parlement de Dauphiné, et sa mère, Philippe-Béatrix-Robert de Saint-Germain, appartenait à une famille distinguée de la province. Il fit ses études à Notre-Dame-de-Grâce en Forêts, au collége des Pères de l'Oratoire, et ses succès furent assez rapides pour qu'à l'âge de quatorze ans, c'est-à-dire en 1665, il fût en état de soutenir des thèses générales de philosophie. Ce n'était pas là sans doute un phénomène, car les particularités de ce genre ne sont pas rares dans les annales scholaires et sont peu significatives ; cependant c'était un indice de l'aptitude et surtout de l'amour de l'étude qui brillaient éminemment dans le jeune Valbonnays.

Les études de son fils terminées, M. de Bourchenu eut la sagesse de ne pas flétrir prématurément cette jeune et fraîche intelligence, en la condamnant à l'aridité et aux arguties des études du droit : il eut la prudence de ne pas imposer brusquement à son fils une direction contraire peut-être à ses goûts et à son aptitude, avant que son jugement n'eût acquis assez de maturité pour faire un choix avec discernement ; mais, consultant ses secrètes inclinations, il lui permit de voyager pendant quelques années.

Parti à l'âge de seize ans, sous le patronage de quelques amis de sa famille, Valbonnays visita l'Italie avec l'ardeur de voir et de connaître, mais aussi avec l'empressement d'apprendre avec fruit et de juger avec maturité. Il ne chargea pas son journal de superfluités et d'observations frivoles ; il y consigna les remarques que lui suggérèrent l'étude des arts et l'observation des hommes, et dans un âge plus avancé, il se plaisait à dire que ce premier essai qu'il fit de formuler ses pensées naissantes ne lui était pas inutile dans la composition de ses derniers travaux. Pendant un séjour de six mois à Rome, il fit une étude approfondie de l'antiquité et de la théorie de l'art, et continua successivement ses observations à Naples, à Bayes, à Cumes, à Pouzolles, à Bologne, et enfin à Venise, où il résida pendant plusieurs mois auprès de l'ambassadeur de France, M. de Saint-André, premier président du parlement de Grenoble, compatriote et ami de son père. Le premier président se plut à le produire dans le monde et à le mener à sa suite dans toutes les cérémonies publiques. Ce fut dans une de ces cérémonies, où le premier président ayant avec éclat pris le pas sur le marquis de Fuentes, ambassadeur d'Espagne, qui lui disputait la préséance, que le jeune Valbonnays eut occasion de faire éclater la vivacité de ses impressions et de son caractère. Hamelot de la Houssaye, qui nous a transmis cet épisode avec beaucoup de détails, met en scène, sans le nommer, un jeune Français attaché à l'ambassadeur. Les contemporains de M. de Valbonnays ont toujours cru qu'il s'agissait de lui dans cette circonstance. Laissons parler Hamelot :

« En 1669, le président de Saint-André ayant rencontré le
» marquis de la Fuente, ambassadeur d'Espagne, dans l'église des
» Jésuites, qui les avoient invités tous deux à la célébration de
» la fête de Saint François-Xavier, le marquis, qui étoit arrivé
» le premier, se mit à la tête du banc, et y fit avancer sa chaise
» et ses carreaux, pour montrer qu'il y vouloit tenir la première
» place. Ce banc étoit rangé près du grand autel, du côté de
» l'évangile. Il y falloit aller par le balustre dont il étoit enfermé,
» ou par la sacristie, qui est derrière le grand autel. On y alla
» par la sacristie, parce que, entrant par ce côté-là, on se trouvoit
» au-dessus du marquis, sans faire aucune violence. Il ne restoit
» plus qu'à entrer dans le banc, dont le marquis tenoit le haut

» bout; mais comme il falloit pour cela qu'il reculât volontai-
» rement, ou qu'on l'y forçât, un secrétaire, qui accompagnoit
» le président, s'avisa d'un expédient assez naturel : ce fut de
» tirer le banc du côté de la porte de la sacristie, par où M. de
» Saint-André, qui ne se remuoit point, non plus que s'il eût
» été de marbre, se trouva dans le banc sans y entrer, et les
» carreaux de velours du marquis espagnol devant lui, comme
» si c'eût été pour lui qu'on les eût mis. Il s'y mit à genoux,
» sans faire semblant de savoir qu'ils appartenoient au marquis,
» lequel ne sachant plus quelle contenance tenir, se mit pareille-
» ment à genoux à côté de M. de Saint-André, auprès de qui il
» paroissoit un nain, non-seulement parce qu'il étoit petit, mais
» encore parce qu'il n'avoit point de carreau. Peu de temps après,
» on apporta à M. de Saint-André un grand fauteuil que l'on
» planta au-dessus de la chaise du marquis, où, par modestie,
» il ne s'étoit point assis. Alors il se levèrent et s'assirent tous
» deux, et s'entretinrent ensemble aussi amiablement, en appa-
» rence, que s'ils eussent été l'un et l'autre également contents.
» Et cela dura jusqu'à ce que le prêtre vînt à l'autel [1]. »

De retour en France, le jeune Valbonnays médita de nouveaux
voyages, et surtout celui de Paris; mais il trouva dans sa famille
une si opiniâtre résistance, que, désespérant de la vaincre, il
partit clandestinement un matin sur un cheval d'emprunt, avec
le peu de ressources qu'il avait économisées sur ses plaisirs.
Arrivé à Paris, il écrivit à son père et réclama des secours qu'il
n'était plus possible de lui refuser, mais qui lui furent accordés
sous la condition expresse qu'il serait de retour à Grenoble dans
trois mois. L'argent reçu, Valbonnays ne pensa plus qu'à satisfaire
sa passion pour les voyages. Vers la fin de l'année 1671, il passa
en Flandre et en Hollande, dont il visita les principales villes, et

---

[1] *Mémoires historiques, politiques, critiques et littéraires*, par HAMELOT
DE LA HOUSSAYE. Amsterdam, 1731, tome I, pag. 103 et suiv.

de là en Angleterre, où fort heureusement il trouva un asyle auprès du comte de Canaples, dernier duc de Lesdiguières, que quelques mécontentemens tenaient éloigné de la cour de France. Le duc, charmé d'accueillir un gentilhomme de sa province, s'empressa de le produire avec distinction à la cour de Charles II.

Enivré de ce succès inattendu, qui, en flattant son amour-propre, donnait des excitations à son courage naturel, Valbonnays s'étant trouvé à la suite de Charles II, lorsque ce prince alla visiter à la rade de Portsmouth sa flotte qui, de concert avec celle de France, avait ordre d'aller chercher les Hollandais jusque sur leurs côtes, sollicita la faveur d'être admis sur l'amiral ou le vice-amiral, pour être spectateur du combat que les conjonctures rendaient certain. Le duc d'Yorck refusa de le recevoir sur son bord, parce qu'il y eût été trop exposé, et milord Sandwick, qui montait le vice-amiral, s'en défendit aussi par la même raison, mais il lui procura une place sur un des vaisseaux de sa suite, où il courût bien moins de dangers. En effet, le 6 juin 1672, Ruyter, amiral de l'escadre hollandaise, profitant du vent favorable, attaque avec impétuosité les deux escadres française et anglaise qui étaient à l'ancre dans la baie de Soults-Bay, à une grande distance l'une de l'autre, et mouillées trop près de la côte pour pouvoir se dégager promptement de cette mauvaise position, et les met en désordre. Le duc d'Yorc fut obligé de changer trois fois de vaisseau, et celui de milord Sandwick, accroché par un brûlot, sauta en l'air avec tout son équipage. Ce spectable terrible fit une vive impression sur le jeune Valbonnays, et refroidit considérablement son enthousiasme belliqueux. Dégoûté des chances de la guerre, dont il n'avait été que le spectateur, il forma le dessein d'aborder d'autres combats, moins périlleux, mais non moins animés, ceux du barreau. Il fit un cours de droit à Paris, suivit exactement le palais, où il analysait les causes importantes, se répandit dans le monde littéraire, et obtint l'accès des bibliothèques publiques et particulières. La passion dont il s'était épris pour l'étude des mathématiques lui avait fait prendre un logement auprès de celui de M. Ozanam, laborieux mathématicien, afin de mieux profiter des leçons de ce professeur célèbre [1].

Ses études de droit terminées, Valbonnays revint à Grenoble, où son père lui remit, en 1677, sa charge de conseiller au parlement. Sa nouvelle profession ne l'attacha pas exclusivement aux laborieuses et arides contemplations de la jurisprudence, dont les formules barbares et pédantesques excitèrent toujours en lui de la répulsion. Magistrat intègre, éclairé et érudit, le vocabulaire étrange de la chicane et les longueurs éternelles de l'audience l'effrayaient; il aurait pu dire comme Montesquieu se plaisait à le répéter : « Je comprenois assez les questions en elles-mêmes; » mais quant à la procédure, je n'y entendois rien. Je m'y suis » pourtant appliqué; mais ce qui m'en dégoûtoit le plus, c'est » que je voyois à des bêtes le même talent qui me fuyoit pour » ainsi dire [2]. » Avec cette disposition d'esprit, les passions littéraires de Valbonnays se réveillèrent avec plus d'activité : les historiens et les poètes de l'antiquité grecque et latine devinrent sa lecture favorite; Horace surtout, dont sa mémoire s'était ornée avec une rare fidélité, l'accompagnait dans tous ses voyages. Il ouvrit aussi sa maison aux hommes studieux, et forma des conférences où se débattaient des questions d'histoire et de littérature. Enfin, son goût pour les mathématiques s'étant réveillé avec plus d'ardeur, de concert avec un de ses collègues, M. Roche, conseiller

---

[1] Jacques Ozanam, né en 1640, à Bouligneux, dans la principauté de Dombes, mort à Paris le 3 avril 1717. Ce mathématicien distingué a laissé plusieurs ouvrages, dont le meilleur est le *Traité des lignes de premier genre, de la construction des équations, etc.* (Paris, 1687, in-8°); « ouvrage par » lequel il servit utilement les mathématiques, dit Montucla. S'il eût suivi » cette carrière, il se seroit fait une réputation plus solide; mais il lui falloit » vivre, et pour cela travailler à des ouvrages d'un débit plus courant. » (*Histoire des Mathématiques*, tome II, page 168.)

[2] Montesquieu, *Pensées diverses.* Édit. de Lefèvre; Paris, 1820, tome V, page 250.

au parlement, il fit venir à Grenoble M. Ozanam et le conserva pendant deux ans auprès de lui. L'application constante avec laquelle il se livra à l'étude des sciences exactes ne fut pas étrangère à l'affaiblissement de sa vue qui devait être paralysée peu d'années après.

En 1690, les travaux judiciaires de M. de Valbonnays prirent une direction plus en harmonie avec ses goûts, qui l'avaient toujours porté aux recherches historiques. La charge de premier président à la chambre des comptes étant devenue vacante, il obtint l'agrément du roi pour la remplir, et les services qu'il rendit dans ces nouvelles fonctions lui valurent, en 1696, un brevet d'honneur de conseiller d'état.

L'affaiblissement de sa vue faisait chaque jour des progrès, malgré les soins des plus célèbres oculistes qu'il était allé consulter à Paris; en 1701 il était complétement aveugle. Cet accident, si terrible par l'isolement dans lequel il jette la personne qui en est frappée, n'abattit pas son courage; dans son humeur philosophique, il se persuada qu'il le supporterait plus aisément avec la liberté du célibat, et il renonça pour toujours aux projets de mariage qu'il avait nourris jusqu'alors. Ses études prirent aussi une direction plus suivie : moins distrait par les objets extérieurs, son imagination, naturellement vive, se porta avec plus d'ardeur vers le but de ses méditations, et son jugement acquit une maturité qui fut le résultat des propres réactions qu'il était obligé de faire sur lui-même. Contraint de faire ses lectures par des organes étrangers, il en recueillit avec plus de fruit la substance, et enrichit sa mémoire d'une foule de connaissances acquises, dont il a fait usage avec une étonnante exactitude dans tous ses ouvrages d'érudition. Sa conversation, fécondée par l'activité de son imagination et la solidité de sa raison, eut aussi plus de charmes et d'entraînement. Enfin, jaloux d'être toujours le centre du mouvement intellectuel de sa ville natale, il rassembla dans sa maison toutes les ressources que l'art peut offrir aux personnes de goût pour les captiver. Trois fois la semaine, des concerts réunissaient dans ses salons l'élite de la société, et les conférences littéraires, dont il était l'ame, devinrent plus fréquentes et surtout plus instructives.

Ce fut au milieu de ces nobles délassemens de l'esprit et de ces savantes occupations que Valbonnays réunit les matériaux des ouvrages dont il avait médité le plan depuis plusieurs années. L'étude des documens historiques de la province, la connaissance particulière qu'il avait acquise, dans l'exercice de ses fonctions, des titres et des actes paléographiques déposés aux archives de la chambre des comptes, l'examen des cartulaires, lui avaient fait concevoir le dessein d'écrire les annales du Dauphiné ; projet immense, puisqu'il s'agissait de créer et d'asseoir sur des bases nouvelles un système historique entier, de combattre et de renverser, à l'aide des témoignages authentiques du passé, les opinions qu'avait accréditées l'annaliste peu judicieux de la province, Nicolas Chorier ; projet bien propre à exciter quelque étonnement, quand on songe que celui qui se chargeait de son exécution était privé de l'organe dont le secours devait le guider dans la recherche matérielle et la critique diplomatique des matériaux sur lesquels reposaient ses investigations.

Tels furent les élémens scientifiques qui servirent à M. de Valbonnays à coordonner l'important ouvrage qu'il livra à la publicité en 1711, sous le titre de *Mémoires pour servir à l'histoire de Dauphiné sous les Dauphins de la maison de la Tour-du-Pin* [1]. Sans avoir égard ici, pour apprécier le mérite scientifique de cette publication, à la condition tout exceptionnelle dans laquelle se

---

[1] *Mémoires pour servir à l'histoire de Dauphiné sous les Dauphins de la maison de la Tour-du-Pin*, où l'on trouve tous les actes du transport de cette province à la couronne de France, avec plusieurs observations sur les usages anciens et sur les familles : le tout recueilli des registres de la chambre des comptes et de divers cartulaires de la même province. Paris, Imbert de Bats, imprim.-libr., 1711, in-f.° de IX-VI-22-681 et 20 pag.

trouvait M. de Valbonnays, phénomène que nous avons vu de nos jours reproduit par deux hommes si considérables, le président Henrion de Pensey et M. Augustin Thierry, jetons un regard rapide sur le résultat des investigations historiques exécutées dans le domaine des annales de la province de Dauphiné, à l'avénement de l'œuvre de Valbonnays. L'histoire de la province n'avait été jusqu'alors explorée que par un seul écrivain, Nicolas Chorier, car il ne faut pas mettre en ligne de compte la chronique fabuleuse et d'ailleurs inédite du vieil Aymar du Rivail[1]; et de quelle manière Chorier avait-il rempli la mission si difficile qu'il avait embrassée? Venu à une époque où la critique historique avait encore fait peu de progrès, imbu des erreurs dont Annius de Viterbe avait, avec tant d'audace, falsifié la chronologie, dominé par des idées arrêtées d'avance qui devaient l'égarer dans ses recherches, Chorier, malgré la reconnaissance que méritent ses travaux créateurs, n'avait apporté dans ses appréciations, il faut bien le reconnaître, ni élévation d'intelligence, ni saines interprétations des monumens du passé, et quelquefois avait manqué de sincérité. L'amour-propre national, poussé jusqu'à l'aveuglement, lui avait fait substituer à l'authenticité des textes des conjectures sans autorité, afin de reculer, par une vanité puérile, au-delà des bornes fixées par les actes, les événemens qu'il racontait et l'antiquité des races dont il déroulait la filiation. Peu scrupuleux sur le choix et surtout sur la vérification exacte des pièces dont il faisait usage, souvent il les violentait au gré de ses systèmes; méconnaissant aussi les élémens constitutifs des vieux âges qu'il mettait en scène, les tableaux qu'il traçait des mœurs et des institutions antiques étaient dépourvus de vérité; enfin, imitateur inhabile des historiens italiens de la renaissance des lettres, il infestait ses récits de déclamations philosophiques

---

[1] AYMARI RIVALLII, *De Allobrogibus*. Ms. de la bibliothèque du roi, in-4°, N.° 6014.

et des superfluités de mauvais goût d'un style emphatique. Aussi Valbonnays, frappé, avec raison, de cette méthode vicieuse d'écrire l'histoire, a-t-il placé en tête de son livre ces judicieuses réflexions : « Ceux qui ont écrit l'histoire de Dauphiné y ont
» apporté si peu de discernement et d'exactitude, qu'on peut
» regarder leurs ouvrages comme un tissu de faits sans ordre et
» sans preuves, et dont le peu de liaison rend presque toujours
» la foy de l'auteur suspecte. Avec des guides si peu sûrs, on ne
» marche qu'avec crainte de s'égarer. Les erreurs où ils sont
» tombés donnent lieu à tous moments de se défier de quelque
» surprise. Parmy les défauts que l'on remarque dans leurs écrits,
» on ne peut assez blâmer l'affectation vicieuse de former sur
» chaque événcment des raisonnements politiques qui interrom-
» pent mal à propos le fil du discours, et qui détournent la vue
» du sujet principal. C'est ainsi que le volume grossit aux dépens
» du lecteur, à qui des réflexions importunes font attendre long-
» temps ce qu'il désire le plus de sçavoir. Mais on doit encore
» moins pardonner à ces auteurs la liberté qu'ils se donnent de
» débiter leurs conjectures pour des vérités constantes, et de
» suppléer par des faits imaginaires à ce que l'histoire peut avoir
» de défectueux. Ils substituent partout leurs idées aux connois-
» sances qui leur manquent, et déterminent suivant leur préven-
» tion ce qui leur paroît obscur ou douteux dans les sujets qui
» se présentent. Ce n'est pas dans ces dispositions qu'il faut écrire
» l'histoire : la principale attention doit être de ménager la con-
» fiance du lecteur, de le conduire toujours par des voies sûres,
» et de luy rendre compte à tous moments de la route qu'on luy
» fait tenir. La témérité n'est jamais heureuse en ce genre
» d'écrire, où l'auteur doit être dans une continuelle retenue.
» Il est responsable de ce qu'il avance; il est de plus le garant
» des témoignages qu'il produit : c'est une obligation qu'il a con-
» tractée envers le public, lorsqu'il s'est chargé de l'instruire des
» choses passées. La foy qu'il en exige ne l'engage pas seulement

» à une critique exacte des faits qu'il rapporte, mais aussi des
» sources d'où il les tire [1]. »

Ces règles, si sagement tracées, furent fidèlement exécutées
par leur auteur. A ses yeux, la version de l'historien n'était pas
une garantie suffisante de la vérité ; le témoignage même des
écrivains contemporains ne lui semblait pas à l'abri de la critique,
mais il voulait encore que les récits fussent étayés d'actes originaux, afin que chaque fait fût accompagné de la pièce justifica-
tive qui devait démontrer sa véracité. C'est sous l'influence de
cette préoccupation que Valbonnays a fait usage dans ses *Mémoires
sur le Dauphiné* des titres originaux qu'il a tirés des archives de
la chambre des comptes de Grenoble.

Son travail se divise en deux parties principales. La première
renferme des dissertations savamment discutées, dans lesquelles
sont agitées et appuyées de preuves les questions les plus intéressantes de l'histoire du Dauphiné. Ainsi, il recherche d'abord
l'origine des Dauphins, et par le sage emploi qu'il fait des textes
tirés des cartulaires du XIe et du XIIe siècle, il renverse indirec-
tement le système échafaudé sans fondement par Chorier sur la
généalogie des princes souverains du Dauphiné. Dans les dissertations suivantes, il a réuni et coordonné une foule de documens
curieux mis en œuvre avec une rare sagacité et une profonde
connaissance du passé, sur l'administration, les formes et les
élémens législatifs de la justice, sur les droits, les priviléges de
guerre et les usages des armemens en guerre, sur les finances,
l'impôt, son assiette, sa répartition et sa recette, sur les officiers
et dignitaires seigneuriaux préposés aux fonctions judiciaires et à
la recette des droits féodaux. Vient ensuite un journal historique
de Humbert II, dernier Dauphin de Viennois, suivi d'un mémoire
sur l'état de la maison de ce prince; documens où abondent les
faits et les détails historiques. La seconde partie est un recueil de

---

[1] *Mémoires sur le Dauphiné*, loco supra, page iij.

titres par ordre chronologique, accompagnés de notes et de recherches sur les usages locaux, sur les familles principales de la province et sur les derniers Dauphins.

Lorsque parut cet ouvrage si plein de choses et si consciencieusement rédigé, les journaux savans répandus alors dans toute l'Europe littéraire lui firent l'accueil le plus flatteur, et s'empressèrent de l'analyser et de le recommander aux suffrages du public. Le journaliste hollandais Jean Le Clerc[1], les rédacteurs des *Mémoires de Trévoux*[2], les *Acta eruditorum* de Leipsik[3], furent unanimes dans les éloges qu'ils lui décernèrent : ils applaudirent surtout à l'excellente méthode qu'avait adoptée Valbonnays, de ne produire à la lumière aucun fait sans pièces authentiques à l'appui; système que dédaigne la frivolité des études modernes, et, d'ailleurs, dont on sent moins aujourd'hui le besoin, parce que tous les grands travaux préparatoires de l'histoire ont été accomplis, mais qui était indispensable à une époque où la science se trouvait dans une période de création et de criticisme.

A peine Valbonnays avait-il publié ses *Mémoires sur le Dauphiné*, qu'il conçut le dessein de les reproduire sur un plus vaste plan et dans un ordre chronologique plus méthodique, et pour arriver à ce but il entreprit de nouvelles recherches qui lui demandèrent onze années de travaux. Dans cet intervalle, beaucoup d'autres productions de moins longue haleine, mais qui toutes sont une preuve de son érudition et de la variété de ses connaissances, émanèrent de sa plume. Ces diverses productions sont presque toutes insérées dans les journaux scientifiques qui s'honoraient de la collaboration de Valbonnays; elles traitent des questions

---

[1] *Bibliothèque ancienne et moderne*, par JEAN LE CLERC. Amsterdam, 1719, tome XII, pag. 320 et suiv.

[2] *Mémoires pour l'histoire des sciences et des beaux-arts.* Trévoux, octobre 1711, pag. 1741 et suiv.

[3] *Acta eruditorum.* Lipsiæ, 1712, pag. 491 et suiv.

académiques agitées dans les controverses des gens de lettres avec lesquels le premier président de la chambre des comptes de Dauphiné entretenait un commerce épistolaire régulier. La première de ces productions est une *Histoire abrégée de la donation du Dauphiné*, que Valbonnays rédigea en 1712 [1]; précis exact, mais sans importance historique, et que l'auteur sans doute n'avait pas destiné à publicité.

En 1715, une question plus grave vint réclamer les méditations de Valbonnays. Par l'article 10 du traité d'Utrecht, du 11 avril 1713, le roi de Prusse avait renoncé, tant pour lui que pour ses héritiers, à tous ses droits sur la principauté d'Orange, en faveur du roi de France. Il s'agit alors d'unir cette principauté à la Provence ou au Dauphiné, qui la réclamaient, ou de l'ériger en province; mais la question fut tranchée, par un édit du roi du mois de décembre 1714, en faveur du Dauphiné, au ressort administratif et judiciaire duquel elle fut unie. Les habitans de la principauté d'Orange s'élevèrent contre cette union, et ses judicatures surtout refusèrent de reconnaître la juridiction du parlement et de la chambre des comptes de Grenoble. Valbonnays se rendit alors l'organe des prétentions du Dauphiné, et dans un mémoire qu'il fit paraître à cette occasion [2], il démontra, à l'aide

---

[1] *Histoire abrégée de la donation du Dauphiné, avec la chronologie des princes qui ont porté le nom de Dauphins, jusqu'en* 1766; dans le *Recueil de pièces intéressantes pour servir à l'histoire de France, et autres morceaux de littérature trouvés dans les papiers de M. l'abbé de Longuerue.* Genève, 1769, in-12, pag. 237 et suiv. — Une note placée au bas de la page 251 apprend que ce précis a dû être composé par Valbonnays en 1711 ou au commencement de 1712, puisqu'il se termine au duc de Bourgogne mort en 1712. On voit aussi dans la préface du même recueil que ce précis fut trouvé parmi les collections manuscrites de Longuerue, qui sans doute se l'était procuré de Valbonnays, qui ne le destinait pas à l'impression.

[2] *Mémoire pour établir la juridiction du parlement et de la chambre des comptes de Dauphiné sur la principauté d'Orange, avec les preuves, depuis l'an* 1105 *jusqu'en* 1569. Grenoble, Giroud, 1715, in-fol., 29 pag. de texte et 35 de preuves.

de titres anciens et de rapprochemens historiques, la légitimité des droits du roi sur la principauté d'Orange et la légalité de la juridiction du parlement et de la chambre des comptes de Grenoble sur les judicatures annexées. Mais il faut convenir que, dans cette circonstance, la discussion de Valbonnays manque un peu de solidité, et laisse trop apercevoir les préoccupations sous l'influence desquelles il plaidait dans l'intérêt de l'autorité royale et de sa propre cause, puisqu'il soutenait les prétentions de la compagnie dont il était le chef.

Après avoir consacré sa plume, dans le mémoire dont il vient d'être question, au triomphe des intérêts parlementaires de la province, Valbonnays reprit le cours de ses études littéraires. L'archéologie avait toujours eu pour lui beaucoup d'attraits; il en avait puisé les élémens dans Gruter, dans Spon et dans les meilleurs interprètes allemands et italiens des mystères de l'antiquité, et il aimait à faire l'application des connaissances qu'il avait acquises sur cette matière et à exercer le sens presque divinateur qu'exige ce genre de recherches, en résolvant les problèmes que lui présentaient les monumens anciens. Ainsi, en 1714 et en 1715, on le voit discuter dans plusieurs mémoires insérés dans le *Journal de Trévoux* [1] le sens d'une inscription funéraire con-

---

[1] *Première lettre de M. de Valbonnays, premier président de la chambre des comptes de Grenoble, à un de ses amis, sur une inscription découverte à Lyon, depuis peu;* dans les *Mémoires pour l'histoire des sciences et des beaux-arts.* Trévoux, mai 1715, page 737. (Cette lettre est datée de Grenoble, 1er décembre 1714.) — *Seconde lettre de M. de Valbonnays sur l'inscription trouvée à Lyon, où l'on établit la distinction de deux espèces de gladiateurs dans la même personne qui fait le sujet de l'épitaphe, pour servir d'éclaircissements aux difficultés proposées dans une dissertation envoyée à Lyon avec quelques remarques sur le mot* ASSIDARIUS. Grenoble, 20 février 1715. Dans le même recueil, juin 1715, pag. 1024 et suiv. — *Troisième lettre de M. de Valbonnays, où l'on examine le sentiment proposé sur la formule* SUB ASCIA, *et où l'on apprécie par de nouvelles raisons la conjecture d'un ancien auteur sur le même sujet. On relève à cette occasion une erreur de M. Perrault dans sa traduction de Vitruve.* Grenoble, 12 mars 1715. Même recueil, juin 1715, pag. 1034 et

sacrée à la mémoire d'un gladiateur, donner sur la condition sociale de cette classe d'individus des particularités de mœurs curieuses, présenter sur la forme logique de l'inscription des observations émanées d'une grande habitude du style lapidaire, et enfin interpréter la formule *sub ascia*, qui a été parmi les antiquaires l'objet de tant de controverses. Dans une lettre adressée à M. Bon, premier président de la cour des aides à Montpellier, il traite encore de quelques points d'archéologie [1]. Dans une dissertation spéciale à l'histoire de la province, il résout une difficulté de géographie expliquée jusqu'alors en sens divers par une foule d'érudits [2]. Il s'agissait de savoir où devait se trouver

suiv. — *Nouveaux éclaircissements donnés par M. de Valbonnays sur le sens de l'épitaphe, au sujet de la différente situation du point entre les lettres* R V *et* I *observée dans la figure envoyée de Lyon en dernier lieu.* Dans le même recueil, juin 1715, pag. 1058 et suiv. — Les dissertations de Valbonnays donnèrent lieu à une discussion scientifique, à laquelle prit part, entre autres, M. Laisné, de Lyon, dont le mémoire est inséré dans le recueil déjà cité, juin 1715, pag. 1047 et suiv.

[1] *Lettre de M. de Valbonnays à M. Bon, premier président de la cour des aydes de Montpellier, sur un article des Mémoires du mois de juillet* 1715, dans les *Mémoires pour l'histoire des sciences et des beaux-arts.* Trévoux, décembre, 1716, pag. 2226 et suiv.

[2] *Dissertation sur le lieu de la découverte d'Épone, où a été tenu un concile de ce nom,* dans le même recueil, février 1715, pag. 232 et suiv. — Le nombre de dissertations qu'a fait éclore cette question est fort considérable, et il serait trop long de les énumérer. Il est inutile de dire qu'elles sont toutes contradictoires, et que chaque érudit qui a pris la plume à ce sujet a reven-diqué pour lui seul la découverte de la vérité. Ainsi, Chifflet place Épaone à Nyon, sur le lac de Genève; Disdier le voit près de Vienne; Sébastien Briguet prétend que c'est Épenassez, dans la paroisse de Saint-Maurice en Valais; Rivaz le met ailleurs; Annet de Perouse, évêque de Gap, prétend que c'est Albon dans le Viennois; tandis que Papyre Masson veut que ce soit Agaune dans le Valais. L'abbé de Longuerue prouve que c'est Yenne dans le diocèse de Belley; Baillet affirme que ce ne peut être que Ponas près de Vienne; de Valois croit que c'est Albon; Menestrier et Pernetty soutiennent que c'est Yenne; Chalvet affirme que c'est Anneyron dans le diocèse de Vienne; quelques-uns disent que ce n'est rien moins que Pamiers; d'autres émettent des avis en opposition avec tous ceux dont il vient d'être question;

le lieu désigné sous le nom d'*Épaone*, où se tint un concile en
517. Après avoir exposé et combattu les opinions contraires
émises à ce sujet, il fixe Épaone près de Vienne, et il fait résulter
son sentiment du témoignage de cartulaires anciens, de diplômes
royaux et de diverses pièces diplomatiques.

L'année suivante, la neuvième satire d'Horace, dans laquelle
il est parlé du trentième sabbat des Juifs, lui fournit la matière
d'une importante discussion sur la chronologie des annales juives,
dont l'exactitude dépend de l'attribution et de l'interprétation que
l'on doit faire du passage d'Horace [1].

Enfin, en 1717, il rédige et livre à la publicité une *Généalogie
de la maison de la Tour-du-Pin justifiée par titres* [2]. Cet ouvrage,
qui ne se recommande par aucun titre littéraire, a du moins le
mérite d'avoir été le fruit de recherches consciencieuses exécutées
avec cette rigoureuse exactitude dont se piquaient peu les histo-
riographes et les généalogistes. Les énonciations qu'il renferme
soulevèrent une polémique assez vive entre son auteur et le
savant Baluze. Valbonnays ne faisait remonter la maison de la
Tour-du-Pin qu'à l'année 1105, et il fondait son opinion sur
l'absence de documens authentiques dont le témoignage aurait
pu donner à cette famille une antiquité plus reculée : Baluze,

---

tous enfin prouvent qu'avec un peu de bonne volonté et un peu d'érudition il
est facile de tirer d'une question que son obscurité rend élastique, les conjectures les plus savamment contradictoires ; le tout pour le plus grand profit
de la science.

[1] *Nouvelle explication d'un endroit de la neuvième satire d'Horace, où il
est parlé du trentième sabbat des Juifs*, dans les *Mémoires pour l'histoire des
sciences et des beaux-arts*. Trévoux, avril 1716, pag. 703 et suiv.

[2] *Mémoire pour servir à l'histoire du Dauphiné. Généalogie de la maison
de la Tour-du-Pin justifiée par titres*. Paris, 1717, in-fol. de 61 pag. — *Le
Journal des Sçavants*, édition in-4°, année 1717, page 269, annonce cet
ouvrage. Cette généalogie a été réimprimée avec les lettres de MM. Baluze et
Valbonnays, dans l'*Histoire de Dauphiné*, par VALBONNAYS. Genève, Fabri
et Barillot, 1722, 2 vol. in-fol., tome I, pag. 153 à 223.

au contraire, avait adopté et développé dans son *Histoire généalogique de la maison d'Auvergne*[1] le système de Chorier qui, sur la foi d'un titre, dont il ne produisait pas l'original, établissait l'existence de la maison de la Tour-du-Pin en 1004[2]. Valbonnays a développé avec beaucoup de force et de raison, dans une lettre qu'il écrivit à Baluze le 30 mai 1717, les motifs qui lui faisaient suspecter la bonne foi de Chorier, surtout dans cette circonstance, où il s'était borné à transmettre à Baluze la copie informe du titre dont il lui avait promis, mais toujours en vain, de lui communiquer l'original; document qui, malgré toutes les recherches de Valbonnays, ne put jamais être découvert dans les archives de l'église dont il était prétendu qu'il faisait partie[3]. L'argumentation de Valbonnays fit crouler aux yeux des savans les assertions de Chorier, que Baluze avait à son tour adoptées[4].

---

[1] Étienne Baluze, né le 24 décembre 1630, à Tulle, mort à Paris le 28 juillet 1718. Ce savant peut être placé à côté des Mabillon et des Ducange. Il est un des hommes, dit Dupin, qui ont rendu le plus de services à la république des lettres, par son application continuelle à rechercher de tous côtés des manuscrits des bons auteurs, à les conférer avec les éditions, et à les donner ensuite au public avec des notes pleines de recherches et d'érudition. Personne n'était plus versé que lui dans la connaissance des manuscrits, des titres et des livres imprimés. Il savait à fond l'histoire ecclésiastique et profane, le droit canon ancien et moderne; il avait lu les Pères et écrivait bien en latin; il n'était point avare de ses richesses littéraires, les communiquait volontiers, et aidait de ses conseils et de sa plume ceux qui s'adressaient à lui. Son *Histoire généalogique de la maison d'Auvergne, justifiée par chartes, titres, anciennes histoires et autres preuves authentiques* (Paris, Dezallier, 1708, 2 vol. in-fol., dans laquelle se trouve développée sur l'antiquité de la maison de la Tour-du-Pin l'opinion combattue par Valbonnays, lui attira l'inimitié de Louis XIV, qui eut la petitesse d'ame de mortifier le cardinal de Bouillon, après sa sortie du royaume, en persécutant l'historien de sa famille.

[2] Chorier a émis cette assertion dans son *Histoire de Dauphiné abrégée pour Monseigneur le Dauphin* (Grenoble, Charuys, 1674, 2 vol. in-12), tome I, page 85 et suiv.

[3] La lettre de Valbonnays et celles de Baluze sont imprimées dans l'*Histoire du Dauphiné*, 1722, tome I, pag. 155 et suiv.

[4] Baluze avoue, dans la préface de son *Histoire généalogique de la maison*

Tous ces divers travaux d'érudition n'avaient pas détourné Valbonnays du cercle des recherches qu'il s'était imposées, dans le but de reproduire sur un plus vaste plan ses *Mémoires sur le Dauphiné*. Il y travaillait avec ardeur depuis plusieurs années, faisant fouiller par des commis les archives de la chambre des comptes, lorsqu'il reconnut la nécessité d'avoir recours à un collaborateur éclairé, pour classer les matériaux que sa cécité ne lui permettait pas de vérifier lui-même. Il se rendit alors à Paris, pour y consulter les gens de lettres avec lesquels il était en relation, sur le choix d'un collaborateur : les suffrages unanimes des savans lui désignèrent le sous-bibliothécaire du collége Mazarin, Lancelot, qui devait devenir bientôt un des plus doctes membres de l'académie des inscriptions et belles-lettres. Lancelot céda facilement aux instances de Valbonnays, parce que cette circonstance, en lui ouvrant l'accès de toutes les archives de la province de Dauphiné, qu'il pourrait explorer librement, favorisait ses goûts et promettait à ses recherches bien des découvertes historiques. Il suivit donc Valbonnays à Grenoble, où pendant cinq années il se consacra sans relâche à d'immenses investigations paléographiques. L'étroite amitié que la communauté de travaux littéraires forma entre ces deux hommes si dignes de s'estimer, suggéra à Valbonnays le dessein de déterminer Lancelot à se fixer auprès de lui, en lui faisant accepter une pension : la chambre des comptes, qui avait eu recours à son aptitude pour procéder au recolement et dresser l'inventaire des archives de Die, de Gap et de Valence, dont les évêchés avaient vaqué pendant son séjour à Grenoble, lui offrit aussi de lui faire une position hono-

---

de la Tour-d'Auvergne, que Chorier ne voulut jamais lui communiquer le titre original, dont Valbonnays a révoqué en doute l'authenticité, par le motif qu'il se réservait le mérite de le livrer lui-même à la publicité. Ce n'est que d'après une copie, que lui transmit Chorier, que Baluze l'a imprimé parmi les preuves de son *Histoire de la maison d'Auvergne*, tome II, page 476.

rable; mais de puissans motifs, qui le rappelaient à Paris, ne lui permirent pas d'accepter ces propositions [1].

De tous les matériaux recueillis et mis en ordre sous sa direction par Lancelot, Valbonnays ayant fait surgir un immense faisceau de faits historiques, ne tarda pas à leur donner dans une rédaction générale une distribution chronologique, et dès l'année 1722 il les livrait au public sous le titre d'*Histoire du Dauphiné et des Princes qui ont porté le nom de Dauphins* [2]. Cet ouvrage, accueilli avec plus de faveur encore que ne l'avait été l'édition de 1711, fut analysé dans la plupart des journaux scientifiques français et étrangers [3]. Quelques courtes observations

[1] *Éloge de Lancelot*, par DE BOZE, dans les *Mémoires de l'Académie des inscriptions et belles-lettres*, tome XVI, 1re partie, pag. 261 et suiv.

[2] *Histoire du Dauphiné et des Princes qui ont porté le nom de Dauphins, particulièrement de ceux de la troisième race, descendus des barons de la Tour-du-Pin, sous le dernier desquels a été fait le transport de leurs états à la couronne de France. On y trouve une suite de titres disposez selon l'ordre des temps, pour servir de preuves aux événements, et dont on peut tirer divers éclaircissements sur l'histoire de France, des Papes d'Avignon, des états et provinces voisines, avec plusieurs observations sur les mœurs et coutumes anciennes et sur les familles.* Genève, Fabri et Barillot, 1722, 2 vol. in-fol., tome I, 8-XII-22-414 pag., avec carte, tableau, planches; tome II, *Preuves*, 627 pag. — La circonstance que Lancelot avait aidé Valbonnays à réunir et à classer les matériaux de son *Histoire du Dauphiné* a porté plusieurs bibliographes à croire qu'il était le principal auteur de cet ouvrage, ou qu'il en avait été l'éditeur (Voy. la *Biographie universelle* de MICHAUD, tomes XXIII, page 323; V, page 355, et la table du *Journal de Verdun*; par DREUX DU RADIER, tome V, page 299); mais il suffit de comparer l'édition de 1711 des *Mémoires sur le Dauphiné* avec l'édition de 1722 de l'*Histoire du Dauphiné*, pour voir que ce dernier ouvrage n'est que la reproduction fort augmentée du premier. D'ailleurs, de Boze, secrétaire de l'académie des inscriptions et belles-lettres, et bien instruit de toutes les particularités littéraires de la vie de Lancelot, n'eût pas oublié, dans l'éloge qu'il nous a laissé de cet académicien, de révéler cette circonstance; tandis qu'il se borne à rapporter que Valbonnays associa Lancelot aux recherches qui devaient produire les matériaux classés et mis en ordre, dont il s'est servi pour la rédaction de son *Histoire du Dauphiné*. (*Mémoires de l'Académie des inscriptions et belles-lettres*, tome XVI, 1re partie, page 261.)

[3] *Acta eruditorum.* Lipsiæ, in-4°, 1723, pag. 1 et suiv. — *Mémoires histo-*

prouveront qu'il méritait les éloges qui lui furent décernés. Il suffit de parcourir l'œuvre de Chorier pour être convaincu de la légèreté avec laquelle cet écrivain avait exploré le domaine de l'histoire, et y remarquer une foule d'anachronismes, d'erreurs, de fables puériles, de faits controuvés ou dénués de preuves, d'appréciations dépourvues de critique. Ce fut dans le but de purger la vérité des mensonges dont elle avait été souillée, que Valbonnays entreprit ses recherches avec une persévérance digne de quelque étonnement, si l'on réfléchit aux obstacles que lui créait sans cesse la cruelle infirmité dont il était atteint : aussi, sous sa plume, l'histoire de la province, l'histoire des faits acquit-elle une autorité que l'authenticité des preuves sur lesquelles elle reposait a rendue incontestable. Sa savante exactitude renversa les assertions conjecturales de Chorier, résultat qui apparait avec une grande force dans le *Discours sur l'origine des Dauphins*, et rectifia, en l'augmentant de nouveaux et curieux développemens, toute la période qu'embrassent les règnes des quatre princes souverains de la troisième race des Dauphins, Humbert Ier, Jean II, Guigues VIII et Humbert II.

Le premier volume de l'*Histoire du Dauphiné* renferme donc de plus que l'édition de 1711 ces deux importantes parties; mais il reproduit aussi avec des augmentations les quatre discours publiés en 1711, la *Généalogie de la maison de la Tour-du-Pin*, avec la controverse élevée par Baluze; il se termine enfin par un curieux article de sfragistique, dans lequel l'auteur décrit et explique les sceaux des Dauphins, des évêques, seigneurs et dignitaires de la province.

Le second volume est exclusivement formé de titres et d'actes originaux, mais enrichis de notes, de commentaires qui répandent

<hr>

riques et critiques, tome II, 1722, novembre, pag. 35 et suiv. — *Journal des Sçavants*, édition in-18, 1729, février, pag. 211 et suiv.; mars, pag. 396 et suiv. — *Mémoires pour l'histoire des sciences et des beaux-arts*. Trévoux, janvier, 1723, pag. 104 et suiv.

une vive lumière sur la connaissance des mœurs, des usages et des formules du moyen-âge. A quelques-uns de ces actes sont joints des éclaircissemens philologiques qui expliquent des termes de basse-latinité employés spécialement dans la diplomatique du Dauphiné, éclaircissemens souvent reproduits dans le *Glossaire* de Ducange. Enfin, outre leur valeur historique, un grand nombre de ces documens ont aujourd'hui une importance incontestable, parce qu'ils tiennent lieu des originaux qui ont péri lorsque les dépôts publics furent spoliés en 1793.

C'est surtout sous le rapport de la découverte patiente et de l'exactitude des faits que l'œuvre de Valbonnays est irréprochable, et forme un des monumens les plus précieux de notre histoire nationale; œuvre digne d'être mise en parallèle avec les trésors de science et d'érudition mis au jour par cette savante école de travailleurs, les Bénédictins. Mais vouloir étendre cet hommage jusqu'aux appréciations et aux jugemens que Valbonnays a portés sur les faits, et aux conséquences qu'il en a tirées, ce serait sortir des bornes d'une sage impartialité et se livrer aux exagérations systématiques du panégyrique. Considérée sous l'influence des idées développées par les diverses écoles qui se partagent actuellement le champ de l'histoire, la partie théorique des recherches de l'annaliste dauphinois peut tomber dans le domaine de la critique et de la controverse, comme les idées dominantes aujourd'hui seront peut-être renversées par des aperçus qui se cachent encore à nos yeux. Il est arrivé même que ses préoccupations sur certaines catégories de faits se sont empreintes d'une tendance paradoxale un peu puérile. Ainsi, le caractère de Humbert II, de ce prince inconsidéré, sans énergie de cœur, sans élévation d'esprit, prodigue par vanité et par irréflexion, devient presque héroïque sous sa plume. Valbonnays s'était si vivement épris pour ce prince, qui, après avoir vendu ses états et s'être fait moine, finit par briguer les honneurs de l'église, qu'il fit une grosse querelle à l'abbé de Vertot, dont la plume avait été peu favorable à l'objet de ses prédilections. L'historien de l'ordre de Malte, appréciant avec plus de philosophie et de critique que ne l'avait fait l'historien du Dauphiné, les tristes résultats de la croisade organisée en 1343 par le pape Clément VI, les avait attribués en partie à l'incapacité et à l'inexpérience de Humbert II, qui avait eu la vanité ruineuse de s'en faire déclarer le chef. Valbonnays, blessé au vif dans ses plus chères sympathies littéraires, écrivit à l'abbé de Vertot, en 1727, une lettre dans laquelle il s'efforce de réhabiliter son héros ; mais les argumens qu'il fit valoir sont d'une extrême faiblesse et quelquefois d'une frivolité qui étonne de la part d'un homme doué d'ailleurs d'une raison si saine[1]. L'abbé de Vertot, dont les facultés intellectuelles s'étaient, dès cette époque, considérablement affaiblies sous l'atteinte des infirmités douloureuses qui avaient frappé sa vieillesse, ne répondit pas.

Valbonnays déploya plus de judicieuses ressources dans une dissertation qu'il fit paraître la même année. Il y prouvait, en produisant des pièces originales tirées des archives des églises de Grenoble, de Romans, de Gap et de la chambre des comptes, que Raymond-Dupuy, deuxième grand-maître de l'ordre de Malte, qui, en 1118, avait succédé à Gérard, était issu de l'illustre famille dauphinoise Dupuy, qui a donné le jour au célèbre capitaine des guerres civiles, Charles Dupuy-Montbrun[2].

La réputation scientifique que le président de Valbonnays s'était faite par les travaux dont on vient de lire la succincte analyse, avait attiré sur lui les regards du premier corps savant de la France,

---

[1] *Lettre écrite à M. l'abbé de Vertot par M. de Valbonnays,* dans la *Continuation des Mémoires de littérature* du P. DESMOLETS, tome VI, pag. 149 et suiv. — Cette lettre est précédée d'une autre lettre adressée à M. Moreau de Mautour, de l'académie des inscriptions et belles-lettres, sous la date de Grenoble, 14 juillet 1727, dans laquelle Valbonnays lui fait part du but de la lettre qu'il écrit à l'abbé de Vertot.

[2] *Recherches concernant Raymond-Dupuy, deuxième grand-maître de l'ordre de Malte,* dans le même *Recueil,* même tome, pag. 154 et suiv.

l'académie des inscriptions et belles-lettres. Cette célèbre compagnie, si judicieuse appréciatrice du mérite littéraire, lui décerna, en 1728, l'hommage le plus flatteur auquel il pût aspirer. Sur ses instances, le roi l'autorisa à accorder au président de Valbonnays le titre d'académicien correspondant honoraire, sous la clause que cette faveur *ne tirerait pas à conséquence;* exception qui rendait plus honorables encore pour celui qui en était l'objet les suffrages qu'il venait d'obtenir [1].

Ce témoignage de haute estime fut pour le président de Valbonnays un motif puissant de redoubler de zèle. On le voit dès cette époque ouvrir, avec l'académie qui l'avait admis dans son sein, des communications sur divers sujets d'histoire et d'archéologie; ainsi, en 1728, il lui transmet des observations sur une inscription antique qui se voyait dans le jardin du château du petit bourg de Ventavon, dans le Gapençais [2]. Mais un travail bien plus considérable qu'il se proposait de soumettre à sa révision, fut celui qu'il avait entrepris sur les périodes de l'histoire du Dauphiné antérieures à celles qu'il avait déjà traitées. Sentant

---

[1] La lettre de l'académie au roi est du 19 mars 1728, et celle par laquelle le duc d'Antin annonce à l'académie que le roi a favorablement accueilli sa demande est du 20 mars de la même année.

[2] Valbonnays avait déjà, sur ce sujet, transmis à M. Lancelot, de l'académie des inscriptions et belles-lettres, de premières observations, dans le mois d'août 1727 (*Registres manuscrits de l'Académie des inscriptions et belles-lettres,* année 1727, pag. 577, 587). Le 5 mars 1728, il lui en fit parvenir de nouvelles (*Registre* de 1728, page 85). On peut lire au tome VII des *Mémoires de l'Académie des inscriptions et belles-lettres,* pag. 257 et suiv., l'analyse de ces observations, qui ont été imprimées textuellement dans les *Mémoires pour l'histoire des sciences et des beaux-arts* (Trévoux, avril 1728, pag. 734 et suiv.). Enfin, il adressa à M. de Boze, secrétaire de l'académie, d'autres conjectures sur la même inscription, qui furent lues dans la séance du 7 janvier 1729 (*Registre* de l'année 1729, page 2). L'analyse imprimée au tome VII des *Mémoires de l'Académie des inscriptions et belles-lettres,* p. 257 et suiv., fait connaître la polémique qui s'engagea au sujet des observations de Valbonnays, et à laquelle prirent part, entre autres, MM. Eccard et Laisné, de l'académie de Lyon.

bien que le tableau, quelque détaillé qu'il pût être, qu'il avait présenté des règnes de la troisième race des Dauphins, ne formait cependant qu'une partie des annales de la province, il avait fouillé plus avant dans le moyen-âge. Remontant à l'origine des royaumes d'Arles et de Bourgogne, sortis des débris de ce vaste emprire Franc que les successeurs dégénérés de Charles-Magne avaient laissé se morceler en leurs débiles mains, il racontait la naissance et les progrès de la féodalité, et dévoilait la formation de tous ces fiefs qui se divisèrent la France méridionale. Sous sa plume se déroulaient le développement et l'histoire, avec leurs diverses transformations, des seigneuries indépendantes et des fiefs compris dans les limites territoriales de la province de Dauphiné, tels que les Dauphins de la maison d'Albon et de la maison de Bourgogne ; les évêques de Vienne, de Grenoble, de Valence, de Gap, d'Embrun, de Saint-Paul-trois-Châteaux et de Die ; les comtes de Valentinois. Ce corps immense d'événemens, étayé d'actes originaux, selon la méthode de l'auteur, venait se rattacher à l'histoire des Dauphins de la troisième race, et constituait ainsi les annales du Dauphiné dans leur plus large extension.

Il avait trouvé le temps aussi de rédiger pour le duc d'Orléans, qui l'en avait prié, un nobiliaire composé de près de quarante généalogies des maisons les plus illustres de la province, accompagnées de titres authentiques et d'éclaircissemens [1].

Enfin, sa correspondance littéraire avait pris des développemens plus étendus, et peu de questions importantes s'agitaient dans le monde savant sans qu'il n'y prît part. On en voit un exemple dans les lettres que M. de la Bastie lui adressa dans le

---

[1] Outre le témoignage de de Boze sur ce fait (*Mémoires de l'Académie des inscriptions et belles-lettres*, tome VII, page 333), on en trouve encore la preuve dans la correspondance de Valbonnays, lettres des 18 avril et 11 juillet 1728 au président Bouhier. (Ms. de la bibliothèque du roi, fonds de Bouhier, N.° 165, tome XII.)

mois de mai de l'année 1729, sur divers points d'archéologie relatifs à l'arc de triomphe d'Orange [1].

Vint cependant une époque où le courage de Valbonnays et son ardeur pour l'étude furent trahis par les infirmités de la vieillesse, qu'il avait éloignées jusqu'alors par une grande régularité de mœurs et beaucoup de frugalité. Son extrême sobriété, et l'exercice presque continu dont il s'était fait une loi, avaient toujours été la sauvegarde de sa santé, et ce fut la puissance de ce régime qui le préserva en 1722 des résultats toujours si graves d'une attaque d'apoplexie accompagnée, pendant huit jours, de paralysie. Il repoussa tous les moyens curatifs employés en semblable circonstance, redoubla de sévérité, et au bout de trois mois eut recouvré la plénitude de ses facultés [2]. Mais le 17 février 1730 il fut atteint d'une rétention d'urine; il repoussa d'abord les soins de la médecine, dont il n'avait jamais fait usage, et se soumit ensuite à l'opération de la sonde, qui lui procura quelque soulagement. Bientôt la fièvre survint : alors Valbonnays ne se dissimula plus la gravité de son état, et avec le calme de l'ame et de l'esprit que lui donnait une vie irréprochable, il attendit la mort, qui vint le frapper à l'âge de soixante et dix-neuf ans, le 2 mars 1730. Ses restes furent déposés dans une chapelle de l'église des Minimes, à un quart de lieue de Grenoble [3].

Pendant les dernières années de sa vie, Valbonnays s'était

---

[1] *Lettre à M. de Valbonnays, où l'on examine une dissertation sur l'arc de triomphe d'Orange, de M. Guib* (par M. DE LA BASTIE), du 8 avril 1729. — *Seconde lettre* au même, par le même, sur le même sujet, du 20 mai 1729, dans les *Mémoires pour l'histoire des sciences et des beaux-arts* (Trévoux, 1730, juillet, pag. 1214 et suiv.; août, pag. 1372 et suiv.)

[2] *Mémoires pour servir à l'histoire des hommes illustres de la république des lettres, avec un catalogue raisonné de leurs ouvrages*, par le P. NICERON, tome XIX, pag. 29 et suiv., et tome XX, page 71.

[3] Cette chapelle, dans laquelle avait été enseveli le chevalier Bayard, de la maison du Terrail, avait passé, par droit de succession, de cette famille, à celle des Alemans, et ensuite à celle de Bourchenu.

dépouillé d'une partie de sa fortune pour en faire jouir sa famille, et la consacrer au soulagement des pauvres de sa ville natale. Il avait constitué une somme de 20,000 livres, dont le revenu était destiné à fournir du pain aux indigens honteux, et la plupart des hôpitaux et des maisons religieuses de Grenoble recueillirent par ses dispositions testamentaires des marques de son humanité.

La bienveillance que Valbonnays savait répandre dans les relations de la vie, la sûreté de son commerce, son inépuisable bienfaisance lui avaient concilié l'estime et l'affection générale de ses concitoyens, parmi lesquels sa mémoire fut toujours vénérée. L'élévation de son esprit, l'étendue et la solidité de ses connaissances, l'urbanité qu'il apportait dans ses rapports littéraires, lui avaient fait des amis de tous les hommes de lettres avec lesquels il entretint un commerce épistolaire ou des communications scientifiques. Tous se sont plu à rendre hommage aux qualités éminentes de son cœur et de son esprit. Bouhier, président à mortier au parlement de Dijon, nous a conservé religieusement ses lettres. La Bastie, savant antiquaire, le consultait et lui adressait ses dissertations archéologiques. L'académie de Lyon s'était empressée de l'admettre dans son sein; celle des inscriptions et belles-lettres fit en sa faveur une dérogation à ses réglemens. L'académie des sciences l'avait autorisé à assister à ses séances secrètes. Lancelot fut le compagnon de ses études. De Boze se plaisait à dire que l'imagination vive et féconde, les réflexions étendues, les projets utiles et suivis, la conversation pleine, soutenue, toujours variée, dont il était doué, faisaient sentir à quiconque avait du goût l'extrême différence d'un homme d'esprit à ces compilateurs qui, pour en montrer un peu, font sans cesse des incursions violentes dans le travail d'autrui, à cause de l'indigence de leur propre fonds [1]. L'ingénieux et savant évêque d'Avranches,

----

[1] *Mémoires de l'Académie des inscriptions et belles-lettres*, tome VII, page 431.

Huet, lui a consacré dans ses mémoires le témoignage de son admiration et de sa profonde estime [1]. Niceron nous le peint comme un homme « actif, laborieux, infatigable dans ses re-
» cherches, exact jusqu'au scrupule dans tout ce qui sortoit de
» sa plume, tant pour le style et la diction, que pour la vérité
» des faits qu'il avançoit. Les qualités du cœur ne le cédoient
» point en lui à celles de l'esprit : généreux, tendre, compatissant,
» il ne négligeoit rien pour se rendre utile aux autres [2]. » Enfin, Voltaire n'a pas hésité à le compter parmi les écrivains estimables du siècle de Louis XIV [3].

On a pu voir, d'après la faible analyse que l'on vient de lire

---

[1] « Per id tempus ventitabat ad me sæpe numero certis statisque diebus
» Johannes Petrus Moretus Valbonesius, primarius præses curiæ Gratiano-
» politanæ rationum regiarum, vir et humanitatis, et quod vix credibile sit
» quamvis oculis captus ac plene cæcus, raræ etiam eruditionis laude
» insignis. » (PET. DAN. HUETII, *episcopi Abrincensis, commentarius de rebus ad eum pertinentibus.* Amstelodami, 1718, in-12, pag. 405.)

[2] *Mémoires pour servir à l'histoire des hommes illustres*, par le P. NICERON, tome XIX, pag. 29 et suiv. — *Éloge de Valbonnays*, dans la *Bibliothèque française* de DU SAUZET, tome XV, 1re partie, pag. 349 et suiv.

[3] *Siècle de Louis XIV*, par VOLTAIRE, dans ses *OEuvres complètes* (Paris, Dalibon, 1825, in-8°, tome XXV, page 83). — DESESSARTS a répété dans les *Siècles littéraires de la France* (Paris, 1800, tome I, verbo *Bourchenu*), d'après l'abbé Sabatier de Castres (*les trois Siècles de la littérature française*), que Valbonnays « seroit inconnu dans la république des lettres, si Voltaire
» ne l'eût placé dans la liste des écrivains du siècle de Louis XIV »; il ajoute que Voltaire « lui attribue des mémoires sur le Dauphiné inconnus dans la
» librairie. » Sabatier avait dit à-peu-près la même chose, et Desessarts, en sa qualité de compilateur et de dictionnariste, a reproduit judicieusement la même sottise. M. Berriat-Saint-Prix a fait justice de l'erreur commise par Desessarts et Sabatier, dans une *Notice sur Valbonnays*, publiée d'abord dans le *Magasin encyclopédique* de MILLIN (1801, tome I, pag. 354 et suiv.), et reproduite à la suite de ses *Recherches sur la législation criminelle et la législation de police en Dauphiné au moyen-âge* (Paris, impr. de Renouard, 1836, in-8°, pag. 47 et suiv. — M. Louis du Boys, annotateur de Voltaire, en relevant l'erreur de Desessarts, en a commis une à son tour, en citant les *Mémoires de Valbonnays* sous le format in-8° (*Siècle de Louis XIV*, tome cité, page 84, *note*).

des ouvrages de Valbonnays, quels services considérables cet écrivain a rendus aux annales de son pays, en les évoquant du cahos où elles étaient plongées, et surtout en leur imprimant, par sa savante et consciencieuse méthode d'investigation, un caractère de sincérité et d'authenticité qu'elles n'avaient pas eu jusqu'à lui. Aussi, doit-on regretter vivement que la mort ne lui ait pas laissé le temps d'achever le complément de l'*Histoire du Dauphiné* qui allait être bientôt livré à la publicité, puisque l'auteur avait obtenu de l'académie des inscriptions et belles-lettres des commissaires chargés de sa révision [1]. La perte de cet important monument laissera toujours incomplètes les annales de la province de Dauphiné, qui resteront inachevées jusqu'à ce qu'une intelligence courageuse, empruntant à l'illustre premier président de la chambre des comptes de Grenoble sa science, son érudition et sa critique, exécute le dessein de marcher dans la carrière qu'il a tracée et de continuer son œuvre.

[1] Ce complément de l'*Histoire du Dauphiné* devait former un vol. in-fol., comme on le voit dans la *Correspondance de Valbonnays.*

OLLIVIER Jules.

LA SIGNORA BARDINI.

NOUVELLE.

> Je n'attends qu'un mot de vous
> pour vivre ou pour mourir ; — le
> prononcerez-vous ?
> (TH. GAUTIER, *M.*lle *de Maupin.*)

I.

> Fare thee well ! and if for ever ;
> Still for ever, fare thee well !
> BYRON.

DANS la soirée du 22 février 1835, le temps était très-froid à Paris ; il avait neigé pendant une grande partie de la journée, et un vent sec et vif avait durci, en les transformant en une épaisse couche de glace, les gros flocons qui s'étaient amoncelés sur les toits et les pavés. Or, un jeune docteur-médecin, Louis Dulac, dont le soleil s'honorait sans doute d'éclairer les succès, en laissant à la terre le soin de couvrir ses bévues, se trouvait seul dans son appartement, meublé avec assez d'élégance et situé dans le faubourg Saint-Germain. Loin d'ambitionner et de nous efforcer ici de conquérir le prodigieux talent descriptif de l'auteur qui, après être resté si long-temps caché sous le voile du pseudonyme, a fini par être généralement désigné sous le nom de M. Honoré de

Balzac; pour notre compte, nous estimons assez peu les interminables énumérations, parce qu'elles ne parviennent que fort rarement à racheter par le mérite de l'exactitude l'ennui que ne laisse pas de procurer l'examen de trop minutieux détails; et dès-lors, volontiers, nous faisons grâce au lecteur de l'inventaire complet de la chambre de notre *héros*, puisque tel est le nom générique que l'usage est convenu de donner à tout personnage pivot d'un roman, d'un drame ou d'un conte; qu'il lui suffise de savoir que sur la cheminée, les tables et les meubles, étaient jetés, entassés sans ordre, parmi quelques livres de science médicale, un plus grand nombre de brochures, de journaux, de prospectus et de volumes de divers formats, revêtus de fraîches couvertures vert de pomme, jaune-jonquille, gris de perle ou bleu d'azur, enrichies la plupart d'un grand luxe de dessins, de vignettes, de moulures et d'arabesques. A considérer cet étalage des modernes productions littéraires, varié et bigarré comme le serait la devanture de la boutique d'un libraire, on aurait bien pu croire, sans présumer commettre une erreur, que dans ce cabinet de travail habitait un de nos auteurs que la mode affectionne. Il n'en était cependant point ainsi : notre jeune docteur lisait, lisait même beaucoup, mais il écrivait assez peu; il n'avait d'ailleurs aucun rang dans cette famille nombreuse d'hommes laborieux, que l'on appelle vulgairement la *république des lettres*.

L'aiguille de la pendule indiquait huit heures, lorsqu'entra un jeune homme entièrement vêtu de noir, d'une tenue élégante et d'un visage à la fois grave, doux et spirituel. Un caractère d'originalité qui se retraçait dans toute sa personne le faisait aisément reconnaître pour appartenir à la race des lions littéraires. Il arrivait en costume de bal. — Comment, Louis, pas encore habillé? dit l'homme du monde, en détachant son manteau et le jetant sur un canapé.

Louis avait les pieds posés sur les chenets de la cheminée, et se balançait nonchalamment sur sa chaise et comme enivré par une rêverie aussi douce que s'il eût été balancé dans une escarpolette par une belle matinée du printemps. Un étroit pantalon de casimir noir et de petits souliers vernis dessinaient les formes élégantes de sa jambe et de son pied. Il avait laissé inachevée sa toilette de salon pour reprendre la lecture de l'un de nos romans en vogue, lorsqu'il entendit les pas et la voix d'Albert. — Du ton le plus flegmatique et le plus distrait,

« Est-il déjà si tard qu'à partir l'on s'apprête ? »

dit-il, en se détournant à peine. — Etiez-vous à composer quelque dithyrambe ou quelque madrigal, reprit son ami. Gardez votre poésie pour le bal : là vous trouverez des femmes charmantes, gracieuses, divines; et certes elles seront dignes de féconder vos inspirations si elles sont lentes, et vos idées si elles sont flasques. — J'étais, répondit Louis, en relevant son berret basque qui lui cachait presque tout le front, et en passant les dents aiguës de son peigne dans sa barbe, à chercher la solution d'un problème que nos littérateurs et nos poètes ont fort mal résolu, ce me semble. Partout dans leurs livres, à chaque page, à chaque ligne, je vois la femme poétisée, divinisée, élevée sur un immense piédestal, et nous, jeunes hommes, à qui appartiennent d'ordinaire la force et la raison, rampant au bas, dans l'attitude la plus humiliante et le visage le plus résigné. Faire de la femme une statue de la Vierge, et de l'homme un reptile, c'est par trop de galanterie. Il me semble qu'il y a de l'honneur pour les femmes d'être aimées, et beaucoup plus qu'il pourrait y en avoir pour nous d'être aimés d'elles. Ce qui fait qu'elles soulèvent souvent dans notre cœur des tourmentes qui le torturent et le brisent, vous ne l'ignorez pas, c'est notre imagination, cette grande fille impudique, dont les appas sont bien longs à vieillir, qui nous attire par ses regards doux et veloutés, et qui, à la fin, dans chaque baiser nous laisse un remords, un ulcère. Dans toutes les mesures stratégiques de sa coquetterie compassée et prévoyante,

pour peu qu'elle tienne à nous conserver pour *cavagliere servente*, qu'elle ne descende pas de son autel, la femme, qu'elle ne nous apparaisse jamais qu'à travers un prisme, qu'une gaze mystérieuse l'entoure, qu'un voile nous la dérobe à propos, qu'elle soit pour nous comme l'horizon qui fuit à mesure que l'on approche : alors le monde des chimères, des désirs, des joies pressenties nous enveloppera sans interruption de son réseau, où une chaîne de fer est cachée sous les touffes fleuries d'une guirlande; alors un aveu sera un serment indissoluble, un souvenir sera une religion !
— Et chez vous, ajouta Albert, l'imagination s'est sans doute attiédie en même temps que la raison et la prudence sont arrivées.
— Certainement, répondit Louis; je dors à présent sur mes voiles détendues, comme le lazzaronne qui se couche sur ses filets quand il a gagné son tabac et son repas de macaroni. Ne sais-je pas que l'imagination est le fléau moral des organisations jeunes et impressionnables? Et cependant, à chaque illusion qui s'efface, à chaque espérance qui s'altère, qui se flétrit et qui tombe comme une feuille jaune et sèche, je ressens une douleur secrète et semblable à celle que doit éprouver un oiseau à qui l'on arrache des plumes. — Louis, dit Albert, en lui prenant la main, et en accompagnant ses paroles d'un sourire, j'ai toujours observé qu'au-dessous de cet esprit positif et désenchanté qu'affectent tant de prétendus sages, résidait une grande propension à tout ce qui tient à l'idéalité, au milieu de laquelle ils ne laissent pas de se complaire. Prenez votre œillet et passez vos gants; mon britchka nous attend dans la rue. — Les deux amis montèrent en voiture.

Le bal était brillant chez M. de B***. Tout ce que le luxe, le bon goût et la nouveauté peuvent offrir de richesses, de parfums et d'éclat, avait été pour l'amphytrion le travail sérieux de sa pensée de plusieurs jours. Une seule salle, mais immense et très-élevée, était destinée à recevoir ceux des invités que leur âge ou leur fantaisie conviait aux plaisirs du quadrille, de la valse ou du galop : le premier, froid, cérémonieux, mais hypocrite; l'autre, qui serait agréable, si elle ne devenait le monopole exclusif des femmes déjà dans la maturité, et le troisième enfin, plein de vivacité, d'entraînement, de gaîté folle et par trop bruyante. Plusieurs rangs de vases magnifiques aux couleurs éclatantes rehaussés d'or et d'argent, d'où s'élançaient des arbustes et des plantes d'Italie et d'Amérique, formaient de verdoyantes allées, dont la voûte, toute constellée de fleurs épanouies, de bourgeons entr'ouverts et de fruits naissans, inondait ces lieux des parfums les plus exquis. Des candelabres aux formes orientales, des lustres aux mille reflets, répandaient de toutes parts des torrens de lumière et ne laissaient se dessiner aucune ombre dans l'étendue de la vaste galerie. Des groupes folâtres de masques élégans, grotesques, fantastiques, glissaient çà et là sur la capricieuse mosaïque du parquet, et donnaient à ces lieux un aspect féerique. Puis les harmonies d'une musique tantôt douce et voluptueuse, tantôt chaleureuse et enivrante, poussaient en cadence tout ce peuple joyeux de dandys frivoles et de femmes nées pour le plaisir. — Là résidait l'oubli des chagrins, sinon le bonheur.

Lorsque les deux amis entrèrent dans ce lieu embaumé, qui rappelait les fictions des contes de l'Orient, la danse étendait, nouait, désunissait et resserrait ensuite les longs anneaux de ses chaînes de gaze et de soie. Peu désireux de partager sitôt les plaisirs du bal, ils se glissèrent dans de riches cabinets, décorés de tapisseries blanc et or soutenues par des cordons bigarrés et des aiguillettes en jais. Ils prirent place autour des tables de jeu, et, se laissant aller aux irritantes émotions du hasard, il restèrent une grande partie de la nuit à multiplier ou à perdre leurs pièces d'or. Albert gagnait; Dulac, au bout de quelques heures, se trouva éloigné de ses louis de toute la largeur du tapis vert. Il sortit, plutôt ennuyé de la rigueur du sort qu'irrité contre elle.

Le prélude de l'orchestre annonçait le galop de l'opéra de Gustave III. Il avait alors tout le charme de la nouveauté, cet air aussi puissant pour ébranler les groupes de danseurs que l'était la *Marseillaise* pour pousser nos soldats à l'ennemi, et que l'on aurait peut-être déjà oublié si les accens mélancoliques de l'orgue de Barbarie ne s'étaient chargés de le populariser et de le sauver du dédain de la mode, cette reine qui a tant d'adorateurs et tant de caprices. Derrière Louis se trouvait une jeune fille portant le costume d'une petite maîtresse du temps de Louis XV. Elle venait de liquider le dernier des engagemens écrits sur son keepsake, lorsqu'il l'invita à danser, sans avoir auparavant fixé sur elle un regard qui pût déterminer son choix. Il saisit sa main, et se hâta d'aller occuper la première place qui s'offrit à lui. Mais quelle fut son émotion quand, à ses côtés, il vit la figure de femme la plus belle, la plus rêveuse qu'il eût rencontrée de sa vie, ou, mieux encore, créée dans son imagination! Ses yeux étaient grands et noirs, d'une expression et d'un brillant qui permettaient à peine d'en fixer l'éclat. Elle était d'un teint un peu pâle, mais chaud et ardent, comme il s'en rencontre souvent chez les femmes du midi de la France. Sa taille, souple et élancée, rappelait ces séraphins à robe onduleuse que les peintres du moyen-âge se plaisaient à représenter dans leurs fresques sur les murs des chapelles, ou aux vaisseaux des cathédrales. Louis était bouleversé par un frisson étrange : depuis un instant il aimait, le jeune homme moraliste, le poète sévère, penseur et raisonnable; lui qui, quelques heures auparavant, faisait si bon marché de l'amour et de ses ivresses. Il aurait obéi au moindre geste, à la première idée folle de cette jeune fille de vingt ans; il se serait, dans son admiration, couché à ses pieds, comme une levrette douce et fidèle à côté du brodequin étroit et brodé de sa maîtresse. Il lui aurait donné tout son sang, dût-il couler goutte à goutte. Il fit plus : il lui sacrifia la tranquillité de son ame!

A peine les derniers sons des instrumens s'étaient-ils évanouis, qu'un homme grand et maigre, d'une cinquantaine d'années environ, s'avança et dit tout bas à l'oreille de la jolie danseuse : C'est l'heure de partir, Marie. — Un coup de poignard n'eût point

été aussi cruel pour Louis que cet ordre intimé d'un ton de bienveillance toute paternelle. Il suivit des yeux le père et la char-
mante marquise en vertugadin et en pantoufles à hauts talons
rouges; puis, sans songer à résister à un entraînement subit, il
s'élança avec rapidité sur leurs pas. Mais Marie avait déjà atteint
sa voiture; elle s'éloignait ignorante de la première scène du
drame dont quelques instans avaient été le trop court prologue.
— Et je ne la reverrai plus, peut-être! se dit Louis, en proie au
plus morne désespoir. — Il se trompait.

En remontant les premières marches de l'escalier, il sentit un
vent froid lui rafraîchir les membres, et attiédir la chaleur de
son front, comme s'il l'eût appuyé sur du marbre. La porte du
jardin se trouvait entr'ouverte : préoccupé par une idée fixe, —
Marie, — il pénétra dans une longue allée de lauriers dépouillés
de leur sombre feuillage, sans se souvenir s'il était venu à une
fête, et si l'heure de s'éloigner était également venue pour lui.
Le cerveau tourmenté par les regrets les plus cuisans, ou par les
espérances les plus soudaines, presqu'aussitôt détruites par le
doute de voir sa passion partagée, il se promenait silencieux et
à grands pas, sourd au bruit de la musique et du froissement du
parquet. Les légers éclats de la glace qui craquait et se fendait
sous ses pieds l'avertissaient seuls que toutes les choses qui se
retraçaient dans sa pensée étaient réelles et vivantes; que ce
n'était ni une secrète et puissante abstraction de son esprit, ni les
illusions d'un rêve qui le saisissaient et s'emparaient de son imagination en désordre. Quel assemblage étrange de douleurs et
de joies devait s'agiter, bouillonner dans son cœur! Ceux qui,
comme lui, et le nombre en est assez grand, se sont, pendant les
premières heures du matin, retirés d'une fête, emportant dans
leur poitrine le germe d'une passion naissante, peuvent seuls
comprendre quelles violentes émotions alors vous assiégent, vous
fatiguent, vous brisent. Comme la vie vous paraît belle alors!
comme dans tout ce qui vous entoure vous voyez un sourire!....

Et cependant bien souvent le front se pose dans la main : c'est qu'il n'y a pas un instant d'ivresse qui ne compte une larme. Incomplète nature !....

Tout-à-coup la voix d'Albert appela à plusieurs reprises le promeneur silencieux. — Courez chez mademoiselle de Torenno, s'écria-t-il en l'apercevant venir à lui ; elle est morte peut-être ! — Morte ! répéta Louis d'un air hébété. — Mais hâtez-vous ! vous êtes médecin. En descendant de voiture, elle s'est fracassé la tête. Les chevaux ont glissé, se sont emportés, que sais-je !....

Précédé d'un valet, que l'espoir de trouver sur-le-champ un médecin avait attiré chez M. de B.***, Louis s'élança hors de la porte et courut à l'hôtel du père de Marie.

Sauvez ma fille, Monsieur ! Au nom du ciel, dites-moi vite si je puis espérer de la voir revenir à la vie, ou si le jour est venu qu'elle doive mourir..... Voyez ; ses pouls battent-ils encore ; sa respiration est-elle si courte et si faible qu'elle aille cesser bientôt ? De grâce, parlez-moi sans détour..... — Ainsi s'adressait quelques instans après M. de Torenno à Louis, dont les angoisses étaient certes non moins déchirantes que les siennes.

Sur un petit lit entièrement garni de draperies blanches était étendue Marie, le visage d'une pâleur effrayante et agité par des mouvemens convulsifs, faibles mais brusques, que l'on eût bien pu prendre pour les effets de la contraction des nerfs qui se retirent et se roidissent en s'affaissant. Le sang coulait lentement en petits filets des mêches plates de ses cheveux recouverts d'une poudre blanche et parfumée. Les nœuds et les tresses de sa coiffure s'étaient détachés et tombaient sur son cou comme les franges d'une écharpe de soie. Elle avait les mains glacées, resserrées sur son sein et tenant les plis de sa robe soigneusement roulés autour d'elle : on eût dit l'Iphigénie d'Euripide qui, frappée du couteau du prêtre Calchas, avait, avant de tomber, arrangé sa longue tunique, afin que sa pudeur n'eût point à s'offenser du regard indiscret des jeunes hommes témoins du sacrifice. Une fleur née de la veille, une jeune rose avait encore sa tige entrelacée dans les boucles saignantes qui venaient souiller ce visage si beau; mais ses pétales fanés gisaient épars au milieu des dentelles et des broderies. Un soir elle s'était balancée joyeuse, coquette et tremblottante sur le front de Marie, et elle mourait! Pauvre Marie! Pauvre fleur!

Le crâne a été fracturé, dit Louis d'une voix presque éteinte. Je doute que l'hémorragie s'arrête, malgré l'appareil et les compresses que j'appose. Pourvu que rien n'ait touché au cerveau!.... — Elle vit donc! s'écria le père avec un élan de joie. — Encore pour quelques heures, répondit Louis. — Le père se laissa glisser dans un fauteuil placé au pied du lit. Il y étouffait ses sanglots et comprimait ses larmes.

Le jeune médecin était immobile et frappé de stupeur. Sur un signe de M. de Torenno, il approchait par momens la surface polie d'un miroir vers les lèvres de Marie, afin de s'assurer, par la vapeur moite qui pouvait s'y condenser, si son souffle n'avait point cessé tout-à-coup. Puis, la main posée sur celle de Marie, il en comptait avec anxiété les pulsations rares et lentes. Ils restèrent ainsi long-temps sans échanger une parole.

Enfin arriva le médecin habituel de la maison de M. de Torenno. Il est sans doute nécessaire d'ajouter ici, sans plus de transition, que ce gentillâtre méridional, d'origine espagnole, vivait depuis peu à Paris, où son séjour y était motivé par la faiblesse de la santé de sa fille. Le changement de climat et les nombreuses distractions que lui offrait la capitale, en échange de la vie monotone et retirée qu'elle menait dans un château situé au pied des Pyrénées, devaient, lui avait-on dit, produire les effets les plus salutaires. Depuis fort peu de temps demeurant à Paris, cette famille, qui ne se composait que de deux personnes, avait formé très-peu de relations; elle n'était principalement connue que du docteur Bernard, de M. de B***, qui donnait de magnifiques bals et de splendides diners toutes les semaines, et de quelques autres gens du monde pour qui un titre de noblesse devient une cause de fraternité, comme pour les francs-maçons certains noms et certains signes. Le docteur Bernard qui, à de profondes et de fréquentes observations en ce qui regardait la connaissance de son art, joignait l'expérience de longues années de travaux, tenait lieu à Louis de conseil et de patron. Il se faisait d'ordinaire remplacer par lui auprès de ses malades que l'éloignement ou le défaut de son temps l'empêchaient de visiter.

Dès qu'il aperçut Marie, mettant fort peu d'espérances dans les forces de la nature chez une jeune fille déjà affaiblie par les secousses d'une longue maladie, il ne tarda pas à déclarer qu'elle se trouvait dans un danger assez éminent pour que les mots d'espoir se changeassent en prières pour les morts. — Tout est fini, se dit Louis Dulac. Marie, tu es la seule femme que j'aie aimée avec toute l'ardeur et toute la pureté de mon ame, et je te perds pour toujours!.... Que va-t-il me rester de toi, pauvre jeune fille? ton image, ton souvenir, une pensée, rien! Oh! non : c'est la pensée qui vivifie l'ame et lui commande; elle restera éternelle et ineffaçable dans le fond de mon cœur. Je jure par le Christ, qui a purifié l'amour dans les hommes, que jamais mes paroles ou mon regard n'iront, supplians, mendier l'amour d'une autre femme!.... — Que dit-il? murmura le docteur, qui avait observé Louis et qui cherchait à deviner le sens de ses paroles. Quelle affreuse pâleur s'est tout-à-coup répandue sur tous ses traits! Il a fait un serment, je crois. Ah! il l'aimait, le malheureux!.... Il faut l'éloigner à tout prix, et éviter l'horreur d'une séparation. A cette scène de deuil, déjà bien assez déchirante, il est là, immobile. Quel sinistre projet roule-t-il donc dans son esprit égaré? — En effet, l'idée du suicide assiégeait alors Louis; elle le saisissait, l'étreignait comme un vampyre aux cent bras qui se serait efforcé de l'entraîner dans la tombe, asyle toujours ouvert à la douleur et à la faiblesse.

Votre présence ici devient désormais inutile. Madame la présidente de Beauretour réclame, à Versailles, mes soins ou les vôtres. Elle m'a fait appeler aujourd'hui. Je demeure ; vous, prenez ma voiture qui attend devant la porte de l'hôtel..... J'oubliais....., vous remettrez à Madame de Beauretour ce billet. — Tandis qu'il écrivait sur une page arrachée à son porte-feuille, et qu'il la cachetait ensuite avec soin, Louis, penché sur le corps de l'infortunée Marie, cherchait à détacher de son cou une petite croix d'or qu'elle y portait sans cesse suspendue. Comme elle résistait à ses efforts, il la brisa dans un moment de violence, et en cacha dans sa main un morceau dont il s'était emparé. Il n'y aurait pas eu moins d'avidité et moins d'orgueil fanatique dans un chevalier de l'armée des croisés qui aurait trouvé et emporté religieusement avec lui un fragment du bois de la vraie croix. Un léger frisson agita soudain les membres de Marie ; puis tout retomba glacé et comme sans vie. — Affreuse réalité ! dit Louis. — Partez, ajouta le docteur, et souvenez-vous de ces paroles qui consolent et raniment les esprits prêts à se laisser abattre sous les coups de l'adversité : *Impavidum ferient ruinæ.* — Louis jeta un dernier regard en arrière et sortit.

Le jour n'avait point encore paru lorsqu'il parcourait la route de Versailles. Le cocher précipitait la course des chevaux, et le fracas des roues, l'air vif qui effleurait en sifflant les vasistas des panneaux, ne faisaient que rendre plus violent et plus pénible l'état d'irritation morale où se trouvait Louis. Il était pour ainsi dire en proie à tous les égaremens d'un cauchemar. Les arbres aux troncs noueux et aux branches dépouillées, qu'éclairaient faiblement les ternes lueurs d'un ciel d'hiver, lui semblaient autant de noirs esprits des ténèbres qui se dressaient rapidement sur son passage et dansaient en s'enfuyant une infernale ronde ; et le vent, qui soupirait en longues et mélancoliques bouffées, la voix de tous ces fantômes qui lui rappelaient son serment, ou qui venaient pour lui chanter l'office des morts. Chaque borne, longue et blanche, qu'il apercevait sur son chemin, devenait, dans son imagination en délire, l'image de Marie : il la voyait s'approcher comme pour lui tendre les bras et l'emmener avec elle dans les demeures de l'éternité. Enfin, un vif rayon de lumière donna en plein sur la voiture, et vint le tirer de son rêve. — Où suis-je donc? s'écria-t-il d'une voix altérée. — Sous le portail de la maison de Madame la présidente, répondit le cocher, en sifflant et en arrêtant ses chevaux.

C'était une femme fort coquette que Madame de Beauretour. Elle était d'une élégance très-recherchée dans ses manières et sa toilette. Infatuée de certains quartiers de noblesse qu'elle additionnait à qui voulait l'entendre, et douillette au-delà de cette sensibilité délicate qu'exige un prétendu bon ton, elle eût volontiers sacrifié tout autre amour à celui de son blason et de sa parure. Sans mentir, la perte de chacune de ses dents serait inmanquablement devenue le sujet d'autant d'élégies, si toutefois elle eût fait autre chose que des charades et des acrostiches en vers. Cette petite maîtresse, qui était aussi une maîtresse-femme, redoutait le temps nuageux, parce qu'il lui suggérait des idées sombres; le temps clair, parce que son salon se dépeuplait alors; le vent, la pluie ou le soleil, parce qu'ils étaient toujours ou trop vif, ou trop humide, ou trop chaud pour sa frêle organisation; elle ne faisait pas de la musique, parce que ses nerfs ne pouvaient supporter l'irritation qu'elle procure ; elle ne peignait pas, parce que l'odeur des couleurs lui donnait des nausées; mais, en compensation, elle posait à merveille sur une causeuse, où elle était loin de racheter par ses saillies spirituelles la majesté sèche et froide de son maintien. Bref, M. de Balzac vous dirait que c'était là une femme selon son cœur, car elle avait trente-neuf ou quarante ans. M. Théophile Gautier, une femme accomplie, qui justifierait par ses goûts sa très-célèbre Musidora, le type modèle de toutes ses femmes; M. Scribe, une femme comme on en voit guère, justement parce qu'elle était parvenue à conserver par les soins ce que la nature lui disputait tous les jours; Georges

Sand, enfin, une femme stupide, qui ne comprenait pas sa mission sur la terre, et qui avait la faiblesse de ne pas haïr son mari et le mariage; un autre, enfin, le premier venu, vous dirait simplement que c'était une femme comme, hélas! on n'en rencontre que trop, sans que, pour leurs ridicules, elles méritent d'être jetées aux gémonies, comme pourrait bien le vouloir M. Auguste Barbier. Madame la présidente de Beauretour, se promenant donc un jour dans le jardin de son petit Généralif, avait été piquée à la joue par l'aiguillon impoli d'une abeille. La gracieuse favorite de la mode pouvait-elle paraître ainsi la joue toute rouge dans les réunions de Versailles; et pouvait-elle s'abstenir d'aller y briller, quand un grand nombre de flatteurs l'y attendaient? Après quelques heures de dépit et d'humeur inutile, vite, en grande hâte, elle avait mandé venir son premier médecin ordinaire, le docteur Bernard.

Lorsque Louis fut introduit auprès d'elle, il la trouva mollement étendue sur la plus moelleuse et la plus élastique dormeuse d'édredon qui fût sortie des ateliers de Paris. — Voyez comme je suis malheureuse, dit-elle avec l'accent d'une réelle affliction. Guérissez-moi bientôt, je vous en supplie. Je dois être laide à faire peur...... Mais vous-même, grand dieu! vous êtes d'une pâleur effrayante! — La nuit est très-froide, Madame, répondit Louis.

La présidente sonna pour appeler une de ses femmes, qui revint peu après en apportant un cordial pour le jeune médecin. En ordonnant un remède sans doute moins efficace que quelques heures de repos et de patience, celui-ci se souvint du billet dont l'avait chargé le docteur. Il le remit. Madame de Beauretour lut : « Seriez-vous assez obligeante pour retenir M. Louis Dulac » pendant toute la journée au moins. J'espère avoir bientôt moi- » même l'honneur de vous remercier du service que j'ose réclamer » de vous, et dont je vous conserve déjà toute la gratitude. »

Que signifie ce laconisme? se dit-elle tout bas. Le docteur est fort peu galant de me charger d'une semblable commission. Attendons néanmoins. — Elle n'eut pas grand peine à chercher des motifs pour empêcher Louis de retourner à Paris : une fièvre ardente le força à se retirer dans l'appartement qui lui était destiné, et à y passer la journée entière. Le lendemain, devenu plus calme et plus résigné, mais non moins épris de sa passion de la veille, il quitta Versailles, sans que la présidente eût rien compris au mystérieux billet du docteur, qu'elle commençait à prendre pour une assez sotte plaisanterie de sa part. Louis ne prit pas, comme on pourrait le supposer, la route de Paris; il avait dans la nuit conçu un projet qui n'allait rien moins que changer entièrement l'état de sa vie : il le réalisait sur-le-champ; il partait pour l'Italie, sans que personne eût connaissance de la détermination subite qu'il avait prise. Seulement, quelques mots envoyés à Joseph, son domestique, qui devait l'accompagner, suffirent pour que celui-ci fît seul et rapidement tous les préparatifs de départ. Louis fut l'attendre à Lyon. Avant de s'éloigner, il s'était cependant, quoiqu'il n'eût aucun espoir, informé de l'état de Mademoiselle de Torenno, auprès d'une personne qu'il avait rencontrée au bal de M. de B***. On lui avait répondu qu'elle était morte.

II.

« Il y a quelque chose qui vaut mieux
» que l'espérance, c'est le souvenir. »
HENRI BERTHOUD, *Album de Mlle Duchesnois.*

Trois années s'étaient écoulées depuis que Louis Dulac avait quitté Paris. Après avoir visité pendant quelques mois les principales villes de l'Italie, et parcouru les crêtes jaunes et marbrées des Appenins, il était allé se fixer à Rome. Ses relations avec Paris et la France, qu'il avait si promptement cessé d'entretenir,

ne s'étaient rétablies que long-temps après, c'est-à-dire à l'époque
où nous reprenons l'odyssée de l'enthousiaste amant de Mademoiselle de Torenno. Le souvenir de cette nuit si enivrante et si
terrible, où le hasard avait, au milieu d'un bal, jeté devant lui
une jeune fille qu'il ne devait retrouver que sur un lit de mort,
le poursuivait sans relâche. Il savait bien qu'aimer une femme
qui n'était plus de ce monde ne devenait en réalité pour lui qu'un
rêve passé, qu'une affection impuissante et folle, qu'une obstination inutile. Mais l'amour ne s'était point assoupi dans son
cœur, où toutes les impressions qu'il avait ressenties étaient
restées aussi ineffaçables que si elles y eussent été gravées avec un
fer rouge. Il en est du souvenir inaltérable d'une illusion détruite
comme d'un espoir conçu : sans cesse ils préoccupent votre pensée ;
ils deviennent pour vous une source féconde d'émotions ; et l'on
trouve dans le regret autant de violentes agitations que dans le
désir. Ils sont, l'un et l'autre, le souvenir et l'espérance, comme
le tableau sacré où sont reproduits les traits de la femme aimée.
On se repaît de sa vue, on le bénit, on se sent toujours encore
une fois attiré vers lui. Le sourire vient effleurer vos lèvres
brûlantes et entr'ouvertes ; puis c'est une larme qui vient glisser
sur votre visage humide ; c'est la goutte de rosée qui tombe sur le
sol altéré qui se durcit et se fendille. Il y a bien souvent de la joie
dans le souvenir même des douleurs qu'une passion a fait endurer.

Louis n'avait donc point oublié Mademoiselle de Torenno, ce
qui certainement ne laissera pas d'étonner les impressionnables à
gants jaunes qui se soucient en vérité fort peu d'avoir ou non le
front orné de la bosse de la persévérance. Mais, en retour, il ne
sera pas jugé de même par ceux à qui une ame douée d'énergie
aura donné la force de braver toutes les traverses de la vie sans
que le découragement les ait atteints. Or, il rencontra un jour
dans un des salons qu'il fréquentait à Rome une jeune femme qui
était le portrait vivant de Marie ; seulement son teint était beaucoup
plus foncé et même un peu terne, ce qui donnait à sa physionomie

la gravité mélancolique que l'on retrouve dans toutes les têtes de femme de Paul Véronèse. La vue de cette italienne produisit nécessairement sur Louis un trouble qu'il eut de la peine à comprimer. Il se sentait attiré vers elle comme par instinct. Mais ce n'était point exclusivement à cause des charmes qu'elle possédait qu'il aimait à la voir, et que plus tard il recherchait les instans où une conversation animée et quelque peu intime lui rappelait les traits et les manières de Marie; c'était simplement parce qu'elle ressemblait à cette dernière : il retrouvait, en effet, dans la signora Bardini, c'était son nom, la forme assez exacte de l'idée qu'il avait conservée de la fille de M. de Torenno, qui, pour être beaucoup plus frêle et beaucoup plus pâle, n'en était pas moins aussi belle.

La signora Maria Bardini était douée d'une imagination ardente et romanesque, comme le sont, au reste, à-peu-près toutes les femmes en Italie. La vivacité de son esprit et la force de sa volonté devenaient toujours de l'obstination, lorsque des obstacles se posaient à travers les déterminations ou seulement les désirs qu'elle avait conçus. Son éducation, quoique dirigée avec le plus grand soin, n'avait pu adoucir une fierté impérieuse et un grand amour de sa liberté, qu'elle tenait fort à conserver dans toutes ses actions. Maria avait été ce qu'on est convenu d'appeler, dans l'intimité de la famille, une enfant gâtée. Devenue grande fille, il n'y avait pas de courses à cheval, de promenades en gondole et de brillantes soirées sans qu'elle ne voulût en être. Il est vrai qu'elle y occupait toujours une des premières places, et que les fashionnables et les bas-bleus de Venise, ville qu'elle habitait ordinairement, s'empressaient tous de faire cercle autour d'elle. Le plaisir avait pour elle mille attraits séduisans, la coquetterie peu d'adeptes qui lui fussent aussi dévoués; et n'était-ce pas naturel? élevée au milieu des habitudes que donne le luxe, le plaisir ne devait-il pas être dans sa vie une des nécessités les plus indispensables? Au reste, aucune tache n'avait jamais souillé sa réputation, parce que son cœur et son esprit étaient jusqu'ici restés libres du tout-puissant besoin

d'émotions dont elle n'avait pas encore ressenti les atteintes.
N'étant venue à Rome qu'accompagnée d'une parente qu'elle
dirigeait à son gré, elle y passait pour veuve d'un riche armateur
de Venise, il signor Marco Bardini; mais celui-ci avait seulement
entrepris un assez long voyage, non point vers un autre monde,
mais sur les côtes de la Morée et de la Sicile. Homme froid et
morose, laborieux négociant et calculateur habile, il était un des
plus inébranlables partisans du positivisme qu'il mettait à merveille
en pratique. Le goût de la mode, de cette vie partagée entre la
culture des arts et la jouissance des plaisirs du riche, lui était
tout-à-fait étranger. Volontiers il eût préféré les moulures élégantes de la jolie plume d'un de ses commis au tableau d'un
peintre ou au croquis délicat d'un dessinateur. Tandis que Maria
faisait de la musique, ou passait un temps infini à changer plusieurs
fois par jour de toilette, lui supputait des chiffres, corrigeait le
travail de ses employés, et grondait sans cesse dans ses bureaux
comme dans ses appartemens. Aussi n'y avait-il point lieu de
s'étonner que Maria ne l'aimât pas beaucoup. Elle n'en parlait, en
effet, presque jamais dans le monde qu'elle fréquentait peu d'ailleurs
à Rome, où elle était venue seulement passer deux mois d'été.
D'un esprit jaloux et naturellement méfiant, il signor Bardini, sous
l'apparence d'une entière liberté laissée à sa femme, ne l'avait pas
moins entourée d'une vigilance fort active : les moindres détails
de sa vie privée lui étaient rapportés presque jour par jour par un
de ses amis, italien de noble race, peut-être descendant ignoré de
quelque illustre famille patricienne, mais très-sûrement ruiné,
perverti et débauché, un de ces hommes enfin qu'on ne rencontre
que trop souvent en Italie, et qui ont servi de patron au caractère
principal de l'un de nos meilleurs romans modernes, *Leone-Leoni*.
Cet argus invisible épiait sans cesse, avec un merveilleux instinct
qui eût fait la fortune d'un garde du sérail ou d'un muet. Il est
vrai de dire que les assiduités de Louis Dulac auprès de la signora
Bardini étaient bien propres à exciter sa vigilance. Lorsque de

fréquentes relations, entretenues sans but en apparence, s'établissent entre un jeune homme et une jeune femme, qu'il y a chez l'un et l'autre communauté de goûts, d'habitudes, d'idées, de sentimens, que la conversation devient de l'intimité et la confidence un plaisir, à coup sûr ce n'est point l'amitié qui les rapproche ; elle ne saurait exister entre eux deux ; c'est mieux que cela, c'est l'amour. Louis, malgré l'héroïque constance de sa première passion, se laissait, même à son insu, captiver par la beauté de la forme qui lui représentait une idée adorée dans le sanctuaire de son cœur ; il éprouvait le besoin naturel d'aimer un être vivant qui répondît à ses aspirations. Mais quand il ne lui devenait plus possible de se cacher à lui-même la réalité d'un nouvel amour qui bondissait dans sa poitrine, c'était à ce subtil raisonnement, aussi faux que dangereux, qu'il avait recours, pour étouffer le cri de sa conscience : Si j'aime la signora Bardini, se disait-il, c'est uniquement en mémoire et pour le compte d'une autre femme. En vérité, si une semblable disposition de l'esprit qui, pour se soustraire à l'évidence, était réduit à se réfugier dans les subtilités d'un syllogisme erroné, ne recelait pas de l'amour, que renfermait-elle donc ?

Par une chaude après-midi d'un jour d'été, Louis trouva Maria Bardini négligemment assise à l'extrémité d'un banc de verdure placé sous un berceau de grenadiers, d'altéas et de lauriers-roses, qui terminait l'allée la plus reculée de son jardin. Les derniers rayons du soleil, qui descendaient lentement vers l'horizon, doraient de leurs reflets vermeils les arbres, les plantes et les balustres de la terrasse. Maria, dans une attitude de tristesse et d'ennui, parcourait d'un œil distrait les feuillets d'un album, qu'elle quittait par momens pour suivre à travers le cristal des eaux les jeux folâtres d'une multitude de jolis petits poissons qui s'ébattaient à ses pieds dans un bassin de marbre ; puis elle respirait par intervalles le parfum d'un bouquet arraché à quelque tige voisine. A voir cette tête mélancolique, ces épaules aux délicieux contours, qu'aucun voile jaloux ne dérobait aux regards amoureux de Dulac, cette taille souple et voluptueuse que dessinait dans toute sa pureté une robe de velours noir, on eût dit une de ces femmes divines que Byron a rêvées à Venise, et auxquelles il a donné comme le souffle de la vie dans les admirables tableaux de ses poèmes.

Quand elle aperçut Louis, une vive rougeur colora son pâle visage, en y trahissant l'émotion qui la saisissait. Lui, il était immobile devant elle et comme fasciné. Il eût suffi de les voir pour deviner que l'amour avait déjà passé par-là. Eux-mêmes ne l'ignoraient pas, mais ils n'osaient se l'avouer. Cependant Maria s'efforça de cacher son trouble, et sans transition, sans aucune de ces paroles que commande l'usage à l'arrivée d'un ami ou d'un étranger, — Vous m'avez promis, lui dit-elle, d'écrire quelques lignes sur mon album. Il est là, ajouta-t-elle d'une voix faible et brève. — Louis aurait voulu répondre qu'il ne l'aurait pu; il saisit l'album, et sa main tremblante y traça les vers suivans, tandis que Maria reposait sur lui ses yeux humides :

> Lorsque la fleur des champs, par l'orage meurtrie,
> S'étiole et se meurt, que sa tige flétrie
> Se penche sur le sol, elle espère, elle attend
> Qu'un rayon du soleil ramène le printemps
> Dans ses trois jours de vie, et qu'il verse sur elle,
> Comme un baume divin, une chaleur nouvelle.
> Alors montent vers lui les parfums les plus doux.
> Cette fleur, c'est mon ame, et ce rayon, c'est vous !

Il s'empara de la main de Maria. La jeune femme était palpitante d'émoi; sa lèvre frémissait au souffle de sa voix qui murmurait des mots sans suite. Elle resserra ses mains avec angoisse et délire, et comme s'affaissant sur elle-même, elle y cacha rapidement son visage. Puis, se redressant d'un bond et fixant sur Louis un regard à la fois sévère, suppliant et avide, elle l'attira sur ses genoux, le pressa avec force sur son sein agité, jeta ses deux bras autour de son cou avec une joie folle, et faisant un effort terrible, — Eh bien! oui, je t'aime! tu le sais..... — Puis, effrayée de l'aveu qui venait de lui échapper, elle eut honte, elle eut peur, elle s'enfuit. Les touffes de ses cheveux flottaient soulevées par la rapidité de ses pas qui glissèrent sans bruit, et les plis de sa robe ondulaient au vent. — A ce soir! à minuit! lui dit Louis, qui essaya, mais en vain, de s'élancer sur ses traces. — Elle se retourna, sourit, jeta son bouquet et disparut.

Enivré de la pensée de se savoir aimé et de se retrouver dans quelques heures avec Maria, Louis sortit de la maison de la Signora Bardini, et se dirigea vers les bords du Tibre. Il rencontra là de joyeux amis qui, profitant de la sérénité du soir qui promettait une de ces nuits si délicieuses en Italie, s'étaient fait amener une gondole et partaient pour une promenade sur l'eau. Louis les suivit. Bientôt des fanfares, des instrumens à cordes et des chœurs firent retentir les rives de douces symphonies et de mélancoliques nocturnes.

L'heure du rendez-vous approchait lorsque Louis revint chez lui. Il ressortit presque aussitôt, prenant des mains de son fidèle Joseph une lettre qui lui était arrivée de France dans la journée. Elle était du docteur Bernard qui, après de longues recherches restées sans succès, avait enfin découvert, alors qu'il ne l'espérait plus, le séjour et la demeure de Louis Dulac à Rome.

III.

Un appartement sur les bords du Tibre. Le plafond est peint à l'huile et repré-sente des sujets mythologiques : Cybèle avec sa couronne de tours ; Diane avec son carquois, son levrier et son croissant; Vénus sortant des eaux ; Minerve et son égide. Aux angles sont des statues de faunes, de nymphes, de satyres; et sur les murs, recouverts de larges panneaux, on reconnaît le Colisée, le Capitole, le port d'Ostie, la maison de Néron à Caprée, d'après les descriptions ou les dessins qui nous les ont transmis. Les meubles sont dans le goût du XVIIIᵉ siècle. Dans le fond, deux fenêtres hautes, mais étroites. C'est un des appartemens à-peu-près abandonnés de la signora Bardini.

SCÈNE Iʳᵉ.

LA SIGNORA MARIA BARDINI,
Entrant et tenant à la main une lampe qu'elle va poser sur la cheminée.

Encore quelques instans, et il sera là, à mes pieds, ma main dans la sienne, mon regard fixé sur son regard..... Il sera à cette place, lui!..... mot mystérieux et doux, emblême de tous les charmes de l'amant aimé, nom symbolique que bien des femmes gardent dans le repli le plus profond de leur cœur, et qu'elles redisent tout bas dans une fête, comme dans le silence d'une heure solitaire, dans une promenade du matin ou une prière du soir; toujours et partout..... lui!.... Il me semble que pour ne me souvenir que de son amour, j'ai tout oublié. Tout? oh! non; car je suis obsédée par une pensée qui me ronge et m'a déjà fait verser bien des larmes. Je suis vraiment une malheureuse femme, bien faible et bien coupable..... Je me ris d'un serment et de l'affection de celui que Dieu m'a donné pour partager sa vie. Ensuite viendra le mépris! (Regardant avec distraction la pendule.) Comme cette aiguille avance lentement..... Le mépris! châtiment aussi cruel que les paroles d'amour sont enivrantes. Eh bien! qu'importe, qu'il n'y ait pas de voile assez épais pour tenir dans l'ombre les fautes d'une femme! L'amour ne vaut-il pas le sacrifice qu'elle lui fait de sa réputation?..... et une femme sans amour n'est-ce pas une fleur sans parfums?..... Éloignez-vous, esprit d'égoïsme et de lâcheté : il n'y a plus ici qu'une dame romaine qui attend à l'heure de none son chevalier à l'anneau d'or et à la toge de lin bordée de pourpre. (Elle se penche sur le bord de sa fenêtre. Minuit sonne.) Il tarde bien à venir! J'entends les eaux du Tibre qui baisent la rive en frémissant, les fontaines qui font jaillir leurs cascades dans leurs bassins de marbre, les accens lointains du rossignol qui chante dans quelque bosquet de citronniers, et le léger sifflement de la brise qui glisse sur les terrasses et les dômes. On dirait un concert sublime et céleste. C'est la voix de Dieu! mais je n'entends pas celle de mon amant..... S'il ne venait pas! s'il me trompait! s'il était maintenant à raconter à quelques hommes oisifs et débauchés que la signora Bardini lui a donné un rendez-vous! Infamie!.... Mais que dis-je? Vraiment mon esprit s'irrite, ma réflexion s'égare; lui se souiller à ce point!..... Mais qu'il vienne, je veux le voir..... Oh! il est là! (Les bouts d'une échelle de soie lancée de la rue retombent sur le parquet. Maria les resserre entre le bois de la fenêtre et son embrasure.)

SCÈNE II.

LA SIGNORA BARDINI, LOUIS.

LOUIS.

Ma Juliette m'attendait à son balcon. Les derniers flambeaux s'éteignent dans l'alcôve, le silence et le sommeil se répandent sur tous les êtres; mais pour nous c'est l'heure d'aimer, l'heure d'être deux. Le sommeil pour moi c'est l'absence, la vie c'est ton regard. Quel heureux avenir se déroule pour nous! exister l'un pour l'autre, et l'un par l'autre! Car l'amour, vois-tu bien, c'est le souffle mystérieux et divin qui nous vivifie; c'est la plus pure de toutes les joies terrestres; c'est lui qui nous fait croire au ciel.

LA SIGNORA BARDINI.

C'est lui qui nous fait redouter l'enfer!....

LOUIS.

Que voulez-vous dire?

LA SIGNORA BARDINI.

Rien....., Louis. Je veux que ton amour me console de toutes mes douleurs. Dis-moi que jamais tu n'en as ressenti un plus violent pour aucune femme..... Tu ne me réponds pas?..... N'y aurait-il en toi qu'un caprice à la place d'une passion? Ah! tu as laissé sans doute en France quelque jeune fille qui t'a bien aimé?

LOUIS.

Que m'importent aujourd'hui les jours que j'ai passés en France! La patrie, est-ce bien le lieu où l'on naquit? n'est-ce pas plutôt celui où sont toutes nos affections?

LA SIGNORA BARDINI.

Oh! je te crois. Ton sourire est trop doux, ton front trop calme et trop pur pour que dessous se cache une pensée menteuse.

LOUIS.

Maria, viens sur mon cœur!..... Que le premier baiser soit le premier serment, et que l'un et l'autre nous lient à jamais!

LA SIGNORA BARDINI.

Quelle est cette lettre que vous venez de laisser tomber?

LOUIS.

Si peu qu'elle éveille votre jalousie, je vais vous la montrer, Maria. Je ne sais point encore ce qu'elle renferme; elle vient de Paris.

LA SIGNORA BARDINI.

D'où j'ai emporté de bien pénibles souvenirs : j'y ai perdu mon père !

LOUIS (parcourant la lettre).

Anathème ! Bénédiction !

LA SIGNORA BARDINI.

Comme tu es pâle ! tes genoux fléchissent. Mais quelles fatales choses contient donc cette lettre, et de quel poison est-elle imprégnée ?

LOUIS.

Ne la lisez pas, Maria ! Maudissez-moi plutôt, car je vous trompais.

LA SIGNORA BARDINI.

Que dis-tu ?.....

LOUIS.

Que je suis un parjure et un infâme. Je mentais, Maria, je mentais, lorsque mon amour factice allait mendier le vôtre. Adieu ! je ne puis plus vous aimer; je ne vous aimais même pas. Je pars, et vous ne me reverrez jamais. — O ma bien-aimée ! quelle puissance inconnue t'a donc rendue à la terre? La vie pour elle, l'espérance pour moi ! Oh ! il y a des instans où la joie est plus atroce que la douleur, elle rend fou !

LA SIGNORA BARDINI.

Louis!.... Il m'abandonne! L'humiliation et le dédain..... Oh! non; dût-il m'accabler de sa haine, il restera, et je le saurai le nom de cette femme..... Vous ne sortirez pas, Louis, que je ne sache tout. (*Elle dénoue l'échelle de soie restée suspendue, et la jette dans la rue.*) Maintenant, si vous refusez, j'appelle mes gens; je leur dirai que je vous ai trouvé ici, que vous vouliez me déshonorer, me tuer, que sais-je!..... Ah! tu pensais ainsi te jouer de l'amour d'une femme! mais ta mémoire est donc bien infidèle ou ton ame bien vile? Que le premier baiser soit le premier serment! il n'y a qu'un instant qu'il me disait cela..... Il oublie donc que nous sommes à Rome, et que les italiennes se vengent..... Être délaissée par lui! Mais comment veux-tu que je vive si tu pars?..... Elle t'aime donc bien ta maîtresse, puisque tu as si grande hâte d'aller te jeter dans ses bras?.....

LOUIS.

Elle m'aime!..... Oh! non, Maria; je n'oserais croire à tant de bonheur. Jamais un mot d'amour pour moi n'est sorti de sa bouche. Peut-être même n'ai-je laissé aucune trace dans son souvenir; car je n'ai pu la contempler un instant belle et heureuse, que pour la voir l'instant d'après, pâle et sanglante, étendue sur un lit de douleur. Jusqu'à ce jour je l'ai cru morte, et quoique insensée, sans but, comme sans espérance, la religion du souvenir était restée impérissable dans mon cœur. En croyant la perdre pour toujours, j'avais juré par le Christ de n'appartenir à aucune autre. Je vous ai vue, j'ai renié mon serment; je la retrouve, vous voyez bien que je ne puis pas vous aimer!.....

LA SIGNORA BARDINI.

Ah! je sais bien ce qui t'entraîne auprès d'elle; c'est qu'elle est plus jeune et plus belle que moi.

LOUIS.

Elle vous ressemble.

LA SIGNORA BARDINI.

C'est étrange !

LOUIS.

Je crus à une apparition lorsque je vous rencontrai à Rome. Je m'enivrai de la joie de trouver l'image de celle que j'ai tant aimée. Je me sentais si heureux quand, sous vos traits, je me représentais ma fiancée d'un jour, revêtue d'un costume de bal, qu'elle devait ensuite échanger pour le linceul de la mort..... Quatre longues années n'ont point effacé l'impression de quelques instans..... C'était le 22 février.....

LA SIGNORA BARDINI.

Le 22 février ! as-tu dit ? Mais achève. Son nom ! le nom de cette femme ! De grâce, son nom ! (Elle saisit la lettre.) Ah ! c'est le mien !!!... Donne-moi le morceau de cette croix d'or que tu as brisée sur mon sein.

LOUIS.

Le voilà !.... Tu es mon dieu ! ma vie !

LA SIGNORA BARDINI.

C'est trop de joie ! il me haïssait par amour et par fidélité. Ce serait à présent l'heure de mourir.....

LOUIS.

Oh ! non, car à peine notre vie commence. Après le rêve quelle heureuse réalité !

LA SIGNORA BARDINI.

Quel affreux réveil !.... Éprouver tant d'amour et appartenir à un autre ! (Elle pleure.)

LOUIS.

Mariée !.... mot fatal devant lequel tout s'écroule. Nous portons tous les deux le sceau d'une implacable malédiction. Le devoir creuse entre nous un abyme et nous enchaîne à ses bords; mais la passion le franchira !

LA SIGNORA BARDINI.

La passion n'excuse pas le crime; elle ne fait pas taire la conscience..... Je suis une femme bien folle et bien coupable ! Je t'ai reçu ici, dans cette chambre, presque à côté du lit nuptial. Honte et infamie !.... Laisse-moi m'éloigner de ce miroir, car je n'oserais m'y regarder en face..... Il faut nous quitter, mon ami, c'est le seul nom que je doive te donner. Dieu te bénira, t'accordera une vie aussi douce qu'à ses élus, aussi pure que notre amour, parce que tu auras souffert, parce que tu auras été fort et résigné. N'est-ce pas que l'abnégation est la plus belle de toutes les vertus? Et puis, les jours se succédant les uns aux autres, qui sait ! le souvenir de tant d'émotions peut-être s'effacera-t-il de ta mémoire; tu vivras tranquille et heureux ; car la tranquilité c'est le souverain bien, le seul qui soit vraiment digne de nos désirs et de nos affections, celui qu'aucune amertume n'empoisonne.

LOUIS.

Tu es un ange, Maria ! Oui, j'aurai du courage, je saurai respecter tant de vertus ! Je t'aimerai jusqu'au tombeau, femme divine, mais mon amour sera aussi pur que ton ame.

LA SIGNORA BARDINI.

Oh ! merci, merci, mon ami !.... Grand dieu ! Quel est ce bruit ?

LOUIS.

Une voiture qui passe.

LA SIGNORA BARDINI,
Attérée par un pressentiment horrible et restant droite et immobile.

Elle s'arrête !.... O mon dieu ! nous sommes perdus..... c'est mon mari ! Il sait tout..... Louis, sauve-toi !

LOUIS.

Et l'échelle ! jetée dans la rue..... sort maudit !.... Pas une arme, pas un poignard !.... Allons il n'y a plus qu'une issue..... Priez pour moi, Maria ! (Il se suspend à la fenêtre et disparaît.)

SCÈNE III.

LA SIGNORA BARDINI, IL SIGNOR BARDINI.

IL SIGNOR BARDINI, entrant.

Seule ici, à cette heure, que faites-vous? Ah ! il a sauté.

LA SIGNORA BARDINI.

Grâce !!!

IL SIGNOR BARDINI.

Arrière ! (Il la repousse ; elle tombe évanouie.) Il ne m'échappera pas ! (Il saisit un flambeau, regarde dans la rue et fait feu d'un pistolet sur Louis, qui est gisant sur le pavé.)

CAMILLE SAGNIER.

Documens inédits.

LES INSECTES DU DIABLE ET LES ENSORCELÉS
DE LAVAL, PRÈS DE GRENOBLE.

PRÉAMBULE.

On lit dans le *Mercure galant*, année 1684, N.º d'octobre, pages 106 à 109, quelques détails, tirés d'une lettre écrite de Grenoble, sur une espèce d'insectes, jusqu'alors inconnus, trouvés dans des épis de blé. L'auteur du récit semble attribuer la formation de ces insectes à des causes surnaturelles. Le hasard vient de mettre dans nos mains cette lettre, écrite par un sieur Le Clerc, aide-major de la ville de Grenoble : sa publication intégrale remplira les lacunes du texte très-incomplet du *Mercure galant;* elle servira surtout à donner une juste idée des préjugés grossiers qui étaient encore généralement répandus au XVIIe siècle. La première partie de la lettre de Le Clerc est consacrée à décrire l'insecte trouvé dans les épis de blé avec une exagération qui ferait suspecter sa sincérité, si l'on ne savait que l'ignorance et les préoccupations superstitieuses aveuglent si étrangement l'esprit qu'elles le jettent dans une espèce d'imbécillité. La seconde raconte

un cas très-ridicule de sorcellerie, dont le petit village de Laval,
à quatre lieues de Grenoble, venait d'être le théâtre. Il ne faut
point, à ce mot, trop sourire de pitié. Il était bien permis aux
bonnes gens de croire à la nécromancie, à la magie blanche et
noire, et à toutes les niaiseries de la sorcellerie, quand naguère
les hommes les plus vénérables et les plus éclairés de la province,
dont le savoir et la sagesse étaient faits pour servir de guide et
de flambeau, les graves et doctes conseillers du parlement de
Grenoble, enfin, venaient de condamner solennellement le pauvre
prêtre Francesco de Nobilibus à périr dans les flammes, comme
atteint et convaincu du crime de magie[1]. Il est inutile même de
puiser dans cet ordre de faits une considération propre à légitimer
la crédulité publique; il suffira de faire remarquer que ce même
parlement assistait chaque jour aux supplices atroces que l'on
infligeait aux prévenus pour leur arracher la vérité. Certes,
quand la magistrature entière a persévéré jusque vers les dernières années du siècle passé à trouver fort raisonnable ce moyen
de procédure, dont l'ineptie et la cruauté nous révoltent aujour-
d'hui, quand une grande partie des légistes et des magistrats
s'opposèrent à l'abolition de la question, comme une innovation
dangereuse et funeste à la bonne administration de la justice, il
ne faut pas s'étonner que le peuple, égaré par ceux qui auraient
dû l'éclairer, fût imbu de préjugés et d'erreurs qui lui étaient
inoculés par ses chefs.

[1] Francesco de Nobilibus fut, par arrêt du parlement de Grenoble du 14
août 1606, pendu sur la place Grenette, à Grenoble, et brûlé, pour crime
de magie. L'arrêt a été publié par M. Jules Taschereau, dans la *Revue
rétrospective*, tome II, page 263. Les interrogatoires que le conseiller
Béatrix Robert fit subir à ce malheureux sont un modèle monstrueux de
cruauté et de sottise judiciaire; ils sont déposés en originaux à la bibliothèque publique de Grenoble, et méritent d'être conservés, parce qu'ils sont
un monument précieux des erreurs barbares de la justice humaine.

A Monsieur de Saint-Remy, à Paris,
commis de M. de Beaulieu.

A Grenoble, ce 29 juillet 1684.

Monsieur, je suis persuadé que vous n'impreuverez pas que je vous fasse part d'une espèce de prodige qui est arrivé ceste année dans les bleds de quelques contrées de ceste province, et particulièrement dans des villages autour de cette ville, dont vous jugerez beaucoup mieux par les épys que je vous envoye cy joint que j'ai mises dans du cotton bien accomodées, que par tout ce que je vous saurois dire. J'ajouteray seulement que les bleds où ces insectes se sont trouvés ont entièrement esté perdus, ensorte qu'il les a fallut faucher; et lorsqu'ils avoient vie et que l'on les touchoit, ils crevoient et il n'en sortoit que du sang fort pur qui sentoit très-mauvais, et qui n'avoit aucun mélange. Ce sang teignoit même si fort le linge qui en étoit touché, que pour l'emporter il le falloit mettre dans plusieurs lessives, et ce qui est encore de particulier, outre cette figure humaine qui paroît avec une espèce de bonnet sur la teste à la dragonne, sa couleur dorée et l'éguillon qui est attaché à l'épy par le quel il prenoit sa nourriture, ainsy que vous pouvez remarquer, c'est qu'après que l'épy n'avoit plus de substance, la beste mourroit et quelques jours après il s'y formoit une espèce de moucheron fort ideux, ayant le tour des yeux rouge et le dedans blanc avec une barre jaune au-dessus, qui, pour sortir, se faisoit un trou sur le derrière de la beste.

Mais ce n'est pas le tout, Monsieur, celuy qui m'a fait présent de celles que je vous envoye, qui est un advocat de mes bons amys et qui les a prises dans son fonds, m'en a fait veoir une qu'il s'est conservée et qu'il monstre par une extrahordinaire curiosité, qui est deux fois plus grosse, et trois fois plus longue; elle a justement la vraye ressemblance d'un diable comme on nous le dépeint; au lieu que celles que je vous envoye l'ont humaine. Ses cornes et ses oreilles sont longues et noires, ainsy que son museau, eyant de plus au ventre le bout des deux rangées de tetons à peu près semblables à ceux d'une truye, ce qui fait dire que c'est la figure d'un diable femelle. Mais pour son corps c'est bien la couleur la plus bisarre, et la plus agréable à la vue, tirant sur l'or, que l'on puisse s'imaginer. Les sçavans de ce pays ne savent que dire de tout cela, et les peuples qui n'ont jamais rien veu ny ouï dire de semblable, en sont fort allarmés, mais Dieu est sur tout.

Avec tout cela, je ne trouve point ce prodige si surprenant que ce qu'un nommé M. La Boissière, qui estoit brigadier des gardes de feu M. le duc de Lesdiguières, et un homme dont la probité est connue, me dit avant hyer qu'il a veu au village de Laval, qui est à quatre lieues de Grenoble, dont il est voysin : ving-quatre ou vingt-cinq personnes, tant hommes que femmes, qui sont possédés depuis quelque temps en ça, et qu'il y en avoit qui estoient enlevés par foys de la hauteur des maisons sans que par leur chute ils se fissent mal, et tous faisoient des contorsions espouvantables. Il me dit encore avoir parlé à un de ces malheureux dans le temps qu'il estoit paysible et rassis, qu'il lui dit comme chose la plus asseurée qu'il avoit esté transporté avec plusieurs autres à la sinagogue, où il avoit dansé autour d'un feu et fait toutes les autres choses que l'on dit que les sorciers ont accoustumés d'y faire, que je dirois bien ici, mais que la bienséance ne me le permet pas. L'on ne dit comment ce malheur est arrivé à ces pauvres gens, ny que la justice y ait encore esté, non plus que M. nostre évesque, parce qu'à mon advis ils n'ajoutent point foy à tout cela. Comme ce lieu de Laval n'est qu'à une bonne lieue de Barrault, où j'irai demain à mon employ, je tâcherai d'y aller un jour de dimanche ou de feste pour sçavoir au vray ce qui en est pour ma propre satisfaction et pour vous en faire part. — Je suis, etc.

Réponce de M. de St-Remy à la susdite lettre. L'original est avec les autres lettres qu'il m'a écrites.

Le 31 août 1684.

J'ai reçu, mon cher Monsieur, il y a déjà long-temps, la lettre que vous m'avez fait l'honneur de m'écrire du 29 juillet dernier, et je suis même honteux d'estre encore à vous remercier de toutes les marques de bonté dont elle est remplie. Mais je me flatte que pour n'avoir pas satisfait à ce devoir exactement dans le temps vous ne me croyez pas moins sensible à toutes vos bontés dont je conserverai un souvenir éternel. On a veu avec le dernier étonnement le prodige que vous m'avez envoyé, mais un de mes désespoyrs est qu'un des trois espys qui estoient dans votre lettre, il ne s'en est conservé qu'un entier, quelques précautions que vous eussiez prises pour les préserver du fracassement. Il est vray que des deux brysés il y en a un sur lequel on remarque encore bien mieux que sur celuy qui est entier la figure de femme, et j'en fais bien plus de cas que de l'autre : j'ay toutes les peines du monde cependant veu la sécheresse dont il est qu'il ne se réduise en poussière, et si cela arrive je n'en serai pas consolable, car asseurément on ne peut rien veoir de plus curieux, et si vous en pouviez mesme en recevoir trois ou quatre autres entières et les remettre dans une boëte pleine de cotton j'aimerois mieux en payer le port. En attendant, je ferai toujour graver ceux que j'ay dans le Mercure, et vous y verrez vostre lettre en substance. J'ay grande curiosité de sçavoir ce que sont devenus vos prétendus sorciers ou possédés, et je voudrois qu'un honnête homme comme vous pût me parler la dessus *de visu,* car je n'ajoute point de foy à toutes les fables que l'on fait souvent en de pareilles occasions nouvelles.

J'ay fait voir à M. Rousseau vos espys, mais comme il n'y en a qu'un, comme je vous ay déjà dit, je n'ay pas pu luy en donner.

Vostre, etc., SAINT-REMY.

BULLETIN

LITTÉRAIRE ET SCIENTIFIQUE.

Excursion à la Grande-Chartreuse, en montant par Saint-Laurent-du-Pont, visitant les bords du Guyer-Mort et descendant par le Sapey, par CHAMPIN. Recueil de trente-six vues dessinées d'après nature, lithographiées par MM. Arnout, Cuvillier, Hostein, Jacottet, Joly, Serrieu, Tirpenne, Villeneuve, et précédé d'une notice historique par M. C. Grenoble, Prudhomme, in-folio.

ON a tant écrit sur la Grande-Chartreuse, tant en style profane qu'en langage dévot, les touristes ont accentué la description de cette romantique et sauvage contrée d'une si grande profusion de points d'exclamation, poussé de si poétiques aspirations au spectacle de ses formidables aspects, tiré de ses souvenirs historiques tant de mensonges pour illustrer leurs *impressions de voyage,* qu'il est bien difficile, en vérité, que de long-temps un livre neuf, plein et saisissant, puisse être écrit sur cette merveille des Alpes, à moins qu'un homme de cœur et d'esprit, studieux et sensible, historien et artiste, n'accomplisse, dans le recueillement de ses méditations et de ses propres inspirations, cette noble et féconde tâche.

Godeau, évêque de Grasse, est le premier, je crois, qui, en 1654, ait décrit en vers la Grande-Chartreuse. Prélat plus éminent que poète inspiré, quoique de l'académie française, il ne fit qu'une bonne pièce de vers en sa vie; celle qui lui valut, de la bonne humeur du cardinal de Richelieu, la crosse et la mitre. Puis vient le poème de la Grande-Chartreuse, par un dévot religieux, en 1658. En 1775, le P. Mandar écrivait, sous le titre de poème, son voyage à la Grande-Chartreuse, et récemment la *Revue du Lyonnais* vient de publier sur le même sujet une production poétique de M. Bordes de Parfondry. Après les poètes se présentent les prosateurs : d'abord M. Cyprien Desmarais, qui, en 1822, a rédigé un court *Itinéraire de Grenoble à la Grande-Chartreuse;* Guerin, dont le *Voyage* parut en 1826; M. Dupré-Deloire, dont le beau volume, publié en 1830, volume si plein de choses bonnes et curieusement étudiées, reparaîtra bientôt enrichi des recherches que prépare pour sa réimpression la piété filiale; enfin un religieux du monastère, qui, en 1837, a donné un *Tableau historique et pittoresque de la Grande-Chartreuse,* production plus pieuse que littéraire. Les revues, les albums, les feuilletons des journaux renferment bien encore une série d'articles plus ou moins pittoresques, romantiques ou intimes, sur la Grande-Chartreuse, qu'il serait long d'énumérer; il suffira de dire que le nombre des productions bonnes, médiocres ou détestables écrites sur la solitude célèbre des enfans de Saint Bruno est si considérable, que la plume de l'écrivain, frappée d'impuissance sur ce sujet, doit se reposer et se taire.

Mais il est un autre moyen bien propre à révéler les beautés que la nature a répandues dans les contrées où est située la Grande-Chartreuse : ce moyen, dont les résultats parlent à l'œil, tandis que la plume se borne à les décrire d'une manière toujours incomplète, le crayon de l'artiste nous l'offre. C'est une œuvre de ce genre qui vient d'être tentée avec succès par M. Champin et les habiles dessinateurs qui ont travaillé sous sa direction. Les artistes commencent leur itinéraire à Saint-Laurent-du-Pont, entrent à Fourvoirie, et suivent pas à pas le chemin jeté, parmi tant d'accidens pittoresques, sur le flanc des rampes, à travers les bois, sur le bord du torrent, jusqu'au monastère. Du monastère, ils redescendent par le Sapey jusqu'aux limites du désert, et c'est dans le cours de ce pèlerinage que leur crayon emprunte aux sites les plus originaux le charme et le prestige étalés dans les belles planches que nous avons sous les yeux. Nous n'entreprendrons pas de faire l'éloge de ces planches, le mérite des artistes qui leur ont donné leurs soins est une garantie de la supériorité de leur exécution. Ne terminons pas ces lignes sans féliciter M. Prudhomme de s'être rendu l'éditeur de ce magnifique album : c'est par de semblables entreprises que l'imprimerie et la librairie départementales tendront à secouer le monopole de la capitale, et à se placer au rang où le développement des arts doit les placer un jour.

IXᵉ LETTRE

SUR

L'HISTOIRE DE LA VILLE DE GAP.

(1596 à 1601.)

Autorité de Lesdiguières dans le Dauphiné. — Réglement qui fixe les gages des consuls de Gap et des officiers de la communauté. — Édit de Nantes. — Gap devient place de sûreté pour les protestans. — La Tour-du-Pin-Gouvernet, gouverneur de la ville et de Puy-Maure. — Transaction entre l'évêque et la ville. — Autre transaction entre les chanoines prébandés et les habitans de Montalquier, de Colombis et des Méyères. — Visite pastorale de Paparin dans son diocèse. — Les gentilshommes usurpateurs des bénéfices ecclésiastiques. — Gouvernet incorpore divers prieurés à ses seigneuries. — Plainte contre un ministre protestant de Veynes. — Mémoire adressé par l'évêque aux commissaires nommés pour l'exécution de l'édit de Nantes. — Réponse des commissaires. — L'exercice public de la religion réformée est permis dans Gap. — Les ecclésiastiques du diocèse soumis à l'impôt de deux et demi pour cent. — Mort de Paparin de Chaumont. — Maisons religieuses détruites dans le diocèse pendant les guerres de religion. — Assemblées auxquelles l'évêque avait

assisté pendant son séjour à la Baume. — Son traité avec Lesdi-
guières. — Il lui cède les seigneuries du Noyer et du Glaizil.
— Restriction secrète au sujet de cette cession. — Son dernier
traité avec la ville de Gap. — Canal d'irrigation de la Baume
entrepris par cet évêque. — Il assiste à l'assemblée générale du
clergé de France. — A son retour, il reçoit la visite du pasteur de
Gap et le jette par la fenêtre. — Charles-Salomon du Serre lui
succède. — Réglement du 16 avril 1601 pour l'exécution de l'édit de
Nantes dans la ville de Gap. — Auteurs gapençais du XVIe siècle.

(1596 à 1598.) Lesdiguières n'avait point encore la qualité de
lieutenant-général de la province, mais parfois il en exerçait
l'autorité, à l'insu ou peut-être du consentement d'Alphonse
d'Ornano, qui ne voulait pas lui céder cette charge. Le 20 mars
1596, il mandait à Du Villar, commandant à Gap pour le service
du roi, que l'on ne pourrait lui donner que cinquante hommes
pour la ville et Puy-Maure[1], ce qui fait présumer que la milice
urbaine continuait son fidèle service, en exécution du traité de
1589. Le 28 novembre de la même année, le président Fustier,
commissaire nommé par le parlement, expliquait, corrigeait et
augmentait le réglement de 1560 qui avait déterminé les droits
des protestans et des catholiques dans la ville de Gap, fixait *les
gages* des consuls de l'intérieur à trois cent vingt sous, ceux des
consuls de la banlieue ou *comput forestier* à cent soixante sous, et
les gages du procureur et du secrétaire de la communauté au
maximum de vingt francs pour chacun d'eux[2]. Deux ans après,
le fameux édit de Nantes fut publié. Le roi ayant permis aux
calvinistes de garder pendant huit ans les places de sûreté par
eux tenues au moment de la publication de l'édit, la ville de Gap

---

[1] *Lettre autographe de Lesdiguières* déposée à la bibliothèque de Gap.

[2] *Réglement du 26 novembre 1596.* Archives de l'hôtel-de-ville, livre
rouge, pag. 305 et suiv.

reçut une garnison de vingt-un hommes, et le fort de Puy-Maure, de soixante, aux frais de Sa Majesté. La Tour-du-Pin-Gouvernet eut alors sous sa dépendance non-seulement la ville et la forteresse, mais encore les places d'Embrun, de Serres et d'Exilles. — Paparin de Chaumont gouvernait toujours spirituellement le diocèse de Gap.

(1598.) Enfin nous respirons plus librement sous la charte de la réformation; chacun rentre dans la plénitude de ses droits et dans le libre exercice de son culte; nous finissons comme nous aurions dû finir quarante ans plus tôt, si la raison entrait pour quelque chose dans les affaires de ce monde : les protestans font publiquement leur prêche dans le temple de Sainte-Colombe, et, le bâton à la main, ils ne contraignent plus les catholiques d'y assister; monseigneur de Chaumont chante paisiblement le *Te Deum* dans sa cathédrale quelque peu restaurée; et la persécution cessant, le protestantisme cessera non-seulement de faire des prosélytes, mais nous verrons les gentilshommes qui avaient si long-temps combattu pour sa cause l'abandonner peu-à-peu.

Au mois d'avril 1598, époque à laquelle Henri IV dressait son fameux édit, l'évêque avait quitté la Baume-lès-Sisteron pour se rendre dans le sein de sa ville épiscopale, et transigeait sur les droits de fournage et sur le consulat avec les consuls Gaspard de Rostaing, Arnoux de Bardonnesche et Georges Philibert, assistés de Jacques de Grilh, seigneur de Chaliol, et autres députés de la communauté; il s'engageait à nommer six greffiers pour la judicature de Gap, et s'abstenait de prendre le titre de comte de cette ville. Quelques mois plus tard, les habitans des quartiers de Montalquier, de Colombis et des Meyères traitaient, de leur côté, pour la dîme avec les chanoines prébandés, messires Jean Buisson, Arnoux Hallet et Paul de Beauvais : ils promettaient, pour en tenir lieu, de payer à leurs suzerains ecclésiastiques une pension annuelle et perpétuelle de deux cent quarante écus. — Tout paraissait donc tranquille au sein des Alpes, si ce n'est que la peste ou plutôt une maladie contagieuse moins redoutable, mais embellie de ce nom, régnait dans Gap[1]. Paparin de Chaumont put dès-lors, sans être inquiété par les religionnaires, parcourir les diverses paroisses de son diocèse.

(1599.) Il n'exécuta le projet qu'il en avait formé que vers la fin de l'été de l'année suivante; et, malgré son grand âge, il visita deux cents églises dans la partie du diocèse située dans le Dauphiné. Il trouva, *par la grâce de Dieu,* qu'en général la réforme y avait fait peu de progrès, car sur onze parts dix avaient persévéré dans la foi catholique; mais ces catholiques n'en étaient pas moins en grande partie *deslaissez de la pasture spirituelle*, car les bénéfices étaient tombés aux mains des gentilshommes de la religion prétendue réformée, lesquels n'étaient nullement disposés à s'en dessaisir. Les gentilshommes catholiques qui en avaient également occupé quelques-uns par force, afin de les soustraire aux nobles protestans, trouvaient, de leur côté, que ce qui était bon à prendre était *bon à garder,* suivant une maxime qui devait être proclamée deux siècles plus tard. L'évêque signala M. de Gouvernet comme ayant incorporé plusieurs bénéfices à ses diverses seigneuries, entre autres les prieurés de Mévoillon, de la Chaup, de Ballons et de la Charce-Rosans. Les ecclésiastiques avaient été chassés des lieux où ils voulaient exercer leur ministère; on laissait tomber en ruines les églises des bénéfices envahis, et l'on faisait démolir celle de Mévoillon, au grand scandale des catholiques.

Arrivé au bourg de Veynes, Paparin de Chaumont ne put voir sans indignation un nommé Barbier, se disant ministre protestant, faire ensevelir dans le cimetière catholique, en plein jour et comme pour le braver, un calviniste qui s'était cassé le cou en

---

[1] *Transactions des 15 avril et 22 juillet 1598. Ms.* — Au bas d'une copie *parte in quâ* de la première transaction on lit : *Il y a dans la ville de Gap et son terroir trois mille cinq cents ames.* Combien les guerres civiles en avaient diminué la population, si la note est exacte !

travaillant à sa maison le jour de la fête de l'Ascension, malgré la teneur de l'édit, qui défendait aux protestans de travailler les jours de fête; aussi s'empressa-t-il de poursuivre devant le parlement cette infraction à l'édit. Mais le ministre Barbier, loin d'être intimidé par les poursuites de l'évêque, eut l'audace de venir prêcher à Gap, où il se trouvait encore au moment où Paparin terminait sa visite pastorale et rentrait dans la ville. Barbier, accompagné d'un autre ministre et de huit ou dix membres du consistoire, se rendit, sur les huit à neuf heures du soir, au logis de l'évêque, *son seigneur temporel et spirituel, pour penser mouvoir une sédition; ce qui feust advenu sans l'ayde de Dieu, au grand scandale de tout le peuple catholique qui est encores, par la grâce de Dieu, en tel nombre qu'il y en a cent pour ung qui ose directement offencer les édicts du Roy et contrevenir à la volonté de Sa Majesté.*

Au mois de novembre, Paparin adressa un mémoire aux commissaires nommés pour l'exécution de l'édit de Nantes et pour terminer les différends qui pourraient s'élever entre les protestans et les catholiques. Parmi eux et à leur tête, se trouvait l'ancien ennemi du prélat, ce petit gentillâtre de Saint-Bonnet devenu l'un des plus grands seigneurs du royaume, Lesdiguières, en un mot, à qui l'évêque ne craignit pas d'exposer les griefs qui précèdent, et de demander : 1° le rétablissement de la religion catholique, apostolique et romaine en tous les lieux de son diocèse où l'exercice en avait été suspendu, avec défense de le troubler dans la perception des fruits des bénéfices, lesquels seront employés au rétablissement du service divin, au paiement des pasteurs et à l'achat ou à la réparation des ornemens sacerdotaux, jusqu'a ce que de vrais pasteurs, autres que ceux introduits dans la bergerie par les religionnaires, aient été canoniquement institués; — 2° qu'il fût enjoint aux personnes qui troublent les ecclésiastiques dans la jouissance de leurs bénéfices, de leur en laisser désormais la libre possession; — 3° qu'il fût prescrit au sieur de Gouvernet de payer les décimes imposés sur les bénéfices dont il s'était emparé;

car ses gens menaçaient les receveurs de les jeter dans des citernes lorsqu'ils venaient les percevoir, bien que ledit sieur de Gouvernet dût environ mille écus; *chose qui revient au grand dommage du clergé et retardement du secours du roy, paiement de ses deniers et contravention à son édict;* — 4° qu'il fût fait inhibitions et défenses aux calvinistes de prêcher et de faire aucun exercice de leur religion dans les églises et les maisons ecclésiastiques, ni en aucun lieu du diocèse, si ce n'est aux lieux déterminés par l'édit; — 5° que les personnes qui ont fait démolir des églises depuis l'avénement du roi à la couronne, telles que Mévoillon et autres, fussent tenues de les réédifier et de les délaisser à leurs pasteurs légitimes; — 6° que l'exercice de la religion prétendue réformée fût interdit et défendu dans la ville de Gap, ainsi que dans les terres et places où l'évêque a haute juridiction et plein fief; — 7° que les cimetières sacrés fussent remis aux catholiques, sans que les protestans pussent y enterrer leurs morts; devant se contenter des cimetières qui leur ont été donnés précédemment et dont ils n'ont pas été dépossédés; — 8° qu'il fût permis à l'évêque de faire informer par ses justices temporelles et spirituelles sur l'infraction des fêtes et l'exercice de la *prétendue* religion réformée par les *prétendus* ministres, ainsi que sur la vente des livres prohibés et censurés, excepté aux lieux où l'édit a permis d'en vendre; — 9° enfin que l'évêque et les ecclésiastiques de son diocèse fussent déchargés de toutes impositions, péages et droits perçus sur les blés, les vins et les autres denrées à eux appartenant[1].

Vous voyez, Monsieur, que messire Paparin de Chaumont, bien que parvenu aux confins de la vie, bien que sa santé fût, dès-lors, très-languissante, soutenait encore avec énergie les droits de son église, en demandant l'exécution de l'édit de Nantes,

---

[1] *Requête de l'évêque de Gap aux commissaires députés pour l'exécution de l'édit de Nantes, avec la réponse desdits commissaires sur tous les articles de cette requête, en date du 8 novembre 1599. Ms.*

et surtout en l'interprétant de la manière la plus favorable aux catholiques. L'inculpation la plus grave tombait sur le gouverneur de Gap; aussi les commissaires s'empressèrent-ils de lui renvoyer la requête de l'évêque avant de faire leurs réponses. Celle de M. de Gouvernet ne se fit pas attendre. En voici quelques fragmens qui méritent d'être rapportés textuellement : *Le sieur de Gouvernet ayant veu la requeste présentée à vous messeigneurs les commissaires par le sieur évesque de Gap, pleyne de mots picquants, proteste de la calomnie et injure que ledict sieur évesque luy faict par lad. requeste, et d'en poursuivre réparation en temps et lieu par devant qui appartiendra; car il dict n'avoyr oncques usé d'aulcune force et violence à l'encontre des titulaires des bénéfices.* Il ajoutait que l'église de Mévoillon s'était *d'elle mesme ruynée par vieillesse et caducité*, et qu'il l'avait fait réparer en certains endroits, etc.

On ignore si, dans la suite, la menace de la plainte en calomnie à diriger contre l'évêque reçut quelque exécution; mais le 8 novembre 1599, les commissaires Lesdiguières, d'Yllins et de Vic statuèrent sur sa requête. Trouvant la réponse du sieur de Gouvernet quelque peu évasive, ils lui ordonnèrent de répondre catégoriquement s'il tenait les prieurés mentionnés dans la requête et s'il les avait incorporés aux seigneuries qui lui appartenaient. Puisque l'affaire du ministre Barbier avait été portée au parlement, l'évêque fut renvoyé à se pourvoir devant ce grand corps de magistrature. Il obtint, d'ailleurs, presque toutes les fins de sa demande; mais en ce qui concernait la prohibition de l'exercice de la religion réformée dans la ville de Gap, il eut la douleur de voir dire et prononcer que l'exercice de cette religion ayant été fait en l'année 1596, avant et après cette époque, il n'y avait pas lieu d'en ordonner l'interdiction; ce qui était conforme aux dispositions de l'article 9 de l'édit. Il en fut de même du dernier article de la requête, lequel tendait à soustraire les ecclésiastiques au paiement de l'impôt. Les commissaires, considérant que l'imposition

de deux et demi pour cent avait été ordonnée pour le bien du
service de Sa Majesté, et pour subvenir aux dépenses que le pays
avait été contraint de supporter, déclarèrent que nul ne pouvait
en être exempté[1]. Ensuite ils continuèrent, dans les autres parties
de la province, la pénible mission d'adoucir l'aigreur des esprits,
de démêler les chicanes et d'aplanir tous les obstacles que
pouvait présenter l'exécution de l'édit de Nantes; et l'évêque,
peu satisfait sans doute de n'avoir pas obtenu tout ce qu'il avait
demandé, s'en retourna à la Baume-lès-Sisteron, où il termina
sa longue et orageuse carrière le 1er août 1600, étant dans la
soixante et dixième année de son âge. Ses restes furent déposés
dans un caveau de l'église des Pères Prêcheurs de la Baume, près
du maître-autel, du côté de l'évangile, où l'on voyait encore son
épitaphe avant la révolution de 1789[2].

Je suis étonné que dans la requête si longuement analysée dans
les pages qui précèdent, Paparin de Chaumont n'ait pas mentionné l'antique abbaye de Clausonne, qui tenait le premier rang
parmi les maisons religieuses de son diocèse. Le monastère fut
incendié pendant les guerres de religion, les moines dispersés, et
les seigneurs du voisinage ne manquèrent pas de se saisir de tous
les biens et de tous les revenus qui en dépendaient. En l'année
1570, l'abbaye de Clausonne, située dans un vallon environné
d'une belle forêt et de la montagne de ce nom, non loin des
vallées de Vitrolles et de Ventavon, était encore debout et desservie
par douze religieux de l'ordre de Saint-Benoît, non compris les
frères convers. Il y eut dans la suite un abbé commendataire
nommé par le roi, lequel était grand-vicaire né du diocèse
pendant la vacance de l'évêché. Le dernier qui a occupé cette
charge et joui du peu de revenus qui y étaient attachés, est l'abbé
de la Vilette, qui vivait encore pendant les premières années de

---

[1] *Réponse en marge de la requête citée.*

[2] JUVENIS, *Mémoires inédits.* — *Annales des Capucins de Gap,* page 59.

la révolution, mais qui, je pense, n'a jamais porté ni mitre ni
crosse, à cause de sa taille si tortueuse et si extraordinairement
exiguë. Paparin eut également pu rappeler aux commissaires la
destruction du prieuré de Romette, dont j'ai déjà eu occasion de
vous entretenir, et du monastère de Bénédictins situé au sommet
de la montagne de Saint-Maurice, dans la paroisse de Val-Serres,
et sur laquelle les processions des paroisses voisines se rendaient
le second jour de la Pentecôte, avant que Notre-Dame-du-Laus
les eût attirées dans son sein; monastère qui jouissait de plusieurs
droits seigneuriaux dans le voisinage, et qui fut ensuite érigé en
prieuré et mis sous la dépendance de l'abbaye de Boscodon dans
le diocèse d'Embrun. Il eût pu mentionner encore les pertes
éprouvées par les Dominicains de la Baume, où l'on voit encore
quelques restes d'une ancienne église élevée par les soins de la
reine Béatrix au commencement du XIIIe siècle; par le couvent
du Pin, situé entre Claret et Curban; par le prieuré d'Orcière;
par les Bénédictins de Souribes et les Bénédictins de Valernes;
par les prieurés de Saint-Marcellin et de Saint-Disdier; par la
prévôté de Chardavon, et peut-être même par le couvent de
Durbon, caché dans un désert qui ne resta pas inaccessible aux
investigations des seigneurs protestans. Enfin, il n'eût pas dû
oublier la destruction des couvens, des églises et des maisons
religieuses situés dans Gap ou dans les environs de cette ville, qui
ont fait l'objet de ma sixième lettre [1].

Pendant son séjour à la Baume, notre évêque assista à toutes
les assemblées du clergé tenues à Aix, et particulièrement au
concile qu'il avait provoqué et qui eut lieu dans cette ville
métropolitaine en l'année 1585. Il se rendit également aux
assemblées des trois ordres et les présida fort souvent, car il
jouissait de la réputation bien méritée de grand politique, de
grand homme d'état et de grand prélat. Le duc d'Epernon,

---

[1] CHORIER, *Estat ecclésiastique du Dauphiné.*

gouverneur de Provence, et La Valette, son frère, lieutenant de
roi en cette province, allaient souvent le visiter à la Baume,
lorsque les circonstances les obligeaient de faire de Sisteron le
lieu de leur résidence, afin d'obtenir ses conseils sur les affaires
épineuses qui se présentèrent si fréquemment pendant les guerres
de religion. Si, après l'avénement d'Henri IV, il fit sa paix avec
Lesdiguières, ce ne put être qu'en vue du bien de son diocèse, et
afin de pouvoir y exercer librement ses fonctions épiscopales. Le
traité qu'il fit avec son vainqueur renfermait une clause désespé-
rante et contraire, peut-être, aux saints canons et à la discipline
ecclésiastique, car il se soumit à lui céder les seigneuries du Noyer
et du Glaizil dépendant du domaine de l'évêché; mais sa présence
d'esprit ne l'abandonna pas dans cette fatale conjoncture : il tâcha
de rendre, pour l'avenir, cette clause illusoire, en rédigeant
secrètement une protestation contre cette partie du traité, dans
laquelle il déclarait qu'il n'entendait nullement faire la cession
des deux seigneuries au préjudice de ses successeurs; et vous
conviendrez que ce n'est pas ici la plus belle page de son histoire.
Il eut, vous le savez déjà, quelques affaires temporelles à démêler
avec diverses communautés qui se trouvaient dans sa dépendance,
et particulièrement avec la ville de Gap, dont il s'était aliéné
l'esprit en usurpant le titre de comte : il traita pour la dernière
fois avec elle, par le moyen de ses officiers, le 24 mars 1600,
relativement à sa juridiction et à celle du courrier ou juge de
police. Enfin, notre évêque fut nommé député, par l'assemblée
provinciale du clergé d'Aix, à l'assemblée générale du clergé de
France qui se réunit à Paris le 15 mai 159.... [1].

Paparin de Chaumont avait pris en grande affection le lieu de
sa retraite, et il s'occupait, autant que les troubles incessans de
cette époque pouvaient le permettre, à améliorer le sort des

---

[1] *Livre des Annales des Capucins de Gap*, page 59. — *Transaction du
24 mars* 1600. Livre rouge, page 309 et 310.

habitans de la Baume. Le premier, il conçut un dessein qui plus tard reçut son entière exécution par la constance et la fermeté d'un évêque de Sisteron, et qui d'un pays agreste et improductif en a fait un jardin riant et propre à tous les genres de culture. Le roi avait permis à Paparin de dériver l'eau du torrent de Sasse pour arroser les coteaux et la plaine de la Baume; il commença par faire percer un rocher de trois mille pas de long qui devait servir d'aqueduc pour amener les eaux dans le territoire de cette paroisse; mais son grand âge, la maladie à laquelle il succomba et qui durait depuis un an, le dégoût qu'elle lui inspira pour les choses de ce monde, et qui ne lui permit plus que de *s'occuper de Dieu et des joies du paradis*, suspendirent l'exécution du canal de la Baume[1]. Pourquoi le nom de notre prélat ne se trouve-t-il pas gravé à côté de celui de M. de Saint-Tropez, sur le monument élevé à ce dernier par la reconnaissance des habitans de la Baume et de Sisteron?

La fierté, et je dirai même la rudesse de son caractère, vous a été dévoilée dans mes précédentes lettres : en passant brusquement du camp au sanctuaire, ses défauts ne reçurent que de faibles adoucissemens. Sur la fin de sa vie, il montrait encore une énergie, une irritabilité qui ne s'alliaient guère avec les fonctions épiscopales. Il osa prendre le titre de comte de Gap, qui toujours lui fut dénié par nos magistrats municipaux; et il fut le premier de nos évêques à usurper ce titre, quoi qu'en aient pu dire des écrivains de la capitale, copistes d'un ouvrage remarquable sur les Hautes-Alpes, qui fait remonter cette usurpation au XIIe siècle[2]. Enfin, pour vous donner une idée complète du caractère de Pierre Paparin de Chaumont, je terminerai son histoire par un dernier

---

[1] *Livre des Annales des Capucins de Gap*, loco citato.

[2] Voy. *Histoire, antiquités, etc., des Hautes-Alpes*, page 78, édition de 1820. — Voyez aussi l'*Ermite en province*, la *France pittoresque*, etc., où cette erreur est reproduite, comme tant d'autres sur l'histoire de la ville de Gap.

acte de violence dont le récit nous a été transmis, sans malice aucune, par un vénérable père de l'ordre de Saint-François qui écrivait en l'année 1658. Je craindrais d'en altérer la fraîcheur, et surtout de ne pas rendre convenablement la douce et presque imperceptible satisfaction qu'éprouve ce bon père en voyant notre prélat châtier comme elle le méritait l'insolence d'un ministre huguenot, si je ne copiais exactement ses propres paroles :

« A son retour (de l'assemblée du clergé de France), tout le
» corps de la ville de Gap l'alla visiter. Le ministre crut qu'il en
» devoit faire de mesme, et y estant allé, se promenant avec
» led. seigneur évesque dans sa salle, il feut si téméraire que de
» luy dire que la ville de Gap recevoit ce jour le grand honneur
» de voir leurs deux pasteurs ensemble. Ce seigneur fut si offensé
» de cette insolence, et qu'un petit ministre osât s'esgaler avec
» luy qui estoit son prélat et son seigneur, n'estant que son subject;
» comme il estoit robuste, d'une riche taille et bien proportionnée,
» il saisit cet insolent *et le jetta par la fenestre* [1]. »

Pendant sa maladie, Paparin de Chaumont avait demandé pour coadjuteur Charles-Salomon du Serre, qui lui succéda en effet le 22 août 1600, et qui prit possession de l'évêché de Gap le 21 mars 1602, après avoir été sacré à Aix le 28 mai de l'année précédente. Ce prélat nous arriva gros de procès, de chicanes, de prétentions ridicules; il les mena de front avec le rétablissement de la discipline ecclésiastique, et la création de nouveaux monastères dans le sein de sa ville épiscopale; il eut la douleur de voir s'y tenir sous ses yeux un synode où affluèrent de tous les coins de la France les ministres protestans des deux confessions, et il regretta peut-être de ne pas jouir de la force musculaire de son prédécesseur pour les faire tous sauter par la fenêtre. Avant de développer les divers actes de son épiscopat, permettez-moi de revenir à l'édit de Nantes, dont l'exécution fut réglée par les commissaires royaux, le 16 avril 1601, de la manière suivante :

---

[1] *Livre des Annales des Capucins de Gap*, page 60.

(1601.) Il fut enjoint aux protestans comme aux catholiques d'observer strictement les édits du roi, de demeurer unis, de ne jamais se provoquer de fait ni de paroles, sous peine, pour les contrevenans, d'être déclarés perturbateurs du repos public et punis comme criminels de lèse-majesté. On leur recommanda également l'observation des ordonnances qui prohibaient les duels, les jeux et les blasphêmes. Nous verrons comment ce premier article fut interprêté en faveur des capucins quelques années plus tard, et à l'égard des pénitens vers le milieu du XVIIe siècle. Immédiatement après sa publication, il dut se commettre bien des crimes de lèse-majesté, si nous en jugeons par analogie avec ce qui s'est passé sous nos yeux après la tourmente révolutionnaire. — Passons maintenant à l'organisation municipale de la ville de Gap et au mode d'élection de ses consuls. Le conseil particulier était composé de vingt-quatre citoyens, savoir : deux ecclésiastiques, onze catholiques et pareil nombre de protestans. Les conseillers de l'une et de l'autre religion devaient désigner, chacun de leur côté, six habitans de leur croyance pour le premier, le second et le troisième ordre de consuls; en tout douze candidats. Ensuite la nomination des consuls était soumise au suffrage du peuple en assemblée générale, qui procédait à l'élection en choisissant un consul catholique pour le premier ordre, et un consul protestant pour le second. L'année suivante, l'élection était faite de la même manière, excepté que, pour le premier ordre, il était nécessaire que l'élu professât la religion prétendue réformée, et, pour le second, la religion catholique; et ainsi alternativement d'année en année. Le troisième consul pouvait être pris indifféremment parmi les sectateurs de l'une et de l'autre croyance, et l'élection en était laissée au libre suffrage du peuple. — Le procureur, le secrétaire et le receveur de la ville devaient être choisis, une année parmi les catholiques, et l'année suivante parmi les protestans. — Les revenus de la commune étaient distribués par le conseil, et les paiemens effectués sur mandats signés de tous les consuls, à peine de concussion : les comptes en étaient rendus devant des auditeurs pris en nombre égal dans l'une et l'autre religion. Après deux siècles révolus, les choses se passent à-peu-près de la même manière, sauf la différence de religion qui est effacée, et l'intervention de l'autorité supérieure pour approuver les budgets et régler la comptabilité. — Les religionnaires devaient entretenir leurs ministres à leurs frais, et l'imposition de six cents écus, levée sur les habitans pour secourir les pauvres des deux religions, était supprimée. — Il fut permis aux catholiques de fondre, dans un an, autant de cloches qu'ils le désiraient pour le service de leur église; pendant ce temps, ils purent se servir de la cloche de l'horloge; mais à l'expiration du terme, la cloche susdite ne devait plus retentir que pour signaler les incendies, pour convoquer les conseils municipaux, ou pour les autres affaires civiles et politiques de la communauté. — L'instruction publique n'était pas salariée à frais communs; les régens et les maîtres d'école étaient entretenus par la religion qui les instituait; mais il était permis aux élèves, ainsi qu'aux régens, sans distinction de croyance, d'assister aux leçons publiques et d'ouïr les professeurs que bon leur semblerait, ou plutôt qui leur sembleraient bons. — Selon les dispositions de l'article 20 de l'édit de Nantes, les fêtes de commandement, d'après l'usage du diocèse, devaient être observées par tous les habitans ; ainsi les protestans étaient tenus de chômer les fêtes de la Sainte-Vierge et celle du glorieux patron de Gap. — Les catholiques pouvaient continuer de faire leurs processions aux jours, lieux et heures accoutumés, en ayant soin de ne pas troubler les protestans dans l'exercice de leur culte. L'abbaye de *Malgouvert,* dont je ne puis vous donner les statuts, faute de les connaître, ainsi que les charivaris qui depuis ont repris leur cours dans la ville d'une manière aussi intense qu'avant les guerres de religion, furent défendus jusqu'à ce que le roi en eût autrement ordonné; mais les commissaires se gardèrent bien de prohiber les bals, car vous savez qu'au XVIe siècle l'on dansait toujours, en temps de paix comme en temps de guerre, dans le salon comme sur la brèche, dans la ville comme à la campagne ; témoins la fête du 2 janvier 1577, qui précéda la surprise de Gap par Lesdiguières ; la gaillarde dansée par nos dames dans les prairies de Saint-Arey au primptemps de 1589, et le divertissement que prenait la garnison de Chorges au moment où le héros champsaurin s'en emparait en l'année 1585. Seulement les propriétaires des maisons où se tiendraient les bals demeuraient responsables des scandales qui pourraient s'y commettre. — Le sergent-major devait continuer ses fonctions jusqu'à ce que M. de Lesdiguières, lieutenant-général pour Sa Majesté, l'eût révoqué. — Enfin, il fut expressément défendu aux religionnaires de s'assembler sans la permission du magistrat, hors les cas mentionnés en l'article 34 de l'édit.

Telle est la constitution qui nous fut octroyée le 16 avril 1601 par les seigneurs de Lesdiguières et d'Yllins, commissaires du roi. Déjà, au mois de novembre 1599, ils avaient rendu deux ordonnances provisoires, l'une portant défense aux citoyens de l'une et de l'autre religion de se provoquer par injures ou voies de fait ; et la seconde contre les blasphémateurs, les taverniers qui donnaient à boire pendant le service divin, et les joueurs qui se permettraient de déployer les cartes ou de faire rouler les dés pendant le même service [1].

Vous venez de voir que, quant à l'administration de la ville et aux droits politiques de ses habitans, le réglement de 1601 différait peu de celui de 1564 ; que les fonctions municipales, au commencement comme à la fin de nos discordes civiles, étaient également départies aux protestans et aux catholiques, les droits des uns et des autres également garantis, et leurs croyances également respectées. Et puis, allez vous ruer les uns sur les

---

[1] *Réglement du 16 avril* 1601, au bas duquel sont transcrites deux ordonnances du **12** novembre 1599. *Archives de l'hôtel-de-ville*, livre rouge, pag. 315 et suiv.

autres, vous battre, vous déchirer, vous injurier, vous calomnier pendant trente ans; prenez et reprenez la ville, pillez-la et la repillez; détruisez ses monumens, abattez les maisons des vaillans capitaines qui sont nés dans son sein, assassinez son évêque, dévastez, ravagez sa campagne, pour arriver tout juste au point d'où vous étiez partis! — Convenons cependant que le réglement de 1564 était inexécutable, parce qu'à cette époque la révolution du XVIe siècle en était à son aurore, et que les principes en étaient vivement contestés; tandis qu'au commencement du XVIIe elle était consommée, et que la charte de Henri-le-Grand était devenue une nécessité que la lassitude des partis devait faire accueillir avec empressement, sinon avec reconnaissance. — Cette immense révolution, mère de toutes celles qui l'ont suivie, a eu ses apologistes et ses détracteurs : elle les a encore. Les premiers lui attribuent, en grande partie, les progrès rapides de la civilisation et des formes de gouvernement plus rationnelles et moins imparfaites que celles du moyen-âge; les seconds y aperçoivent en germe la philosophie corrosive du XVIIIe siècle, l'égoïsme de notre temps et ce mal moral qui travaille la société et l'ébranle jusqu'en ses fondemens. Peut-être que les uns ont raison, et que les autres n'ont pas tort. Quoi qu'il en soit, passons à d'autres objets, et voyons si, pendant ce siècle immense, que j'ai dépassé d'une année, afin de ne point séparer de son principe la conséquence des guerres de religion; voyons, dis-je, si la ville de Gap n'a pas eu quelques petits grands-hommes à signaler à la postérité, et dont vous chercheriez vainement les noms dans les nombreuses biographies qui ont été publiées depuis le savant abbé Ladvocat, jusqu'aux élucubrations des érudits qui ont concouru à l'interminable collection de Michaud. La liste n'en sera pas longue, puisque déjà je vous ai parlé de Guillaume Farel, de Claude Olier, de Jean-André de Flandria et de frère Jacques Hugonis.

I. Le premier qui se présente, non dans l'ordre des temps, mais dans l'ordre alphabétique, est Ignace Armand, né dans la ville de Gap en 1562. Il entra chez les Jésuites à l'âge de dix-sept ans, et professa la philosophie pendant deux années et la théologie pendant six autres années; il fut ensuite tour-à-tour recteur du collége de Tournon et du collége de Paris; il devint plus tard supérieur de la maison professe de Champagne, contribua, sous Henri IV, au retour des jésuites en France, et mourut à Paris le 8 décembre 1638. Indépendamment de divers discours qu'il fit imprimer, il a laissé une *Épître contre le ministre Chamier*, une *Paraphrase sur les épîtres des Apôtres*, et une autre *Paraphrase sur les psaumes* [1].

II. Antoine Faure, chanoine d'Embrun et natif de Gap, vivait au commencement du XVIe siècle. L'époque de sa naissance, comme celle de sa mort, me sont inconnues. Il a laissé, dit-on, une *Histoire des Vaudois* qui se trouvait manuscrite dans les archives de l'évêché de Valence [1]. De ces archives serait-elle passée dans la bibliothèque de la ville? C'est ce que j'ignore, ce que je ne devrais pas ignorer, et, ce que je pourrai sans doute vous dire dans la suite.

III. J'ignore également à quelle époque a vécu un moine Augustin nommé Claude-Hilaire, qui a donné une traduction de l'*Exposition des mystères et des canons de la messe*. J'en parle à tout hasard, parce qu'il naquit dans le fief de la Saulce, dépendant de la vicomté de Tallard, dont l'histoire se rattache si étroitement à celle de la ville de Gap [1].

IV. Louis Saunier le gapençais publia en 1584 des odes, des hymnes, des sonnets et d'autres pièces de vers français dont je ne connais ni le nombre ni la valeur [1].

V. Je termine ces courtes notices par l'éloge de notre grand pédagogue Honorat Rambaud, qui enseigna pendant trente ans la langue française à Marseille. Il publia en 1578 un livre singulier

---

[1] *Bibliothèque du Dauphiné* de GUY-ALLARD, édition de 1797, pag. 50, 157, 185 et 286.

autant que progressif, ayant pour titre *La desclaration des abus
que l'on commet en escrivant, et le moyen de les éviter, et représenter
nayvement les parolles : ce que jamais homme n'a faict*[1]. Cet ouvrage,
dédié aux consuls de la ville de Marseille, ne tend à rien moins
qu'à changer tout le système de l'orthographe, à rendre les émis-
sions de la voix avec le moins de signes possible, et à substituer
aux caractères romains des caractères bizarres, moitié grecs moitié
barbares, inventés par l'auteur, et qu'il avait fait fondre exprès
pour son livre. Notre compatriote était aussi pieux que savant,
car le premier chapitre de son ouvrage est consacré au développement de cette proposition : *Qu'il faut bien user des grâces qu'il a
pleu à Dieu nous donner, et qu'il nous en demandera compte.* Dans
les suivans se montre une érudition peu commune, même parmi
les maîtres d'école sortant des institutions normales de notre temps.
Le but qu'il veut atteindre est parfaitement exposé dans une préface où il soutient avec raison que *l'escriture est le double de la
parolle, et que le double doit estre de tout semblable à l'original :
tellement que tout ce qui se treuve en l'original se doit treuver en la
coppie, et rien plus...., comme disent fort bien Quintilien, Nebrisse
et plusieurs autres, lesquels se faschent de ce que ne representons pas
les parolles comme les prononçons. Or,* ajoute notre auteur, *pource
que Raison, dame et princesse des hommes, approuve et nous commande de representer les parolles très-nayvement et tout ainsi que la
bouche les prononce, luy voulant obeïr come humble et très-obeïssant
serviteur, me suis efforcé, selon mon petit pouvoir, d'accomplir son
commandement.* Hélas ! malgré la princesse Raison et les rhéteurs
Nebrisse et Quintilien, ses contemporains et leur postérité ont
dédaigné cette importante réformation de l'alphabet. Du reste,
pas un mot dans le titre, le texte, la préface ou la dédicace qui
annonce l'origine gapençaise de l'auteur. Craignait-il, l'humble
grammairien, d'être traité de *gavoou* par les fières poissardes du
quartier de Saint-Jean ?

[1] Lyon, 1578, in 8°.

Si Honorat Rambaud trouva de dignes appréciateurs de sa découverte, la critique ne s'exerça pas moins sur le *rare œuvre* de ce digne maître d'école. L'exemplaire qui se trouve à la bibliothèque publique de Gap contient un sonnet manuscrit d'un M. Bleyn, de Lyon, portant la date du dernier septembre 1578, et précédé des mots suivans : « J'ai reçeu en don le présent livre de » l'auteur mesme, homme honorable par sa blanche vieillesse et » grandement louable par le bon vouloir qu'il a de profiter à tous. » Voilà qui honore le caractère de maître Honorat; voyons maintenant comment M. Bleyn apprécie dans ses rimes le talent de notre compatriote :

« Pelletier et Meigret, poussés d'un bon vouloir
» De voir correctement nostre françoys escrire,
» Qui estoit corrompu plus qu'on ne sçauroit dire,
» A le bien corriger ont mis peine et devoir.

» L'un et l'autre a monstré qu'il ne nous doit challoir
» Mettre plus d'éléments qu'il ne faut, ce qu'empire
» La vraye diction : et la raison nous tire
» A leur opinion et advis concevoir.

» Mais (le grand bien) RAMBAUD non seulement prent peyne
» L'escriture amender, mais encore nous ameine
» Charactères nouveaux, comme Cadme autre-foys;

» Mais avec plus d'égard, car surtout il procure
» Diligent reformer si très-bien l'escriture,
» Qu'elle soit à peu près respondante à la voix. »

Je ne sais quel détracteur s'avisa de trouver impraticable la méthode du Cadmus gapençais, et d'exprimer son opinion dans un quatrain rocailleux qui se trouve en regard du sonnet de l'honorable M. Bleyn. Malheureusement pour ce *haineux de la vertu* et de la perfectibilité, la censure tomba sous les yeux d'Honorat Rambaud, qui écrasa l'anonyme dans une octave que vous trouverez à la suite du quatrain et qui terminera ma lettre.

LE CENSEUR.

« Rambaud, la curiosité
» Ne nous est guère proffitable,
» Car il n'y a rien d'imitable.
» Puis qui l'a jamais usité ? »

RÉPONSE DE RAMBAUD.

« Censeur, je n'ay prins tant de peyne
» Pour les haineux de la vertu :
» Il ne me chaut pas d'un festu
» De ta bravade folle et vaine.

» Il n'y a dedans ce mien livre
» Rien qui ne doibve estre imité;
» Mais tu as trop de vanité
» Qui te rend indigne de vivre. »

THÉODORE GAUTIER,
Conservateur de la bibliothèque de Gap.

Gap, le 25 janvier 1838.

Beaux-Arts.

L'ÉGLISE DE SAINT-APOLLINAIRE, A VALENCE.

I.

LES conditions actuelles de notre état social, qui tendent sans cesse à faire prédominer les intérêts industriels au préjudice des intérêts de l'art et des besoins moraux, la pauvreté des ressources et des moyens des gouvernemens représentatifs, la déchéance, peut-être aussi, du sentiment religieux et de toutes ces idées grandes et fortes qui ont fait accomplir aux générations passées de si grandes choses, ne permettent guère d'espérer de voir se reproduire, au milieu des préoccupations mesquines de l'égoïsme moderne, ces monumens dont la foi, le désintéressement et la persévérance de plusieurs siècles ont enrichi à profusion le sol national. Les arts, dit-on chaque jour, se popularisent en France : c'est une étrange erreur. Comment prendraient-ils leur essor au milieu des entraves administratives qui étouffent leur développement, et des appréciations étroites sous l'influence desquelles se formule leur action? On confond trop aisément le développement de l'art avec l'amour purement théorique dont on s'est vivement épris pour ses productions depuis quelques années. Nous sommes aujourd'hui dans une de ces périodes d'études et d'investigations artistiques qui semble être, au contraire, un symptôme de décadence. Dans le domaine des lettres, les rhéteurs sont venus formuler scientifiquement leurs préceptes après l'accomplissement des œuvres du génie; dans l'ordre politique, le règne du bavardage et de la discussion a succédé à celui des hommes d'action; dans le cercle des arts, le même phénomène se manifeste maintenant. On étudie avec intelligence et curiosité les productions des siècles passés; on y découvre, à l'aide d'une savante classification, des beautés dont ne se doutèrent pas ceux qui les créèrent à force de génie; mais tout cela ne fait pas que l'art soit en progrès.

Cependant il faut applaudir à cette tendance, parce que, si elle n'est pas assez puissante pour vaincre les répulsions qui s'opposent au triomphe des idées qu'elle s'efforce si noblement de vulgariser, elle éveille du moins les sympathies les plus propres à élever l'intelligence. Les travaux critiques qu'elle a fait éclore depuis quelques années sont nombreux, et répandent les plus vives clartés sur les monumens que l'art nous a laissés : grâce aux ingénieuses et doctes recherches des Caumont, des Taylor, des Lenormand, des Chenavard, des Allier, des Batissier, le moyen-âge s'est révélé à nos yeux avec ses inépuisables trésors.

Les principes de classification d'après lesquels ont été distribués les divers styles architectoniques dont les monumens nationaux de la France nous offrent les formules, ont été développés avec assez d'étendue par les archéologues qui se sont occupés de l'histoire de l'art, pour que nous soyons dispensé de reproduire ici, à l'occasion de la courte notice à laquelle nous allons consacrer ces lignes, les prolégomènes généraux de la science; d'ailleurs, dans l'état actuel de l'archéologie comparée, il y aurait quelque témérité peut-être à établir *à priori* et en théorie des divisions chronologiques, dont les limites et les attributions ne pourront être fixées définitivement un jour que par l'exploration exacte et minutieuse des monumens. Cette marche sera la seule à suivre pour réunir et coordonner les matériaux d'une histoire complète de l'art en France, et c'est dans le but de coopérer à ce résultat, sans doute dans une sphère très-restreinte, que nous allons présenter sur l'église cathédrale de Saint-Apollinaire, à Valence, quelques documens historiques et descriptifs.

II.

Rechercher l'époque précise de la construction de l'église de Saint-Apollinaire, serait une investigation dont l'étude des monumens historiques n'admet guère la possibilité : la succession chronologique des divers cycles de l'architecture ne peut, dans cette recherche, être un guide infaillible, à cause de la coexistence de plusieurs cycles et de leur fusion simultanée; résultats que l'on peut observer surtout dans les contrées méridionales de la France; enfin, la date exacte de certains faits qui se rattachent à l'existence de cet édifice, ne peut même servir de preuve dans un sens absolu; mais toutes ces circonstances réunies offrent les élémens d'une solution comparative qui imprime aux conjectures les caractères de la vérité.

Si l'on se réfère aux traditions carlovingiennes, l'église de Saint-Apollinaire appartiendrait au cycle de Charles-Magne; mais il faut se défier de la tendance de ces traditions en général fort romanesques. L'influence du grand nom de Charles-Magne a rempli si largement une période de nos annales, que presque toutes les institutions et fondations du IXe et du Xe siècle lui sont attribuées : noble et glorieux hommage rendu sans doute à la puissance du génie, mais dont l'enthousiasme a nécessairement franchi les limites de la vérité. La rénovation que subit l'architecture sous Charles-Magne et ses successeurs eut peut-être moins d'énergie dans la France méridionale, où l'élément romain avait laissé de plus fortes empreintes; cependant il est facile de reconnaître à l'originalité de leur type les monumens de cette période, et rien, dans l'ensemble et les détails architectoniques de l'église de Saint-Apollinaire, n'autorise à ranger cette église dans cette classe. Le système entier de sa forme et de son ornementation rappelle, au contraire, de la manière la plus frappante l'école romano-byzantine, mais avec une prééminence très-prononcée du style roman sur le byzantin, car il ne faut pas perdre de vue que si, au XIe siècle, on trouve dans les monumens de l'école romane de la France méridionale de nombreuses imitations grecques, l'influence des arts du Bas-Empire n'y joue cependant qu'un rôle secondaire, tandis que le type indigène y règne toujours avec largeur. Cette induction, que l'exploration attentive des caractères du monument rend déjà si plausible, puise dans l'événement suivant un degré de certitude incontestable.

En 1095, le pape Urbain II étant venu en France, pour y prêcher la croisade, s'arrêta, dans le courant du mois d'août, à Valence, et y fit la consécration solennelle de l'église cathédrale. Douze évêques, parmi lesquels se trouvèrent Guy, archevêque de Vienne, Saint Hugues, évêque de Grenoble, et Gontard, évêque de Valence, assistèrent à cette cérémonie, qui eut lieu le 5 août de l'année 1095, comme l'énonce la table de marbre sur laquelle la relation suivante fut écrite en lettres onciales :

ANNO AB INCARNACIONE DOMINI MILLESIMO
NONAGESIMO QVINTO INDICTIONE SECVNDA AVGVSTI
VRBANVS PAPA SECVNDVS CVM DVODECIM
EPISCOPIS IN HONOREM BEATÆ MARIÆ VIRGINIS
ET SANCTORVM MARTYRVM CORNELII ET
CYPRIANI HANC ECCLESIAM DEDICAVIT [1]

[1] *Antiquités de l'Église de Valence*, par CATELLAN, pag. 226-228. — COLUMBI, *De rebus gestis Episcoporum Valentinorum*, lib., I, pag. 253. — DOM

La table de marbre sur laquelle est conservé ce précieux document historique de l'église de Valence est engagée dans la maçonnerie au-dessus de la porte latérale gauche de l'église de Saint-Apollinaire, mais une épaisse couche de mortier et de badigeon la dérobe depuis long-temps aux regards des curieux. Il est inutile de dire que le génie de la marguillerie, à qui l'on est redevable de cet acte de bon goût et de bon sens, ne s'est jamais avisé et ne s'avisera probablement pas de réparer cette bévue, d'ailleurs une des plus minces de toutes celles qu'il commet chaque jour pour la plus grande gloire des arts et la conservation des monumens religieux confiés à son vandalisme.

La date relatée dans l'inscription que l'on vient de lire, en faisant remonter au XIe siècle la construction ou l'achèvement de l'église de Saint-Apollinaire, est donc une preuve à l'appui des témoignages tirés des conditions architectoniques qui assignent ce monument à la même période. Toutefois, il faut se garder encore de faire dériver de ce fait une conclusion trop absolue, car si la consécration donne des limites chronologiques à l'achèvement de l'édifice dont nous nous occupons, elle garde le silence sur l'origine de la construction entière du monument ou de ses constructions partielles qui se sont agglomérées par juxtaposition. Or, pour apprécier et résoudre sainement cette difficulté nouvelle, la seule

RUINART, *Vita Papæ Urbani II*, dans les *OEuvres posthumes* de D. MABILLON et de D. RUINART, tome III, pag. 190, 191, et *Appendix*, pag. 364. — D. Ruinart n'a pas rapporté aussi exactement que Catellan le texte de cette consécration; ainsi il a omis les mots QVINTO, que Catellan dit être presque effacé, et INDICTIONE SECVNDA; il met aussi NONAS pour NONIS et HONORE pour HONOREM. Le texte de Catellan est à l'abri de toute critique, puisque cet écrivain avait l'inscription sous les yeux. — La date des nones d'août de l'année 1095, indiction IIe, qui correspond au 5 août 1095, doit être calculée en faisant commencer le premier cycle de l'indiction au 1er janvier 314. — Saint-Apollinaire, qui figure dans des actes du Xe siècle comme patron de l'église de Valence, ne paraît pas dans cette consécration. Son patronage a prévalu plus tard sur celui des saints Corneille et Cyprien, et depuis long-temps son nom seul est resté à la cathédrale de Valence.

marche à suivre est d'interroger encore quelques parties originales de l'édifice. Ainsi, en portant naguère ses regards sur le clocher, dont la démolition récente a été exigée par son état de ruine, on y reconnaissait tous les caractères d'une construction antérieure au XIe siècle, dans laquelle le type carlovingien était fortement accusé, tandis que le rez-de-chaussée, entièrement construit dans le goût romain le plus sévère, annonçait une date encore plus reculée. D'un style tout-à-fait à part, sans homogénéité avec les étages supérieurs et le vaisseau de l'église, avec lesquels il ne se liait nullement, il semblait avoir été le porche d'un temple antique, sur lequel aurait été juxtaposée une construction chrétienne.

De ces diverses considérations résultent les faits suivans, dont la certitude historique est d'autant plus incontestable, qu'elle ne repose pas sur une appréciation absolue : c'est que le vaisseau de l'église de Saint-Apollinaire, de construction romano-byzantine, appartient au XIe siècle ; le clocher, création du cycle carlovingien, remonte au Xe, et le soubassement, de formation romaine, se perd d'une manière indéterminée dans la période de la conquête. Ces vicissitudes furent sans doute le résultat des ravages qu'exercèrent dans la France méridionale, aux VIIe, VIIIe et IXe siècles, les conquérans du Nord et les Maures. La démolition récente du clocher vient d'offrir la preuve de cette conjecture, en produisant à la lumière une foule de débris empruntés aux ruines d'anciens monumens, qui avaient été employés dans la construction de cet édifice. Une succession d'événemens à-peu-près analogues se reproduit aussi pendant la durée des siècles postérieurs, car ce serait s'abuser étrangement de croire que l'église de Saint-Apollinaire, telle qu'elle se présente à nos yeux, ait traversé sans altération, depuis sa consécration par Urbain II, une série de 744 années. Il suffira de citer un seul fait à l'appui de cette assertion : il est décisif. On sait que, pendant les guerres civiles qui remplirent tout le XVIe siècle, la fureur religieuse des protestans épargna peu de monumens chrétiens :

beaucoup tombèrent en ruines sous leurs coups, et dans ce nombre se trouve l'église de Saint-Apollinaire ; aussi voit-on dans un vieux plan de Valence gravé en 1575 qu'elle est mentionnée en état de ruine, mention reproduite naïvement dans la gravure par le ciseau de l'artiste[1]. Enfin, un marché intervenu en 1604, entre les administrateurs de la communauté et deux entrepreneurs, pour sa reconstruction, en énumérant le détail des réparations qui étaient à faire, laisse peu de doute sur l'état de ruine presque complète où elle se trouvait : toutes les voûtes de la nef, des bas-côtés du chœur et des chapelles latérales s'étaient écroulées; la plupart des piliers avaient été renversés. Mais un autre renseignement précieux que nous transmet ce document, c'est qu'il fut expressément stipulé que les entrepreneurs reproduiraient avec exactitude, non-seulement l'ordonnance générale du monument, mais encore tous les détails d'architecture et de sculpture : pour les chapiteaux des piliers intérieurs, par exemple, il leur fut ordonné de prendre pour modèles ceux que la destruction avait épargnés[2]. Cependant il faut bien convenir que, malgré ces prescriptions, la restauration ne fut pas entièrement similaire; ainsi, il est facile de reconnaître dans la corniche du fronton du bras méridional de la croix les imitations du style grec introduites par le ciseau de la renaissance. La reconstruction de l'église de Saint-Apollinaire fut faite pour le prix de 22,500 livres, somme qui représente une valeur d'environ 70,000 francs de notre monnaie actuelle. Après ces rapides considérations sur l'âge, l'existence historique et les caractères architectoniques de la cathédrale de Valence, nous allons esquisser en quelques lignes sa description extérieure et intérieure.

[1] *Le vray portraict de la ville et cité de Valence.* Ce plan fort curieux se trouve dans la *Cosmographie de Munster,* revue par BELLEFOREST. Paris, 1575, in-fol., page 327.

[2] *Bailh à pris faict pour rebastir l'esglise cathédralle de Sainct Apolinar de Valence.* Archives de la mairie de Valence, armoire III, N.º I, lettre NNN.

III.

A l'ouest de Valence et sur le bord du plateau qui divise cette ville en deux parties, la haute et la basse, s'élève, orientée du levant au couchant, l'église de Saint-Apollinaire. Cet édifice, dessiné d'après les proportions de la basilique romaine et divisé en trois nefs coupées à l'entrée du chœur par une croix latine, occupe une superficie extérieure, en y comprenant la saillie des chapelles de l'absyde et de l'ancien clocher, une longueur de 74^m 30^c, et une largeur de 35^m 50^c au transcept, et de 18^m 68^c à la surface des trois nefs. Inutile d'indiquer les mesures d'élévation du vaisseau, que nous retrouverons dans la description intérieure. Des constructions modernes masquent presque entièrement le monument, dont l'œil ne peut saisir ni l'ensemble ni l'élégance des proportions, et déparent surtout le chevet qui est digne d'attirer l'attention des curieux. Le système général d'ornementation est d'une grande simplicité, mais aussi d'une élégance remarquable. A l'exception de l'absyde, le champ des murs est à-peu-près nu jusqu'à la hauteur des fenêtres qui éclairent les nefs et les grandes chapelles. Là se déroule à la naissance des cintres, en les pourtournant en archivoltes, un cordon à billettes qui forme le couronnement des contreforts et détermine la pente de leur recouvrement. La corniche de la grande nef n'a été conservée que du côté du midi : elle se compose de corbeaux superposés à différentes saillies, ornés de cavets et de tores et terminés par une imposte recevant la retombée d'arcs à plein-cintre, et alternativement d'enfoncemens formés par deux pierres en décharge se réunissant à leur sommet par un angle aigu à la même hauteur que les pleins-cintres. Ces corbeaux sont espacés de milieu en milieu de 0,75^c; le diamètre des arcs et l'écartement des bases des décharges est de 0,47^c, leur enfoncement est 0,38^c. Cette corniche, fouillée avec beaucoup de délicatesse et de goût, est d'un bel effet , et il est à regretter qu'elle n'ait pas été exécutée sur tout le prolongement du portour à l'époque de la restauration de 1604. Celle du nord n'offre qu'un cavet surmonté d'un larmier d'une hauteur de $0^m 205^m$; elle est sans effet. Ces deux corniches s'arrêtent à la saillie des grandes chapelles et se marient avec celles de ces chapelles. Quant aux corniches des chapelles, formées d'un rang de perles et d'un rang d'oves réunis par une doucine, supportés par un talon et couronnés d'un bandeau, elles viennent s'unir, au nord et au midi, dans deux frontons qui reproduisent les même moulures. C'est le style de ces frontons, comme nous l'avons déjà fait remarquer, qui, par la coquetterie de la forme et de l'exécution, semble révéler les imitations grecques que la renaissance introduisit dans l'architecture. La corniche des grandes chapelles règne aussi autour du chœur et le couronne : ce chœur est orné de fenêtres figurées que décorent des colonnettes détachées.

La séparation des chapelles absydiales entre elles est indiquée par deux colonnes engagées au tiers, avec bases et chapiteaux, et deux pilastres placés dans les angles formés par leur réunion au mur de l'absyde. Un cordon à billettes sert également de ceinture à cette partie de l'édifice, à la hauteur de la naissance des cintres des fenêtres, dont il forme l'archivolte. Enfin, l'ensemble de l'absyde et de ses chapelles se complète par une ligne de consoles en talon surmontées d'un larmier en bandeau. Les fenêtres des nefs n'ont d'autre ornementation extérieure que leur archivolte à billettes; celles qui sont plaquées au deuxième étage des grandes chapelles et autour du chœur, sont accompagnées de colonnettes détachées que l'on retrouve dans l'intérieur. Mais un type frappant de l'école romano-byzantine se révèle dans l'appareil extérieur des cintres de toutes les fenêtres, qui se composent de voussoirs réguliers alternativement formés de pierres blanches et noires : leur coupe à l'extrados est circulaire et déterminée par la courbe des archivoltes en billettes qui les embrassent.

Le transcept est surmonté d'une tour carrée de peu d'élévation, dans laquelle devait se développer le dôme dont il est parlé dans le marché de 1604. La lanterne décrite dans ce même marché, et qui sans doute était destinée à éclairer le dôme, paraît n'avoir jamais été exécutée. Placée hors de la portée de la vue, la tour du transcept est dénuée d'ornemens; elle se termine par une simple corniche composée d'un talon, d'un larmier et d'un filet.

Le clocher, à quatre faces égales, était construit, comme nous l'avons déjà dit, à l'extrémité du plateau sur le bord duquel se termine la partie haute de la ville. Le pied de sa façade occidentale plonge même au bas de la rampe à une profondeur considérable, et l'on peut voir, en visitant les caves des maisons voisines construites sur un plan inférieur, que ses fondations ont été bâties avec des blocs provenant de vieux édifices. On y rencontre des pierres tumulaires chargées d'inscriptions romaines du IIe ou du IIIe siècle. Du sol de la terrasse sur lequel est assis son rez-de-chaussée, à la sommité de la balustrade qui le couronnait, on mesurait 39^m 77^c. Il se distribuait extérieurement, y compris le rez-de-chaussée, en cinq étages qui ne se reproduisaient pas intérieurement en nombre égal. Le rez-de-chaussée avait tous les caractères d'une construction romaine du goût le plus sévère. Sa façade occidentale était percée d'un large portail en plein-cintre, pratiqué bien évidemment pour servir d'entrée et de sortie, mais dont l'accès n'eût été possible qu'au moyen d'une vaste rampe dont on ne découvre aucun vestige, à moins que la petite terrasse sur laquelle il s'ouvre n'eût autrefois un dégagement latéral propre à remplir le même service. Destiné à servir de porche, on s'y introduisait par une porte bâtarde percée dans la façade septentrionale. Enfin, intérieurement, un autre portail, parallèle à celui de l'ouest et également en plein-cintre, communiquait du porche dans la grande nef de l'église. On remarquait aussi dans les massifs latéraux des deux portails du nord et de l'ouest de petites poternes toujours en plein-cintre, ensorte que la voûte du porche était en partie supportée par quatre piliers isolés; mais l'ouverture de ces poternes avait été depuis long-temps remplie de maçonnerie, afin, sans doute, de donner plus de solidité à l'édifice, lorsque l'on construisit les étages supérieurs du clocher. L'effet produit par l'ordonnance générale de ces étages ne manquait pas de grandeur; examinée en détail, il était facile cependant de remarquer que sa conception n'était pas le résultat d'une pensée homogène et spontanée. Une corniche à modillons, artistement fouillée et dont le plafond était semé de rosaces, régnait à la hauteur du premier étage. Cet étage et le second, celui-ci surtout percé de huit fenêtres étroites et à plein-cintre, étaient remarquables par leur allure franchement carlovingienne. Le troisième étage, où s'ouvraient aussi sur chaque façade quatre larges fenêtres, reposait sur une corniche supportée par une dentelure formée de demi-cercle et surmontée d'un cordon à billettes. Enfin, au quatrième se dessinait une autre corniche en doucine sculptée à feuille d'eau. Les fenêtres de chaque étage étaient accompagnées de colonnettes entièrement détachées, avec des chapiteaux à feuillages ou ornés de têtes grotesques d'hommes ou d'animaux fantastiques. Parmi ces colonnettes, quelques-unes étaient octogones, d'autres carrées. Telle est, en peu de mots, la description des parties originales du clocher de l'église de Saint-Apollinaire, car le quatrième étage au-dessus du rez-de-chaussée, dont nous n'avons fait qu'indiquer la corniche inférieure, était d'une construction récente. Frappé de la foudre en 1281, cet étage avait été remplacé par une flèche, qui elle-même fut réduite en cendres par le feu du ciel en 1822. Il fut alors question de rendre au monument sa physionomie originale, en restituant l'étage ruiné en 1281; mais, sous le rapport de l'art, cette restauration fut conçue avec une médiocre intelligence du génie et des formes de notre architecture nationale, et, sous le rapport de l'exécution, elle fut dirigée avec si peu de prévoyance, que sa lourde masse fit fléchir bientôt en tous sens les parois inférieures, altérées et ébranlées déjà par les éclats du tonnerre. Aussi, l'autorité administrative, après s'être entourée des lumières de plusieurs architectes distingués, a-t-elle été obligée, dans l'intérêt public, de faire démolir entièrement cet édifice en 1838 [1].

IV.

Lorsqu'on pénètre par le portail de l'ouest dans l'église de Saint-Apollinaire, les regards ne s'abaissent pas étonnés devant cette imposante majesté des basiliques ogivales du XIIIe siècle, mais ils parcourent avec satisfaction l'ensemble des lignes élégantes et simples qui s'offrent à eux. La grande nef se présente d'abord accompagnée de deux nefs latérales d'une élévation presque aussi considérable, car la hauteur de la première est de $16^m 05^c$, et celle des secondes de $12^m 33^c$; elles se développent sur une longueur de $38^m 55^c$ jusqu'à l'entrée de l'absyde, et sur une largeur de $16^m 53^c$. La longueur totale du vaisseau, y compris l'absyde, est de $59^m 22^c$, et celle du transcept de $33^m 45^c$. Seize piliers revêtus sur leurs quatre faces de colonnes qui y sont engagées des 2/5 environ de leur diamètre, séparent les trois nefs et supportent la grande voûte en berceau à plein-cintre, dont les arcs-doubleaux viennent se reposer sur le prolongement des colonnes engagées. Deux autres pilastres semblables aux premiers existent à l'entrée du chœur et se détachaient autrefois isolément ; mais ils sont engagés maintenant dans le massif de mauvais goût qui dépare et détruit l'harmonie du chœur, comme

[1] La planche 135 de l'*Album du Dauphiné*, tome III, qui représente la vue du clocher de Saint-Apollinaire prise au nord et à l'ouest, donne une idée de l'ensemble de cet édifice. Quant aux détails, ils ont été dessinés avec une grande exactitude par M. Chevillet, qui les conserve dans ses cartons. M. Chevillet a rédigé aussi une notice sur la cathédrale de Valence, et c'est dans ce travail que nous avons puisé une partie des documens architectoniques qui composent le nôtre.

nous le verrons biontôt. Ils supportent le dôme informe du transcept qui, en 1604, ne fut reconstruit ni d'après les conditions du marché dont il a été question, ni d'après l'ancien plan. La voûte de l'absyde et des basses-nefs est aussi à plein-cintre à arêtes, excepté la portion formant la première travée au bas de la nef droite, qui est voûtée en quart de cercle et qui évidemment appartient à la construction primitive. Faisons remarquer une particularité caractéristique que l'on aperçoit dans le système général des voûtes, c'est que le point de centre qui décrit leur courbe est plus élevé que leur naissance. Ainsi, dans les basses-nefs, sa hauteur en plus est de $0,14^c$, dans la grande de $0,11^c$, et dans l'absyde de $0,12^c$.

Le chœur, dont la voûte se termine à l'est en cul de four, était séparé de ses bas-côtés par huit colonnes entièrement détachées et du meilleur effet. Ces colonnes, qui, avec la partie basse du chœur, formaient la portion la plus originale et la mieux caractérisée du monument entier, celle qui avait résisté aux ravages du temps et des hommes, ont été impitoyablement noyées dans un ignoble massif de maçonnerie et recouvertes avec la plus scrupuleuse exactitude par un crépissage qui a dû faire la joie du sacristain et des Vitruves de la marguillerie. Les chapelles de l'absyde ont $1^m 46^c$ de rayon sur 3^m de profondeur; elles étaient au nombre de quatre; mais l'une d'elles a cédé son emplacement à la sacristie, construction de beaucoup postérieure à l'église de Saint-Apollinaire, et entièrement exécutée dans le style ogival le plus élégant; sa voûte, divisée en deux travées, repose sur des colonnettes engagées dans les angles et dans les milieux des plus grands côtés, et se fait remarquer par l'excellent assemblage des pierres de taille dont elle est composée. Une boiserie d'un dessin pur et d'une taille délicate en revêt toutes les parois.

Les nefs de l'église de Saint-Apollinaire sont éclairées par seize fenêtres à plein-cintre, dont la naissance est la même que celle des voûtes des petites nefs; elles sont ornées de deux colonnettes dégagées qui reçoivent les retombées de leurs arcs intérieurs. Ces colonnettes ont 0,25^c de diamètre et douze diamètres de hauteur, en y comprenant la base et le chapiteau. Les grandes chapelles formant la croix reçoivent la lumière par huit fenêtres à colonnettes détachées, divisées en deux étages : elles ont, en outre, chacune deux fenêtres figurées. Le chœur est éclairé par cinq fenêtres semblables, à hauteur du deuxième étage, l'absyde par trois fenêtres à colonnettes placées entre les chapelles. Deux fenêtres semblables sont figurées de chaque côté dans les parties droites. Enfin, les chapelles absydiales ont chacune une fenêtre semblable aux précédentes, à la même hauteur que celles de l'absyde.

La tribune des orgues n'a rien de remarquable; elle est supportée transversalement par trois arceaux à plein-cintre; celui du milieu, correspondant à la grande nef, prend sa naissance à 1^m 84^c de hauteur sur des chapiteaux que traversent les colonnettes engagées des grands piliers; ceux des côtés, correspondant aux petites nefs, prennent leur naissance sur des chapiteaux semblables à 4^m 27^c de hauteur. Les voûtes en sont en ogives. Tout fait présumer que cette construction ne remonte qu'au siècle dernier, à l'époque de la pose des orgues.

Il est facile de voir, d'après les élémens de cette description, que l'intérieur de la cathédrale de Saint-Apollinaire est d'une extrême simplicité, mais élégante et remarquable par l'harmonie et la régularité des lignes. On a trouvé le moyen cependant de paralyser l'effet que devait produire ce monument, par des mutilations et des dégradations décorées du titre de réparations par les bedeaux de village qui les ont conçues. Sans parler ici de l'inévitable badigeon jaune-serin, ou blanc-azuré, qui fait en France les délices de l'ingénieuse corporation des marguilliers, et dont l'église de Saint-Apollinaire a été libéralement saturée, il faut arrêter un instant ses regards sur les fresques ridicules et les marbrures feintes dont on a enluminé une des grandes chapelles et celle où sont placés les fonts baptismaux, et s'étonner que le clergé détruise par de semblables niaiseries la majesté vénérable des basiliques chrétiennes. Les peintures de la chapelle des fonts baptismaux surtout sont un modèle achevé des bouffonneries que peut enfanter la palette d'un barbouilleur en goguette. Le Sauveur y est représenté dans un Jourdain dont les flots baignent à peine les chevilles de ses jambes, tandis que deux graves personnages, placés sur une des rives de ce ruisseau, s'apprêtent à le franchir d'une enjambée. On serait tenté de rire de ces parodies, si elles n'étaient faites pour exciter l'indignation. Quant à la grande chapelle, elle a été peinte de toutes les couleurs qui enluminent les guinguettes de la banlieue de Paris, depuis le plain-pied jusqu'à la voûte, qui, au moyen d'une teinte de bleu de Prusse semée de quelques flocons blanchâtres, est censée représenter le ciel : il n'y manque que le soleil et la lune tels qu'ils sont ordinairement dessinés dans l'almanach boiteux[1]. Les murs n'ont pas été seuls les victimes de la fureur de la brosse. Quelques bons tableaux décoraient le chœur : ils étaient noircis de poussière, il s'agissait de les laver; mais ce procédé était trop simple, on a préféré les livrer à un vitrier, qui les a glorieusement illustrés des profanations de son pinceau. Parmi ces tableaux, un Saint-Sébastien, martyrisé et assisté de trois jeunes et belles femmes qui pansent ses blessures, est remarquable par le pureté de la forme et la délicatesse du coloris; un maître seul et un maître habile a produit cette toile délicieuse, qui est maintenant déshonorée par une maladroite restauration. Une autre toile flamande de laquelle se détachent à mi-corps, avec une grande énergie de touche, Jacob et le groupe qui lui apporte la tunique sanglante de Joseph, a été surchargée d'un vernis grossier et destructeur. Dans une autre, la nudité d'un enfant Jésus a été proprement vêtue d'une chemise d'emprunt,

[1] M. le comte de Montalembert a consigné, dans un article sur le *Vandalisme en France* (*Revue des deux Mondes*, année 1833, livraison de mars, page 503), l'expression de l'indignation que lui fit éprouver la vue des barbouillages dont on a sali l'église de Saint-Apollinaire qu'il a visitée en 1833.

pour l'édification des douairières qui ont la candeur d'aller s'apercevoir de cela. Enfin, une Magdelaine était trop à l'aise dans sa bordure; il s'agissait de raccourcir celle-ci : point du tout, la brosse d'un barbouilleur a plaqué un paysage postiche sur cette toile, afin de l'agrandir. Reste un beau buste de Pie VI sculpté par Canova : vous verrez que lorsque les années auront enfumé ce marbre, il se trouvera quelque artiste de sacristie qui proposera bravement de le passer à l'eau de chaux pour le rajeunir. Ce buste, plein d'animation, a été élevé à la mémoire de l'infortuné pontife, qui est mort à Valence le 29 août 1799. Il est supporté par un piédestal assez mesquin, dans lequel ont été déposés les entrailles et le cœur du Saint-Père.

Tels sont les élémens descriptifs que nous a révélés l'étude attentive que nous avons faite de l'église de Saint-Apollinaire. En terminant cette analyse, nous émettrons le vœu que le monument auquel sont consacrées ces lignes devienne l'objet d'une restauration intelligente qui lui rende les caractères de sa construction originale, et le purifie des ridicules décorations dont on l'a maladroitement masqué. Une pareille œuvre s'accomplirait non-seulement dans l'intérêt de l'art, mais aussi, ce nous semble, au profit des appréciations religieuses.

OLLIVIER Jules.

Le Sanglier de la forêt de Lonnes.

ESQUISSE DU COMTÉ DE SAVOIE A LA FIN DU XIVe SIÈCLE.

> « De chiens, d'oiseaux, d'armes, d'amours.
> » Pour une joie cent doulours. »
> *(Proverbe du moyen-âge.)*

PROLOGUE.

> « Le lac Léman m'attire avec sa sur-
> » face de cristal, miroir paisible où les
> » étoiles et les montagnes contemplent la
> » tranquillité de leur aspect, la profon-
> » deur transparente de leurs sommités, et
> » leurs diverses couleurs. »
> (BYRON. *Childe-Harold, chant* 3e, *stance* 68.)

J'AI toujours aimé tes vagues et tes promontoires, et ta ceinture de nobles cités : que de fois, ô Léman ! porté sur tes lames sonores, j'ai cru entendre un accord éloigné de la lyre d'Harold !... que de fois, au passage de tes brises, il m'a semblé recueillir une parole d'amour venue des rochers de Meillerie, ou quelque parfum tombé de l'écharpe de Corinne !

O Léman ! je dois t'aimer comme un lac de mon pays natal, car ta coupe transparente réfléchit le clocher de nos villages et la sombre majesté de nos montagnes : tu arroses les pieds séculaires des arbres du Chablais, et le roi des glaciers baigne dans tes flots sa vieille couronne blanche.

Tu es le vaste miroir des Alpes géantes. La Suisse et la Savoie, comme deux sœurs jumelles, se contemplent et s'admirent dans ta limpidité.

Beau lac ! tu fus dans tous les temps le rendez-vous de toutes les gloires ; et ma patrie a écrit sur tes bords plus d'une illustre page.

J'aime à te voir surtout par une matinée d'automne, lorsque tes eaux bleuissent et scintillent plus vives sous les coups répétés du vent du nord ; lorsque les brouillards, précurseurs de l'hiver, descendent sur les feuilles jaunies, comme des linceuls préparés pour les beaux jours qui se meurent.

Il est bien doux alors d'ouvrir sa voile aux caresses de l'air, et son ame aux longs souvenirs des temps passés ; mélancoliques souvenirs des amitiés défuntes, des gloires défuntes, et des amours que sans cesse le cœur pleure.

Venez donc me bercer encore, douces rêveries qui remontez le cours des âges, rêveries pieuses comme une oraison pour les morts !....

Et m'asseyant sous la tente du paquebot vaudois, je fis mes adieux à Genève, la ville puritaine, au moment où les premiers rayons du soleil illuminaient le drapeau fédéral déployé sur la poupe : des nuées blanches et noires, encore suspendues aux corniches des temples, figuraient les ombres sévères des Farel et des Calvin ; tandis qu'aux rumeurs du vent, il me semblait ouïr un écho lointain des tempêtes théologiques soulevées par l'ouragan de la réforme.

Je saluais en passant les campagnes du Chablais, sur lesquelles rayonne toujours la sainte auréole de François de Sales ; Ripailles, et Félix V ; Chillon, et Bonnivard, ce martyr de la liberté de conscience ; Villeneuve, et la pâle figure du prince Aimon, pauvre malade donnant l'hospitalité à d'autres malades, ami des pèlerins qui allaient de France à Rome [1].

---

[1] Quand Amé de Savoye (le quatrième des neuf fils du comte Thomas) se vit

Je saluais Clarens, et le bosquet de Julie ; Vevey, et ses grappes dorées.

Puis elle m'apparut à son tour la ville aux trois collines, la Losène du moyen-âge[1], élevée au-dessus des vapeurs du lac, comme un palais des fées bâti dans les nuages. Son château épiscopal semble porter encore sur ses noires murailles l'ombre de notre Charlemagne, héros trempé d'or et d'acier, brave comme un preux de la Table-Ronde, et portant ses titres au bout de son épée[2].

si bas et si faible de corps, il dit au comte Amé et à monseigneur Pierre de Savoye, ses frères : « Messeigneurs et frères, je vous requiers qu'il soit de » votre plaisir de me donner quelque lieu solitaire, là où je puisse user » le remanant de mes jours et le surplus de ma vie, car trop me grève et » ennuye le bruit des gens, et je veux changer d'air. » Et alors monseigneur Pierre de Savoye lui répondit et dit : « Monseigneur mon frère, j'ai fait et » édifié un moult beau château, appelé Chillon en Chablais, et est sur le lac, » et en beau et bon air, et est fort et sûr, et là vous pourrez vous retraire, et » pourrez gouverner tout le pays, car bonnement pour nos affaires je n'y » puis entendre. » — Et Aimé monseigneur s'accorda, et fut transporté à Chillon, et là il prit moult le temps en gré selon sa maladie, car le château étoit et est moult beau ; et avoit son divertissement sur la rivière et les belles chasses sur la terre ; il y voyoit passer les pélerins, lesquels passoient de France et de maints autres lieux à Rome, et vers les marches d'Italie et de Naples ; et leur donnoit volontiers à boire et à manger, et soutenoit les né- cessiteux d'argent et de vêtements ; et parce qu'il n'avoit lieu convenable pour aberger la nuit hors du château, il fit faire une chapelle au-devant de la porte de la Ville-Neuve en l'honneur de Notre-Dame la glorieuse Vierge Marie, et puis fit édifier un hôpital auprès pour aberger et pour recueillir, et retirer et abriter les pauvres et nécessiteux, tant pélerins comme autres ; et il y or- donna un hospitalier et autres prêtres séculiers pour y servir Notre-Seigneur et Notre-Dame Sainte-Marie ; et y ordonna serviteurs et familles pour servir les pauvres dans leurs nécessités ; et leur donna rentes et vivres moult gran- dement, et y fit pourvoir de lits et de tous ornements nécessaires tant à la chapelle comme à l'hôpital, tellement qu'encore y appert. (*Chronique ma- nuscrite de Servion.*)

[1] *Lousonium, Lausodunum, Lausanium, Lausonna, Lausanum, Losène, Loseney ;* aujourd'hui *Lausanne.*

[2] Le comte Pierre, surnommé le *Petit-Charlemagne,* s'empara de Lausanne en 1239. Lorsqu'en 1260, il demanda l'investiture du pays de Vaud au chef

Mais le soleil, dégagé des brumes du matin, venait de dorer la flèche légère, élancée, trois fois plus haut que le plus grand sapin de nos forêts, au-dessus du jubé en marbre noir de la vieille cathédrale ; les rayons jouaient entre les mille faisceaux des colonnes[1], à travers les vitraux émaillés du chœur, veuf aujourd'hui d'encens et de lampes sacrées : alors on aurait dit que les vieilles pierres où Grégoire X a laissé la marque de ses pas, allaient parler leur langue mystérieuse des anciens jours, et que les tombeaux s'animaient pour assister à la résurrection de l'antique splendeur.

Saisi d'une émotion religieuse, je m'agenouillais au pied d'un mausolée, et je priais !.... car le temple profané conserve encore des ossemens bénis, et toute prière est bien venue sur la cendre des trépassés.

Or, sur le tombeau où je venais d'appuyer mon front repose une statue en marbre blanc, qui représente un chevalier armé de toutes pièces, mais dont les bras sont mutilés ; son glaive et ses éperons brisés reposent tristement près de son écusson effacé à demi.

Dans quelle bataille ou dans quel tournois, ce guerrier a-t-il donc perdu ses gantelets ? Celui qui portait si lourde épée et si mâle visage, était-il couard ou félon ?..... Mais alors pourquoi cette place belle et sainte au chœur de la vieille église ?.....

Un clerc du XVe siècle a écrit cette légende. Lecteurs, je vais la dire.

de l'Empire, il se présenta devant lui dans une armure mi-partie d'or et d'acier. Le suzerain lui ayant demandé d'exhiber ses titres, pour réponse il montra son épée, en ajoutant que *c'était là son titre, et que le sceau en avait été fait en bonne compagnie.* Questionné sur la bizarrerie de son costume, il répondit que le drap d'or était pour lui, et l'acier pour les ennemis qui oseraient l'attaquer. (Voyez le libelle intitulé : *Deuxième Savoisienne.*)

[1] L'église de Lausanne fut consacrée en 1275 par le pape Grégoire X. Ce temple est surmonté d'une flèche de 230 pieds ; on compte plus de mille colonnes dans l'intérieur.

I.

> « Je n'ai pas l'honneur d'être doué
> » comme toi d'un de ces estomacs con-
> » templatifs qui se repaissent en admi-
> » rant un beau paysage ; il me faut le pain
> » des forts : en ce moment je donnerais
> » toutes les aiguilles du Mont-Blanc pour
> » la plus vulgaire côtelette accompagnée
> » d'une bouteille de vin de Montmélian. »
>
> (*L'Anneau d'argent*, par CHARLES DE BERNARD.)

LE 1ᵉʳ octobre 1391, deux cavaliers suivaient un des sentiers qui mènent de Thonon au bord du lac Léman ; ils étaient accompagnés d'une troupe de suivans d'armes ; ceux-ci conduisaient des chevaux de main, et portaient des armes de rechange[1] ; derrière venait une meute tenue en laisse par des varlets, tous coiffés de toques rouges, et dont les couteaux de chasse ornaient les ceinturons en peau de daim. Ce petit groupe paraissait avoir fait une longue route, si l'on en jugeait par la poussière qui couvrait les vêtemens des hommes et les housses des chevaux.

Le soleil, près de son déclin, empourprait de rayons obliques les forêts de chênes, qui, coupées de distance en distance par de gras pâturages, couvraient alors tout le bas-pays de Chablais ; tandis que d'autres forêts, mélangées de hêtres et de sapins, s'élevaient plus sombres sur les collines, et montaient par gradins jusqu'à la principale chaîne des Alpes[2].

Les voyageurs se dirigeaient vers un prieuré que le couvent de Ripailles a remplacé ensuite ; et joyeux d'arriver au but de leur course, ils devisaient avec bruit de leurs vieilles guerres, de leurs jeunes amours et de la chasse prochaine.

---

[1] DE COSTA. — LACURNE SAINTE-PALAYE.

[2] ALBANIS. — BEAUMONT.

Cependant les deux personnages qui marchaient en tête de la compagnie ne prenaient aucune part à la sonore hilarité de l'escorte : la différence d'âge et de tournure semblait, à vrai dire, indiquer entre eux défaut d'harmonie et de point de contact.

Le plus jeune, dont un léger duvet accusait à peine la virilité, laissait les rênes flotter à l'aventure sur le col de son cheval. Pour éparpiller au vent les boucles de ses cheveux blonds, il avait suspendu son bonnet de velours à l'arçon de la selle. Parfois, se dressant sur l'étrier, il caressait de la main la crinière de son destrier; ou bien avec une petite branche de houx, qui lui tenait lieu de la fashionnable cravache, le cavalier s'amusait à frapper les feuilles des grands arbres qui bordaient la route. Son attitude annonçait l'insouciance d'un enfant, jointe à la malicieuse vivacité d'un page; et on l'aurait pris pour le plus innocent des écoliers de rhétorique, si une pensée rêveuse n'eût par momens rendu sa prunelle immobile, tandis qu'un sourire de bonheur ou de fierté courait sur ses lèvres décloses.

Son compagnon, plus âgé d'une vingtaine d'années, paraissait fatigué du voyage; il supportait avec peine son armure complète, prison de fer véritable pour les formes amples et rebondies dont dame nature et chère-lie avaient paré son individualité.

Son cheval, de race helvétique, était couvert d'une selle en drap rouge et de harnais également rouges. En examinant de près le mors entouré d'écume, on aurait pu découvrir, incrustées dans le métal, les lettres cabalistiques F. E. R. T. qui font depuis si long-temps le désespoir des antiquaires[1].

La chaleur d'un soleil d'octobre, ordinairement si vive et si pure dans nos montagnes, l'avait engagé à délacer le gorgerin de

---

[1] Les lettres *F. E. R. T.* sont la devise du collier de l'Annonciade; elles ont donné lieu à diverses interprétations : on les traduit communément par *Fortitudo Ejus Rhodum Tenuit.* Le savant M. Napione a cru que cette devise était composée de lettres nécromantiques, qu'elles étaient une sorte de talisman rapporté des croisades.

son casque ; mais bien qu'il eût détaché courroies, boucles,
aiguillettes et hardillons, ses aspirations fréquentes, excitées par
le trot peu cadencé de sa monture, imprimaient à ses joues larges,
rouges et trempées de sueur, un mouvement oscillatoire assez
semblable à celui que présente le sein d'une nourrice flamande ;
ses yeux, fixés sur la flèche du prieuré qui brillait à travers les
arbres, et qui promettait bonne pitance et bon gîte, paraissaient
plongés dans l'extase d'un gourmand à jeûn, ayant en perspective un plat de venaison.

Il fut éveillé de sa béate somnolence par un coup de la houssine
du page, qui fit voler sur le nez de son compagnon de voyage
l'ondée rafraîchissante de quelques gouttes de pluie restées de la
veille dans les feuilles des arbres.

« Grand merci, beau page ! » s'écria joyeusement le gros cavalier
en recevant cette aspersion bénigne ; « vous avisez d'ici les caves
» du prieuré quand m'inondez en cette façon, et vous cuidez
» mettre la bouteille au frais avant boire. »

— « Que votre seigneurie me pardonne ! Et je viderais tôt mon
» hanap plein à la santé de votre corpulence », répondit le page,
« car à vrai dire je n'entendais à mal faire ; tant seulement je
» songeais que parler désennuie ; et me tardait d'ouïr votre voix
» bien-disante que, depuis une pièce de temps, vous tenez close
» comme nonnain en cage. »

— « Si parler désennuie, trop parler altère », dit l'écuyer ;
« et ce vent chaud, à point venu pour mûrir le raisin, a desséché
» mon gousier, qui, possible est, deviendra bon pour meubler
» un cartulaire, si le prieuré pipeur plus loin s'envole à trois
» traits d'arbalète. »

— « N'ayez crainte aucune ; nous frapperons à l'huis récon-
» fortant, bonne heure plutôt que la sonnerie du couvre-feu ;
» mais un bon récit rend le chemin plus court, et je le réclame
» de vous, qui êtes bon clerc, comme chacun sait, qui même
» prenez note des gestes de notre temps pour les bailler en garde

» à la postérité, comme a fait monseigneur Homerus des notables
» tournois des Grecs contre les Troyens. »

Sensible au compliment, noble homme Perrinet du Pin oublia
un moment le chaud, la fatigue et la soif; car ce n'était rien moins
que l'écuyer et l'historiographe du Comte Rouge, rien moins que
l'auteur de la *Conquête de la Grèce*[1] *par le chevalier à l'éparvier
blanc*[2], qui chevauchait ainsi vers Ripailles, en compagnie du
jeune Aymonet de Menthon.

Messire Perrinet s'empressa donc de répondre : « Et dans
» mes notables chroniques point n'oublierai votre nom, gentil
» Aymonet, si bien vous comportez dans le prochain tournois,
» comme doit faire un sire de votre lignage, un page de mon-
» seigneur de Grandson, la fleur de la chevalerie. »

Au nom du maître sous lequel il faisait son apprentissage aux
belles armes, le jouvenceau inclina sa tête blonde et reprit :
« Adonc, messire écuyer, vous me narriez tout-à-l'heure ce qui
» est advenu au château du Pont-d'Ain, ardé de bas en haut,
» quand se firent les noces de notre seigneur le comte avec
» très-gracieuse dame Bonne de Berry[3]; dit vous avez la fête
» moult joyeuse qui s'ensuivit à Genève, laquelle dura quinze
» jours, sans cesser de danser, chanter et tenir joûtes, où furent
» donnés les prix aux mieux faisant[3]; encore vous avez narré
» comment, pour la naissance du jeune fils Amé, le comte se
» vêtit de rouge, et comment le duc de Berry donna en son
» hostel de Nesle un grandissime dîner, le plus beau qui fut fait
» de long-temps au beau pays de France[3] : ores, vous plairait-il,

[1] Perrinet du Pin a écrit la vie du Comte Rouge, dont il était écuyer. Cette
chronique, remplie de faits controuvés et fabuleux, est restée manuscrite;
mais elle doit être publiée dans les *Monumenta historiæ patriæ edita jussu
regis Caroli Alberti*. Perrinet a composé en outre un roman in-fol. imprimé
en 1527 sous le titre de *La conquête de la Grèce par Philippe de Médicis,
surnommé le chevalier à l'éparvier blanc*.

[2] GRILLET.

[3] SERVION.

» messire, en retranchant du récit tout le menu du festin, parler
» encore des joûtes, des danses, des vaillans coups d'épées, et
» revenir aussi, par les mêmes relais, à quelques doux regards
» des dames? »

— « Volontiers le ferai-je : d'autant que deviser des coupes
» pleines et des arrosts parfumés, à cette heure, rénoverait pour
» moi le supplice de Tantalus; mais croyez-moi pourtant, beau
» page, trop ne faut dédaigner les victuailles, ni la dive bouteille,
» car, à dose modérée, elles ont puissance d'exciter les subtils
» espritcs du cerveau; elles alimentent l'intellect aussi bien que
» le dessous de la cuirasse; leur douce pointe engendre les belles
» écritures des clercs, les bons propos avec les dames, et les
» centons des maîtres du gai savoir. »

— « Nenni dà! » répondit le page, impatienté de la tournure
gastronomique donnée à la conversation, « je ne suis curieux
» d'ouïr les mirifiques délices de la gueule, ains vos doctes récits
» des temps passés. »

— « Ma science est, pour l'heure présente, aussi creuse que
» mon estomac, lequel est grevé par jeûne et privations autant
» que le fut onques celui de monseigneur Saint-Guerin[1]. »

— « Hé bien! messire, puisque si fort craiguez œuvre de
» longue haleine, octroyez-moi pourtant de dire si la chasse que
» devons ordonner sera accompagnée par les dames et damoi-
» selles de Vaud et de Savoye? »

— « Sans doute aucun. »

— « Quel bonheur! » s'écria Aymonet, en bondissant sur son
palefroi; « tout mon cœur s'esjouit à la seule pensée de courir
» devant les dames, avec ce bon cheval que monseigneur Othon
» a ramené de Flandres pour m'en faire présent. Ah! quel
» dommage qu'il y ait peu ou point de chevaliers errans!.... Mais

____

[1] Saint-Guerin est en grande vénération dans le Chablais; il est un des
fondateurs de l'abbaye de Saint-Jean-d'Aulph.

» au moins j'emploierai mes forces contre toutes sortes de bêtes
» que nous rencontrerons en voie. »

Et l'esprit plongé dans cette délicieuse perspective, le jeune de Menthon resta un moment silencieux ; mais dans cette tête mobile et animée, la rêverie ne pouvait être longue ; aussi reprit-il bientôt :

« Donc nous verrons à Ripailles la plus belle entre les belles
» du pays de Vaud, la superbe Catherine de Pecq, femme du
» vilain sire Gérard d'Estavayé. » Puis, après une pause, il ajouta : « Me plairait moult de savoir comment elle a été la
» dame par amour de messire de Grandson. »

— « Oh ! ce serait longue et piteuse histoire, répondit l'écuyer :
» je vous la dirai quelque jour, lorque votre barbe, beau page,
» aura poussé plus drue. Quant à son mari, je confesse qu'il est
» le plus mal gracieux vilain de la terre, et le chevalier d'Europe
» le plus hérétique contre les lois de Cupido. »

Ce disant, les cavaliers étaient arrivés près d'une claire-voie ouvrant dans l'enclos du prieuré. A l'extrémité d'une pelouse entourée d'arbres fruitiers, ils descendirent aux écuries, dont les dessus de portes et de rateliers étaient garnis de têtes de cerfs : ces trophées avaient été placés là par les comtes de Savoie, qui étaient déjà venus maintes fois chasser dans les forêts du Chablais, ce précieux et antique joyau attaché par Conrad-le-Salique à la couronne d'Humbert aux blanches mains [1].

---

[1] J'ai lu dans les mémoires manuscrits de M. Pescatore, qui était intendant du Chablais vers le milieu du XVIIIe siècle, et qui avait lui-même puisé ces détails dans les manuscrits du major Derivaz, qu'après la mort d'Aimon, évêque de Sion et abbé de Saint-Maurice, arrivée le 10 des kalendes de septembre de l'année 1053, Aimon de Briançon, évêque de Tarentaise, fut nommé abbé commendataire de l'abbaye de Saint-Maurice par Humbert aux blanches mains. Mais le chapitre, qui s'était donné pour abbé le chanoine Guy, soutint son élection à Rome, où elle fut approuvée. Aimon de Briançon ne s'étant pas soumis à cette condamnation, Guy transigea avec lui, et le fit définitivement renoncer à ses prétentions ; en conséquence le comte Humbert donna à Guy l'investiture des biens de l'abbaye situés dans ses comtés. L'ori-

A la date de notre récit, le Chablais, depuis un siècle et demi environ, avait été érigé en duché par l'empereur Frédéric II; il comprenait alors le Chablais proprement dit, *Ager Cabalicus*[1], dont Thonon, Allinges, Hermance, Narnier et Ivoire étaient les lieux principaux; le pays de Gavot depuis la Drance jusqu'à Saint-Gingolph, et dont Evian était le chef-lieu; la vallée de Saint-Maurice jusqu'à Martigny; les seigneuries et châtellenies de Nion, Vevey, de la Tour-de-Peyle, de Chillon et de Ville-Neuve : la capitale de tous ces pays était Saint-Maurice-d'Agaune, dont la terre est consacrée par le sang de la légion Thébaine.

Mais s'inquiétant fort peu de tous ces détails topographiques, après avoir fait eux-mêmes la provende à leurs chevaux, Perrinet du Pin et le page Aymonet s'empressèrent de porter le message dont le Comte Rouge les avait chargés pour le prieur de Ripailles. Ils le trouvèrent assis sous la tonnelle du jardin, disant ses patenôtres ou menus suffrages, et portant le costume des pères de l'abbaye de Saint-Maurice, le même qui fut adopté plus tard par Amédée VIII, à savoir : grise robe, long mantel, chaperon gris, courte cornette et bonnet vermeil par-dessous le chapeau[2].

Les deux messagers annoncèrent au prieur que, Dieu aidant, le comte Amé viendrait faire la Saint-Martin à Ripailles, avec aucuns de ses amis, et faire grand déduit de vénerie dans la forêt de Lonnes[3]. — « Soyez mieux que très-bien venus, répondit le

---

ginal de la transaction passée en 1055 entre Guy et Aymon était peut-être le plus ancien monument de l'autorité exercée en Chablais par la maison de Savoie; il a malheureusement été consumé dans l'incendie arrivé à l'abbaye de Saint-Maurice en 1693. L'abbé de Quartery en a conservé toutes les circonstances dans son histoire manuscrite de ce couvent.

[1] **Grillet.**

[2] *Savoisienne.*

[3] *Chronique du pays de Vaud.* — Quelques historiens disent *forêt de l'Orme;* d'autres, *forêt de l'Aulne;* mais Servion et Perrinet du Pin, dans leur chroniques manuscrites, ont écrit *forêt de Lonnes;* elle est encore appelée ainsi par les habitans du pays : or, j'ai adopté la dénomination conforme à la tradition et à nos plus anciennes chroniques.

» prieur; » — et, se levant, il les conduisit dans le réfectoire.

A cette heure, le soleil se couchait derrière les cimes loin-
taines du Jura; il colorait d'un rouge vif la crête des Voirons; et
les vagues du Léman brunissaient agitées par la brise du soir.

II.

« Fy du repas qui, en paix et repos,
» Ne sçait l'esprit avec le corps repaistre. »
(CLÉMENT MAROT.)

« Que le souverain Jupiter me préci-
» pite avec sa foudre dans les profondeurs
» infernales de l'Érèbe, si ce sanglier
» n'est étranglé de mes propres mains !
(GUILLAUME D'ONCIEUX. *Miles venator* [1].)

LA table était chargée de tous les riches produits du Chablais,
et le prieur de Ripailles, qui était grandissime clerc, pour faire
les honneurs de sa science en même temps que ceux du festin à

[1] Guillaume d'Oncieux était en 1599 troisième président au sénat de Savoie;
il passe pour avoir été l'un des hommes les plus instruits de son temps. Son
ouvrage intitulé *Miles venator, seu militis venatoris et porcarii ad præsentis
vitæ speculum conserta disceptatio*, est écrit dans le style de Plaute. Sous la
forme d'un dialogue satirique entre un chasseur et un porcher, dont la
conclusion est que les porcs sont de meilleure nature que les chiens, l'auteur
a résumé dans son petit livre les opinions philosophiques de son époque, et
plusieurs sont d'une hardiesse qui étonne. A travers le voile dont il les couvre,
on reconnaît plusieurs idées de Spinosa : on croirait que le vent de la réforme
a soufflé au front du magistrat; il s'élève avec force contre les brigandages des
hommes d'armes, et il blâme l'emploi de la torture, dont il fait une horrible
description qui rappelle la scène que tout le monde a lue dans *Notre-Dame
de Paris*. Du reste, le *Miles venator* traite *de omni re scibili*, et de quelques
autres encore : chasse, amour, religion, histoire naturelle, sorciers, œuvre
hermétique, démonologie, etc., etc. Il a composé, en outre, un traité sur les
propriétés des nombres. Ces deux ouvrages sont aussi rares que peu connus.

un homme de renom comme l'était l'auteur du *Chevalier à l'éparvier blanc,* ne manquait pas d'accompagner d'une dissertation historique et gourmande les bonnes choses qu'il servait à ses hôtes. — « Ces châtaignes », disait-il, « nous viennent des Allinges; or, » vous savez, messire du Pin, qu'il existe en ce lieu un châtel » très-ancien construit, avec les débris d'une ville moult ancienne, » par un baron du roi Rodolphe. Les seigneurs qui l'habitent, » quoique prud'hommes dans les tournois et batailles, ont, de » père en fils, par mécréante et damnée convoitise, moult affligé » la religion avec la mense des bons pères d'Agaune [1]. Ces pommes » écarlates ont été cueillies sur le coteau de Balaison, le château- » fort des frontières [2]; cette truite au manteau doré a été prise » sous les rochers de Meillerie; ce chamois a été tué sur les » rochers du val de Bagnes. Or, sachez que ce pays, qui est dans » le Bas-Valais, change aucunes fois de maître et doit double » obéissance, car, ensuite d'accord passé entre le comte de Savoye » et l'abbé de Saint-Maurice, il a été convenu [3] que lorsque le » comte se trouvera entre Mont-Jou et Brest il sera seigneur de » la vallée de Bagnes, qu'il en aura les chasses, les bans, la » justice, les pâturages et les cours de la grande eau; que, par » contre, sitôt qu'il ne sera plus dans lesdits confins, cette » seigneurie à l'abbé reviendra. Le fromage onctueux renfermé » dans cette écorce de cerisier, est descendu de la vallée d'Abon- » dance, où se voit une bien notable abbaye fondée par Saint-

---

[1] Sur les interminables querelles des sires d'Allinges avec le couvent de Saint-Maurice, on peut consulter une charte très-curieuse, en date du 11 mars 1138, qui a été publiée par MM. Cibrario et Promis dans leur ouvrage ayant pour titre : *Documenti, Monete e Sigilli.*

[2] ALBANIS. — BEAUMONT.

[3] Ce singulier traité a été conclu le 14 juillet 1219 entre le comte Thomas Ier et Aimon, abbé de Saint-Maurice. L'intendant Pescatore l'a rapporté dans ses manuscrits sur l'histoire du Chablais.

» Colomban[1]. Ce vin a été pressé à Haultcrest, dont le couvent
» a vignobles des meilleurs, ensuite de donation du comte Thomas,
» qui s'est réservé le tiers du revenu, ainsi qu'il appert par
» authentique charte scellée du sceau dudit comte[2]. »

A ces mots, la faconde du prieur fut interrompue par les bâille-
mens du page, qui venait de se livrer aux rêves d'un demi-sommeil,
traversé par des apparitions de chasse et de tournois, rêves illu-
minés de regards bleus sous tresses blondes.

L'irrévérence du dormeur permit à messire du Pin de prendre
à son tour la parole : — « Vrai Dieu ! » s'écria-t-il, en se servant
une rasade du bon vin de Crépy, « tant d'excellentes choses
» m'induisent à opiner que les premiers possesseurs du Chablais,
» les Nantuates, qui l'habitèrent du temps des patriarches,
» l'avaient mal nommé en l'appelant le *pays des eaux*[3] : à mon
» avis, mieux on aurait fait de donner à toute la contrée le nom
» de la vallée où Saint-Colomban a édifié son abbaye, ou bien
» encore le nom de votre prieuré, seigneur prêtre; car, sur ma
» foi, il est joyeux comme bruit de flacons ou de noces, et
» jamais couvent ne fut mieux baptisé que Ripailles ! »

— « Il est sûr », répartit le prieur, « que céans est un lieu de
» délices; pour dire bref, tout notre pays a été favorisé gran-
» dement par le souverain créateur : on y trouve des fruits et
» des fleurs de tous les climats; ici, la nature a réuni sur un petit
» espace tout ce qu'elle a partagé ailleurs entre plusieurs pays,
» distans comme Paris la grande ville de Jérusalem la sainte;
» aussi je me courrouce aucunes fois contre ces passagers forains
» qui affectent pour nos montagnes un mépris outrageux. Foin
» des Français gabeurs et des ultramontains vantards ! ils dé-
» nigrent *la pauvre Savoye*, car ainsi la nomment ces fameux

[1] Besson.

[2] *Historiæ patriæ monumenta vetera*, tom. I, pag. 1027.

[3] Palluel.

» étrangers, et pourtant bien-aises ils sont d'y rétablir leurs
» estomacs, voire même d'y radouber leurs escarcelles de men-
» dians. »

— « Oui dà ! nous les connaissons », s'écria Perrinet : « ils font
» de notre Savoye comme ils ont fait de la tente du comte notre
» seigneur, car vous avez appris que ses largesses lui ont mérité
» le nom d'hôtel de Saint-Julien; c'est depuis qu'à l'Ecluse, en
» Flandres, où l'armée du roi Charles fut sujette à d'étranges
» incommodités [1], nous avons tenu, sous cette tente, table ou-
» verte à tous venans; la main de notre sire Amé y prodiguait
» du sien, aussi du nôtre, abondamment; et il a fourni à la
» noblesse la plus huppée de France vivres, habits, munitions,
» sans même avoir reçu un grand merci. Ce qu'a fait le comte,
» tous les jours le fait la Savoye pour tant de faucons qui la
» plument comme poule bonasse, et qui pourtant la qualifient
» petite, pauvre, froide, et d'autres termes malsonnans, jusqu'à
» la comparer à cet enfer de glace [2] duquel a fait mention le
» poète florentin. »

— « Mais », fit judicieusement observer le prêtre, « pareils propos
» sont purs mensonges : si la Savoye a souvent une robe blanche,
» c'est que la neige sied au front de nos montagnes, comme les
» cheveux d'argent sur la tête des vieillards. Dire en outre que
» la Savoye est petite, je maintiens que c'est calomnie : notre
» pays paraîtrait deux fois plus vaste, si les penchans des mon-
» tagnes étaient surface en plaine; de même qu'un mantel a plus
» grande apparence lorsqu'au lieu de faire des plis l'étoffe s'étend
» tout unie [3]. »

[1] GUICHENON. — P. MONOD.

[2] *Corinne*, liv. XIX, ch. V.

[3] Je n'ai pas le mérite d'avoir fait cette judicieuse observation, et j'en
restitue tout l'honneur à noble Emmanuel De Ville, auteur de deux bouquins
intitulés : *Etat de la justice ecclésiastique et séculière du pays de Savoye*, et
Questions notables sur le sortilège.

La conversation aurait pu durer long-temps encore sur le même sujet, car les bonnes langues de mes compatriotes ne sont jamais à bout de voies sur le chapitre du pays natal. Mais l'historiographe du Comte Rouge et le savantissime prieur furent obligés de suspendre leurs discussions quintessenciées, car en ce moment le bruit de leurs paroles fut dominé par des éclats de voix plus vulgaires partis de l'extrémité de la table. Là se trouvaient réunis les varlets et veneurs du comte, les domestiques du prieuré et autres personnes d'inférieure condition. Tenant presque le milieu entre celles-ci et les hommes de noble race qui occupaient le haut bout, on remarquait l'échanson du comte de Savoie, Jehan de Advanchier[1] : à sa taille élevée, à ses yeux bleus, à ses cheveux blonds, il était facile de reconnaître en lui un enfant du Chablais, un véritable descendant des Burgondes[2]. — « Hé bien! j'éprou-
» verai », s'écria-t-il en étendant sur la table un bras gigantesque, terminé par une main dont l'index seul aurait pu couvrir deux sous lausanois[3], « j'éprouverai qui du sanglier enragé ou de moi
» pourra arrêter l'autre. »

— « Ce sont paroles imprudentes et présomptueuses », répondaient en chœur les servans et les clercs du prieuré; « mieux
» vaudroit rencontrer un esprit allant au sabbat, que ce grand
» roi du bois de Lonnes; car, depuis six ans qu'il est venu s'y
» établir, il s'est tellement fait craindre et redouter que nul
» homme n'oserait l'enferrer, et nul chien ne pourrait l'approcher,
» sans être grevé de male mort[4]. »

---

[1] *Chronique de Perrinet du Pin.*

[2] ALBANIS. — BEAUMONT.

[3] LUC DE LUCINGES, *Histoire manuscrite du couvent de Stavayé.*

[4] « Ung moult grant et fier sanglier qui plus de vi ans entiers s'estoit
» tieullement celle part fait chacer, craindre et doubter, que chien n'estoit
» qui sans mort peust de lui approchier ne homs qui de l'enferrer adventurer
» se ozast : que doy je plus sur ce dire, il par sa tres grant fureur se feisoit
» aux ungs nommer *le fort sanglier enragié,* et les autres le appeloyent *le*

— « Il ne me chaut à moi! » reprenait maître Jehan. « Avec nos
» deux bons limiers Hubaut et Marpaut[1], je quêterai les marches
» de ce fier animal ; et nous verrons tôt si un coup de cette forte
» lame ne pourra pas enlever, avec hure et boutoir, la couronne
» de ce roi prétendu. »

— « Alors bien vous ferez, sire échanson, avant que de vous
» aventurer à pareille entreprise », lui dit le prieur d'une voix
grave, « bien et à propos vous ferez d'entendre l'office pour les
» morts dans la chapelle de Saint-Hubert ; car ce redoutable
» sanglier, calamiteusement descendu de la montagne des Voirons,
» n'est autre bête que Satanas en personne. »

A ces mots, toutes les mains firent avec dévotion le signe de
la croix, et le prieur continua, en s'adressant à messire Perrinet :
« Les Voirons sont une montagne très-élevée entre le Chablais
» et la baronnie de Faucigny. Depuis le temps des Payens et des
» Sarrazins[2], on y voyait une idole au moyen de laquelle Lu-
» cifer rendait ses oracles ; elle a été détruite par les oraisons
» d'un évêque de Genève, cependant le malin ne cessa pas de
» hanter la montagne ; ains, sous la peau et la figure d'un horrible
» sanglier, il se fit moult redouter dans toute la contrée.
» Malheur à qui aurait eu l'outrecuidance de gravir les Voirons,
» sans avoir préalablement pactisé avec l'abominable suzerain des
» enfers ! Un jour, le sire de Langin, qui avait un château
» proche de la montagne, s'étant égaré à la chasse, fit la ren-
» contre du terrible sanglier ; déjà le pourpoint du pauvre gars
» était engagé sous ses dents sataniques, lorsqu'à moitié chemin
» de la mort il eut l'idée de faire un vœu à Notre-Dame : cette
» inspiration l'a sauvé, et, fidèle à sa promesse, il a fait édifier

» *grand roy du boys de Lonnes*, pour ce que il en cellui boys qui de Lonnes
» nommez est se tenoit. » (*Extrait de la Chronique manuscrite de Perrinet
du Pin.*)

[1] Ces deux vaillans chiens sont nommés dans la chronique de Perrinet.

[2] CHARLES-AUGUSTE DE SALES. — LALLIN. — BESSON.

» sur les Voirons la chapelle et l'hermitage qui y existent pré-
» sentement. Depuis lors le sanglier n'a paru sur la montagne
» qu'à de rares intervalles; mais sont six années en çà qu'il s'est
» retrait dans la forêt de Lonnes sur Thonon, où, par sa très-
» grande fureur il s'est fait nommer par les uns *le fort sanglier*
» *enragé*, et par les autres *le grand roi du bois de Lonnes.* Que
» dois-je plus sur ce narrer? Il est sûrement de même lignage
» que le sanglier dont parle Homerus en son Illiade, et qui en-
» dommagea vignes et oliviers du royaume de Calidon. C'est
» pourquoi, m'est avis, qu'au lieu de mener la chasse dans la
» forêt de Lonnes, le comte notre seigneur ferait plus sagement
» de prendre son déduit dans les bois du côté du Valais. »

— « Un comte de Savoye », fit observer Perrinet, « oncques
» n'a reculé devant périlleuse entreprise; et Amé, notre sire, n'a
» pas coutume de combattre ses ennemis, qu'ils soient hommes
» ou bêtes, hors en sa propre personne. Mais je suis étonné »,
ajouta-t-il, « que l'Eglise, notre mère sainte, n'ait pas encore,
» par monitoires ou autrement, et avec son glaive d'excommu-
» nication qui taille aussi bien le bois vert que le sec, parfait
» jusqu'à sentence un procès en forme pour contraindre ledit
» sanglier à départir de ce beau pays de Chablais. »

— « Sans doute, » répondit le prieur, « les monitoires sont
» chose grandement importante et avantageuse. Ainsi[1], du temps

---

[1] Toutes ces merveilles sont très-sérieusement racontées par Gaspard
Bally, *advocat au sénat de Savoye*, dans son *Traité des monitoires.* Il a tracé
dans ce curieux livre toutes les formes de la procédure à suivre en pareil cas
devant le tribunal de l'officialité. D'abord, c'est la requête présentée à
l'évêque par les habitans des campagnes que désolent souris, taupes, sauterelles, ou autres *bestioles;* décret pour informer sur les dommages faits ou à
faire; ensuite le juge ecclésiastique députe un curateur aux bêtes pour les
représenter en jugement et pour fournir leurs moyens de défense. La cause
appointée pour plaider, l'avocat des habitans fait ses réquisitions, précédées
d'un superbe exorde, dans lequel il montre ses pauvres cliens à genoux, la
larme à l'œil, implorant la justice, *comme firent autrefois les insulaires de
Majorque et de Minorque, qui envoyèrent vers Auguste-César pour demander*

» de l'empereur Lothaire, il vint en France prodigieux nombre
» de sauterelles ayant six ailes avec deux dents plus dures que
» pierres, et leurs bandes pernicieuses furent dispersées par mo-
» nitoires. Ainsi, par suite de sentence de l'évêque de Genève,
» les anguilles, qui détruisaient tous les autres poissons du lac,
» furent forcées à déguerpir des eaux du Léman. Ainsi encore,
» dans la ville d'Aix, Saint-Hugon, évêque de Grenoble, a
» excommunié les serpens, que la chaleur des bains de soufre et
» d'alun y avait attirés à grande foison; et depuis cet anathême,
» qui a détruit leur venin, les morsures des serpens ne navrent
» plus personne. Mais, hélas! vous savez prou, messire du Pin,
» que les canoniques coutumes de procéder vont s'affaiblissant
» tous les jours, suite de la découverte de je ne sais quel livre
» latin, contenant, dit-on, les us et lois du peuple de Rome;
» depuis lors nous sommes engeancés de jurisconsultes qui avo-
» cassent et maugréent nos bonnes vieilles coutumes. »

— « Et cette méchante trouvaille, seigneur prêtre », ajouta
l'écuyer, « déplaît aussi moult fort à notre grande noblesse, qui
» était accoutumée de rendre elle-même bonne justice, une main
» sur le cœur et l'autre sur l'épée[1]. »

Ces mélancoliques réflexions, accompagnées de quelques autres
propos et de nombreuses libations de vin blanc, terminèrent le
repas du soir.

---

*des soldats, afin de les défendre et exempter du ravage que les lapins leur
faisaient.* A son tour, l'avocat des bestioles fait valoir leur innocence, dé-
montrée par divers textes du Digeste et du Code. Repliques entendues de part
et d'autre, le promoteur donne ses conclusions. Le tout est chargé de citations
d'Homère, de Pline, de *Picus Mirandulanus*, d'Ovide, de Saint-Augustin,
de Saint-Ambroise, etc. Enfin, sentence qui prescrit aux bestioles de vider
les lieux dans le délai de six jours, et qui se termine par une recommandation
adressée aux habitans de tout ordre, rang, sexe, condition, pour qu'il aient
à s'abstenir de blasphêmes ou autres péchés publics, et pour qu'ils prennent
soin de payer la dime *sine fraude.*

[1] DE COSTA.

Pendant que les personnages de notre histoire vont se livrer au sommeil, nous chercherons à découvrir la silhouette de la Savoie, dans l'ombre du XIVe siècle.

III.

> « Les habitans de l'Écosse étaient autrefois
> » de vrais Écossais. »
> (WALTER-SCOTT. *Le Monastère.*)

Depuis le jour où l'héritage d'Adélaïde de Suze était venu augmenter le patrimoine des seigneurs de Maurienne, et avait ainsi posé les fondemens de leur souveraineté sur les deux versans des Alpes, la grande épée de Bérold n'était pas restée oisive entre les mains de ses descendans; chaque jour elle avait agrandi le cercle de leur couronne de comte; maintenant, descendus des rochers qui dominent l'Arc et la Doire, leurs victorieux étendards flottaient à la fois aux portes de Lyon et sur les bords de la Méditerranée.

La puissance de ces suzerains des montagnes avait imité, dans sa marche progressive, celle des ruisseaux sortis de leurs glaciers : le pied d'un enfant peut les traverser à leurs sources, modestement parées d'une bordure de cristal ou des fleurs rouges du laurier des Alpes; mais ces ruisseaux s'élargissent en quittant les hautes vallées, et, devenus le Rhône ou l'Éridan, ils déploient leurs eaux majestueuses à travers les rives monumentales de la France et de l'Italie.

A l'époque où commence notre histoire, déjà huit ans s'étaient écoulés depuis que l'ame du Comte Vert était allée de vie à *trépassement :* les pensées suprêmes de ce prince chevaleresque furent un dernier éclair de l'esprit des croisades, une naïve et sublime aspiration vers la délivrance du Saint-Sépulcre : — « Père » saint », avait-il répondu au pape d'Avignon, qui lui demandait

d'aller combattre le pape de Rome, « s'il était à moi possible
» de faire ce qu'il vous a plu me requérir, je le ferais moult
» volontiers; mais il me viendrait maintenant mal à point, car
» j'ai délibéré, cet été qui vient, m'en aller outre-mer et prendre
» la sainte cité de Jérusalem, pour la bailler en garde aux frères
» chrétiens de Rhodes[1]. »

Mais tant parlèrent et promirent le pape Clément et le duc
d'Anjou, que le comte de Savoie fut forcé d'ajourner son projet,
et de prêter la main aux prétentions du duc sur le royaume de
Naples. A cette fin, il guerroyait dans la Pouille, lorsque sa marche
fut arrêtée par le hérault de Dieu, dont le bras desséché fit tomber
devant le preux chevalier la barrière des tournois de ce monde.

A sa mort, la maison de Savoie était puissante et respectée.
Avec la Maurienne, le Chablais, Aoste, le Faucigny, Chambéry
et plusieurs villes du Piémont, son domaine comprenait encore
la Bresse, le Bugey, le Bas-Valais et la baronnie de Vaud, dont
la noblesse était particulièrement renommée par sa courtoisie
et sa valeur[2]. Cette masse de seigneuries, avait, à la vérité,
l'inconvénient d'être morcelée par un grand nombre de fiefs
étrangers; mais le Comte Vert avait su forcer les petites puissances
du Piémont à reconnaître ses droits et son titre de vicaire de l'empire romain; en cette qualité, il avait reçu l'hommage du comte et
de l'évêque de Genève[3], dans le même temps que son fils, alors
Amé Monsieur, depuis le Comte Rouge, contraignait le sire de
Beaujeu à se reconnaître son vassal.

Une cause de ruine, plus sérieuse et plus menaçante, était la
division de la tige princière en deux branches rivales : celle
d'Achaïe et de Morée, qui occupait le Piémont, supportait impa-
tiemment son rang de feudataire. Les princes de cette maison ne

---

[1] SERVION. — CHAMPIER.
[2] DE COSTA.
[3] DELLA CHIESA. — DE COSTA.

pouvaient oublier que le comte Philippe et les états-généraux leur avaient fait la part d'Esaü, en donnant le pouvoir souverain à la branche cadette. Un gentilhomme du lignage des Provana ayant appelé au comte de Savoie d'une sentence rendue par le prince de Morée, celui-ci fit massacrer le gentilhomme, et noyer dans le Pô le clerc qui lui avait apporté les lettres de son suzerain [1]. Le Comte Vert avait tiré, il est vrai, une vengeance éclatante de cet acte de rébellion; mais le germe de guerre intestine continuait de couver toujours dans le cœur de la branche aînée, n'attendant qu'une favorable occasion pour se produire au dehors.

Cependant, l'anneau de Saint-Maurice venait de passer à des mains qui ne devaient pas en ternir la splendeur, et qui déjà, dans maintes batailles, avaient porté ferme et haut la bannière de Savoie.

Le jeune comte, déjà fameux par ses exploits dans la Bresse, s'était trouvé en tête de l'avant-garde à la bataille de Roosebeke, et son épée, je vous jure, y frappa aussi fort que celle du brave Clisson [2]. L'année suivante, il reparut en Flandre, suivi de ses *beaux et notables* chevaliers qui, pour le deuil du Comte Vert, étaient tous vêtus de noir, avec les lances des hommes d'armes, l'étendard de Savoie et les pennons également noirs [3]. Il commandait au siége d'Ypres 700 lances de *purs Savoisiens* [4], et non moins terrible dans les joûtes que sur les champs de bataille,

[1] SERVION.

[2] P. MONOD. — GUICHENON.

[3] SERVION. — Amé VII avait d'abord été appelé *le Comte Noir;* mais, à la naissance de son fils, il quitta ses vêtemens de deuil pour adopter la couleur rouge, et dès-lors, il fut appelé *le Comte Rouge.* Le compilateur d'une *Notice sur l'abbaye d'Hautecombe* a prétendu que cette épithète lui avait été donnée à cause de la couleur de ses cheveux : il est surprenant que cet écrivain n'ait pas attribué au Comte Vert des cheveux de même couleur que ceux de *la Dame vert de mer* dans la *Sorcière des eaux.*

[4] FROISSART.

il vainquit en champ-clos Hedington avec la lance, Arundel avec l'épée, et Pembrok avec la hache[1].

Lorsque les Valaisans promenèrent dans leurs villages leur terrible *Mazza*, deux fois il rétablit sur son siége l'évêque de Sion, contre qui s'était levée cette image de la liberté souffrante.

En 1388, il avait réprimé la révolte du Canavais, et la même année, Barcelonnette, Vintimille et Nice se donnèrent volontairement à lui[1].

Ainsi, dans ces temps de succès glorieux, notre cri de guerre *Savoie! et bonne nouvelle!* aurait pu, lancé du sommet des Alpes, plus sonore que leurs tempêtes d'hiver, plus terrible que leurs avalanches, retentir, à la fois, dans les campagnes arrosées par le Rhône et le Pô, sur les deux rives du Léman, et secouer les falaises parfumées où dort la molle Provence.

Les progrès de la puissance savoisienne étaient singulièrement favorisés par l'état politique des peuples voisins. Les républiques italiennes, ces constellations populaires qui avaient un instant rayonné sur la nuit féodale, touchaient alors à leur déclin : fatiguées d'une liberté orageuse, amollies par le luxe et les plaisirs, incapables d'opposer comme autrefois le courage des citoyens à la violence des seigneurs, elles avaient voulu payer des bras pour les défendre et n'avaient réussi qu'à se donner des maîtres absolus[2]. L'amour du repos, le dégoût de l'indépendance, tous les sentimens vulgaires qui viennent à la suite des commotions civiles, avaient remplacé dans le cœur des fils la mâle rudesse des ancêtres; et c'est à peine si le sol, long-temps remué par leurs bouillantes querelles, tressaillait encore aux dernières convulsions des Guelfes et des Gibelins.

Mais tandis que les villes libres de la péninsule déposaient la bannière démocratique, elle était fièrement portée de l'autre côté

[1] GUICHENON.

[2] SISMONDE DE SISMONDI. — DE COSTA.

des Alpes par les robustes mains des vainqueurs de Morgarten :
la grande voix du serment prêté sur le Grutli avait réveillé tous les
cœurs et toutes les vallées de l'Helvétie ; partout les intrépides
pasteurs des Waldstettes avaient brisé les cimiers à queue de paon
avec la lourde épée à deux mains, et la muraille de fer qu'ils
avaient dressée entre la Savoie et l'Allemagne permettait à la
première de se développer sans être inquiétée par les princes de
l'Empire ; aussi, à cette époque, la Savoie avait à-peu-près oublié
qu'elle faisait partie du corps germanique [1].

D'un autre côté, la France, qui depuis a contrarié si souvent
nos projets d'agrandissement, était alors bien loin de pouvoir
s'y opposer : à peine relevée des funérailles sanglantes de Crécy
et de Poitiers, déchirée par le fer de l'Anglais, meurtrie au sein
dans ses luttes avec les grands vassaux de la couronne, si elle
tournait ses regards du côté de l'Italie, c'était pour appeler à son
aide le cœur et le bras de nos princes ; souvent leurs cris de victoire
se mêlaient aux *Montjoye* de la grande nation ; et celle-ci, en
échange de leurs loyales assistances, envoyait de gracieuses
princesses des lis pour les unir aux lacs d'amour dont le collier
de l'Annonciade portait les galans aussi bien que les chevale-
resques emblêmes [2]. Par un heureux concours de circonstances,
nos frontières du côté de l'Isère, que de sanglantes guerres avaient
bien long-temps désolées, avaient vu s'éteindre, depuis le milieu
du siècle, la puissance rivale des Dauphins. Moins adroit que le
fondateur de sa race, qui, tout en prenant le froc, n'avait pas
cru devoir frustrer son héritier des biens qu'il avait acquis *per fas
et nefas* [3], le dernier des successeurs de Gui-le-Vieux ensevelit
sa vie débonnaire dans un couvent de frères prêcheurs, après
avoir donné tous ses états au premier fils de France, sous la

[1] DE COSTA.

[2] P. MONOD.

[3] DE COSTA, *Seconde Savoisienne.*

condition qu'il porterait son nom et ses armes. Enfin, le jour n'était pas loin où le Genevois devait joindre ses armoiries à l'écu national : la descendance du preux Olivier allait s'éteindre par défaut d'enfans mâles [1].

Ainsi, les petites souverainetés venaient se fondre successivement dans des associations plus vastes; et les races diverses qui avaient si long-temps découpé le territoire se massaient autour d'un sceptre unique. Cette révolution s'opérait avec lenteur, il est vrai, mais on en retrouve tous les élémens dans le XIVe siècle, époque de transition suspendue entre le moyen-âge et la renaissance : sous l'écorce encore blasonnée du chêne féodal, déjà la pourriture attaquait les racines; les armes de la chevalerie et ses nobles traditions, encore appendues aux rameaux, allaient bientôt, secouées par un vent plébéien, tomber au pied de l'arbre antique et armorié.

Le Comte Rouge est, en effet, le dernier de nos princes qui ait appartenu à la chevalerie proprement dite. Champier a dit de lui qu'il *estoit moult beau prince, aimant moult fort l'art de la chevalerie.* On le vit, au siége de Sion, recevoir l'accolade des mains de Guillaume de Grandson, et avant l'assaut furent ainsi créés cent quarante chevaliers au nom de Dieu et de Saint-George [2]. Mais déjà on avait vu la cour de Charles VI trouver étranges les cérémonies qui furent faites à Saint-Denis, lorsque le jeune roi de Sicile et le comte du Maine furent armés chevaliers, *parce qu'il y en avoit fort peu qui sçussent que c'étoit l'ancien ordre de pareille chevalerie* [3]. Les aventureux guerriers formés à l'école de Duguesclin, qui allèrent mourir dans la funeste journée de Nicopolis, semblent avoir enseveli avec eux les mythes héroïques du moyen-âge [4].

REPLAT.

[1] DELLA CHIESA.

[2] SERVION.

[3] LACURNE DE SAINTE-PALAYE.

[4] Ces trois premiers chapitres sont extraits d'un roman inédit que l'auteur a eu la bienveillance de nous communiquer. (*N. du D.*)

Histoire littéraire.

POURQUOI BOILEAU, DANS SON *ART POÉTIQUE*, N'A-T-IL PARLÉ NI DE LA FABLE, NI DE LAFONTAINE?

On s'étonne, avec raison, que Boileau n'ait parlé, dans son *Art poétique*, ni de de la fable ni de Lafontaine. Tous les critiques lui en font le reproche, et, jusqu'à un certain point, ce reproche me paraît juste, si on le renferme dans le cercle des idées littéraires. Sans prétendre excuser absolument ce poète, je crois qu'on s'est trompé quand on a attribué cette omission à une cause étrangère à la littérature, et tout-à-fait honteuse pour Boileau; et, de plus, je crois qu'on peut s'expliquer sous le point de vue littéraire comment il a pu oublier un tel nom.

L'Art poétique fut publié en 1674, environ dix ans après la disgrâce de Fouquet. On sait quelle noble part Lafontaine prit au malheur de Fouquet, qui entraîna dans sa ruine l'éloquent Pélisson. De là, dit-on, aversion de Louis XIV pour Lafontaine, et flatterie de Boileau, qui, pour plaire au maître, destitue et la fable et le poète. C'est ainsi qu'on attribue sans façon une insigne lâcheté à un homme dont le cœur était noble, et, bien plus, une lâcheté inutile, à laquelle le roi ne devait pas s'intéresser, mais que, en revanche, la postérité devait lui reprocher cruellement. Il serait difficile d'imaginer une plus énorme maladresse; et, en l'imaginant, on oublie que Pélisson, bien plus coupable sans doute aux yeux de Louis XIV, était rentré en grâce en 1665, neuf années avant la publication du poème. On suppose donc au roi une rancune éternelle contre un poète dont le crime serait d'avoir consolé un ami, un bienfaiteur, quand ce même roi avait pardonné à l'auteur des fameux mémoires, l'avait appelé auprès de lui, et chargé d'écrire son histoire ! Boileau, dans cette circonstance, a manqué de goût, il s'est trompé, il était homme; mais il n'a été ni sot ni méchant. Avant de le prouver, rappelons un fait. Lorsque Lafontaine fut reçu académicien, en 1683, il avait prié Boileau de se désister de sa candidature en sa faveur. Boileau le fit. Lafontaine l'emporta, et Louis XIV, mécontent, bouda l'académie ; il ne donna son approbation à la nomination du *bonhomme* que lorsque, en 1684, Boileau fut aussi admis dans la docte assemblée.

Qu'est-ce que cela prouve ? que le roi aimait mieux l'auteur du *Passage du Rhin* que celui des *Animaux malades de la peste;* mais que ce mécontentement était relatif, mais que Boileau se retirant devant Lafontaine, parce que sa délicatesse y était intéressée, et ne craignant pas de déplaire à son roi, avait quelque dignité de sentimens, quelque noble scrupule dans l'ame, un sens exquis de convenances qu'il n'avait pas dû servilement répudier lorsqu'il était plus jeune [1], c'est-à-dire lorsqu'il était encore moins courtisan.

Commençons par déloger de notre tête un préjugé des plus fâcheux pour l'étude de l'histoire littéraire, et qui nous fait croire qu'on a toujours pensé comme nous pensons, qui nous empêche de calculer sûrement toute la force que la sanction du temps vient donner aux chefs-d'œuvre. Non-seulement on n'admirait pas, il y a deux siècles, tout ce que nous admirons aujourd'hui, mais

---

[1] Boileau avait trente-trois ans quand il commença son *Art poétique.* Il le publia cinq ans après, avec les quatre premiers chants du *Lutrin.*

l'admiration, même complète d'alors (pour les ouvrages de l'époque), ne ressemblait pas à la nôtre. Alors c'étaient des contemporains; pour nous, ce sont des anciens : plus ils résistent aux révolutions de temps et de mœurs, plus nous sommes sûrs de ne pas nous tromper, plus notre estime prend un caractère profond et sacré que des contemporains ne peuvent avoir. Ils louent et nous adorons. Cela nous fera comprendre un oubli, s'il y a oubli, et nous ne trouverons plus un crime dans une omission.

Ainsi, quand Boileau, en parlant d'avoir recours au style naïf de Marot, Saint-Gelais et autres, ajoute : *Et c'est ce qui a si bien réussi au célèbre Monsieur de Lafontaine* (7e réflexion sur Longin), nous croyons qu'il pense comme nous de ce poète. Or, lisez la lettre à M. Perrault, vous y trouverez encore un éloge *du célèbre,* mais qui nous rejette à cent lieues : *Avec quels battemens de mains n'y a-t-on point reçu les ouvrages de Voiture, de Sarrazin et de Lafontaine?* Voilà donc Lafontaine en compagnie de Voiture et de Sarrazin ! Si maintenant ces deux derniers n'avaient pas été écrasés par le temps, faudrait-il chercher dans l'ame de Boileau quelque honteux calcul pour expliquer son silence sur Sarrazin? Nous sommes sur la voie pour comprendre ce silence à l'égard de Lafontaine. Je répète que je ne l'excuse pas absolument, que je me contente de l'expliquer, parce que, si l'on prononce à la légère sur les hémistiches, on doit y regarder de plus près avant d'attribuer une cause peu honorable à des effets qu'on ne comprend pas. Je dis donc que Boileau, pour peu qu'il eût de raison, et il en avait beaucoup, pour peu qu'il eût d'esprit, et il en avait merveilleusement, pouvait se tirer facilement d'affaire, et s'accommoder sans nulle peine avec le roi et la postérité. Il n'avait qu'à tourner quelques jolis vers sur la fable; on ne lui en demandait pas davantage, et le roi n'y aurait seulement pas pris garde. D'ailleurs, on ne peut supposer dans Louis XIV assez de petitesse pour désirer la suppression d'un genre parce qu'un poète aurait déplu. On sait aussi que le grand roi, si fier de sa force et de sa puissance, était de très-bonne composition pour ce qui regarde l'esprit. Il avait donné raison, contre le duc de la Feuillade, à Boileau qui avait dit *se connaître en vers aussi bien que le roi* (ce qui veut dire beaucoup mieux). Ce même roi s'était amusé à faire appeler fat l'auteur d'un madrigal qu'il venait de faire lui-même, et il ne se déclara qu'après s'être bien assuré qu'il *n'y avait pas moyen de donner un autre nom (fat)* à celui qui avait fait cet impertinent madrigal. *Il a fort ri de cette folie*, dit Mme de Sévigné. Or, de quoi s'agissait-il pour la fable dans l'*Art poétique?* d'esprit et de vers. C'eût été vraiment une flatterie bien grossière que de n'en pas oser parler; c'eût été avouer un despotisme bien brutal dans Louis XIV, c'eût été la caresse de l'âne. Ah ! Boileau, si tu avais su qu'on penserait ainsi de toi!.... D'un autre côté, la postérité se serait sans doute contentée de quelques mots caractéristiques pour la fable, car c'est l'absence de ce mot qui l'a frappée, et qui a fait travailler les imaginations, tant qu'enfin on a trouvé la belle solution que je combats aujourd'hui. Qu'y avait-il de plus simple, de plus facile, de plus innocent, que de rappeler les leçons de morale et de prudence que nous donnent les animaux, les plantes même, dans ces petits drames, dans la fable qui *est proprement un charme*. Mais la fable n'était pas considérée comme un genre particulier par Boileau. Les Grecs ont Ésope, qui n'est pas poète, et quelques fables éparses dans les ouvrages d'Hésiode; les Latins ont Phèdre et deux ou trois fables charmantes dans Horace, et les Français n'en faisaient pas. Il ne la trouvait pas occupant une place spéciale dans la littérature. Et lors même que Boileau aurait vu un genre dans la fable, il ne serait pas encore étonnant qu'il l'eût omise comme bien d'autres formes de poésie, d'autres genres [1], si l'on veut, auxquels pouvaient s'appliquer les

---

[1] Voyez la *Poétique secondaire* de CHAUSSARD. La fable et le fabuliste y ont leur place, bien entendu.

principes généraux développés dans son ouvrage. Pour s'y arrêter, il aurait fallu qu'il sentît une profonde admiration pour Lafontaine; or, il en était bien loin, comme je le prouverai, et c'est là un tort littéraire qu'on peut justement lui reprocher.

De plus, quelque grand poète que fût l'incomparable Lafontaine, comme l'appelle Dacier[1], nous pouvons comprendre que Boileau avait à son égard les réserves qu'on a ordinairement avec des contemporains : on les loue bien quelquefois outre mesure, mais, en général, la critique a bien de la peine à leur assigner leur vraie place[2]. On faisait alors des ballades, des sonnets, des rondeaux et autres espèces de poésies dont le nom indiquait surtout la forme, mais qui avaient leur place marquée dans la poésie facile du temps. Boileau, dans une courte histoire de la poésie, caractérisa spirituellement ces petits poèmes de huit et de dix vers, sans y attacher toute l'importance qu'on a cru y voir; son article du sonnet est un tour de force en fait de versification, et le dernier vers tant cité,

> Un sonnet sans défaut vaut seul un long poème,

n'est évidemment qu'à moitié sérieux. Dans un tel ouvrage, Boileau prenait les faits comme ils étaient. Sa muse facile se plaisait dans l'histoire ou la définition de toutes ces formes poétiques qui exerçaient tant les imaginations, mais il n'y mettait ni malice, ni fiel. Doué d'une raison si ferme, il aurait mieux fait de ne pas s'arrêter à ces petits détails et de parler de la fable; je l'avoue. Il lui convenait de deviner et de classer un genre où brillait l'un des plus étonnans génies du monde; je l'avoue encore. La seule chose que je fasse ici, c'est de chercher la cause de cette omission, et je comprends que ce poète a pu se tromper, faire

---

[1] *Remarques sur la 2ᵉ épître du 1ᵉʳ livre d'Horace.*

[2] Voyez aujourd'hui, dans la littérature des journaux, les critiques injustes et les louanges d'une exagération bouffonne.

une faute littéraire, mais je ne comprends pas un autre motif. Dans son 2ᵉ chant, il caractérise Régnier, parce que Régnier était déjà un ancien, et nous-mêmes, en aimant mieux accuser le cœur que l'esprit de Boileau, nous tombons dans cette adoration des anciens poètes, laquelle nous empêche de croire qu'ils aient pu oublier et se tromper.

Quand je dis que je ne comprends pas d'autres causes, ce n'est pas que, par un préjugé louable en faveur d'un poète qui fut honnête homme, et ayant à choisir entre la faute de l'esprit et la faiblesse du sentiment moral, j'aime mieux m'arrêter au premier motif qu'au second, par la seule répugnance qu'inspire une lâcheté. Sans doute, je pencherais fort vers cette manière de juger, mais je trouve des preuves dans l'*Art poétique* même, et ce n'est plus un sentiment, c'est la logique qui me décide.

En effet, Boileau, dit-on, ne pouvait parler de la fable sans parler de Lafontaine, car l'absence de ce nom eût été plus frappante, et il s'est vu forcé d'omettre tout, et le genre, et le poète. Voilà comme nous raisonnons avec nos idées mûries par deux siècles. Ce serait chez Boileau, il le faut avouer, une grande ruse et un profond calcul. Mais il ne faut, pour l'absoudre de tant de finesse et d'une si habile flatterie, que réfléchir un peu sur certains passages du livre dont il s'agit.

Si Boileau, qui n'y parle pas de la fable, y parle de Lafontaine dans des allusions fort claires, ne sera-ce pas une preuve qu'il n'y a pas de mauvaise arrière-pensée dans l'oubli de la fable? car c'est moins la fable que le fabuliste qui est en cause, et du moment qu'il ose faire l'éloge de celui-ci, il ne peut qu'avoir oublié celle-là, ou l'avoir omise (à tort sans doute) comme ne constituant pas un genre. Eh bien! l'on n'a jamais douté que Boileau ne parlât de Lafontaine dans ces vers :

> C'est peu d'être agréable et charmant dans un livre,
> Il faut encore savoir et converser et vivre.
>
> 4, 124.

Il y a là un reproche qui tombe sur le caractère bien connu de ce poète, et un éloge qui n'est pas suffisant pour nous, mais qui cependant est exprimé sans restriction : *agréable et charmant.* Certes, si Boileau a mis dans tout cela de la finesse, il était un grand maladroit.

C'est encore à Lafontaine qu'il fait allusion dans les vers suivans, où nous trouvons un reproche sévère, approuvé par la morale, mais qui n'a pas du tout de rapport à l'intention qu'on prête à Boileau, et qui, au contraire, expliquerait l'omission par un sentiment tout personnel :

> Que votre ame et vos mœurs, peintes dans vos ouvrages,
> N'offrent jamais de vous que de nobles images.
> Je ne puis estimer ces dangereux auteurs,
> Qui, de l'honneur, en vers, infâmes déserteurs,
> Trahissant la vertu sur un papier coupable,
> Aux yeux de leurs lecteurs rendent le vice aimable.
>
> 4 , 91.

Quelques mots sur Lafontaine, accompagnés d'un blâme si vivement exprimé, c'est là un tribut bien mesquin payé à un tel poète. C'est vrai, mais il faut alors s'étonner au moins autant de n'en voir guère plus sur Molière; c'est même bien plus étonnant, puisque la comédie tenait une grande place dans le cadre que Boileau s'était tracé, et qu'il estimait Molière l'un des plus beaux génies du siècle.

> C'est par là que Molière, illustrant ses écrits,
> *Peut-être* de son art eût remporté le prix,
> Si, moins ami du peuple en ses doctes peintures,
> Il n'eût point fait *souvent grimacer ses figures,*
> *Quitté pour le bouffon* l'agréable et le fin,
> Et *sans honte* à Térence allié Tabarin.
> Dans ce sac *ridicule,* où Scapin s'enveloppe,
> Je ne reconnais plus l'auteur du *Misanthrope.*
>
> 3 , 393.

Voilà bien des défauts sévèrement blâmés : *grimacer..... quitté pour le bouffon..... sans honte..... ridicule.....;* et encore, en évitant ces fautes, Molière aurait *peut-être* remporté le prix. Peut-être! vous voyez combien Boileau est avare de louanges. Ne trouvez donc pas que ce soit si peu d'avoir dit de l'autre : *agréable et charmant.*

Il y a plus, dans ce même *Art poétique*, dont le 3ᵉ chant est en bonne partie consacré à la tragédie, il ne s'agit pas de Racine ni de Corneille. Je me trompe, il y a trois allusions à Corneille; deux où il blâme son goût (3, 29 et 4, 83), et une (4, 130) où il s'agit de l'amour de l'argent. Cela est injuste; soit : il y avait là autre chose à dire sur Corneille, sans doute; mais cela prouve qu'on se gêne peu avec les contemporains, et que si Boileau a bien pu traiter complaisamment de la tragédie sans parler de Corneille et de Racine, il aurait pu, à bien plus forte raison, parler de la fable, sans y faire entrer l'éloge de Lafontaine, à supposer qu'il lui en coutât de faire cet éloge.

Je sais qu'à la fin de l'*Art poétique* Boileau, pour louer Louis XIV, fait un grand éloge de ces deux poètes :

> Que Corneille, pour lui rallumant son audace,
> Soit encor le Corneille et du Cid et d'Horace;
> Que Racine, enfantant des miracles nouveaux,
> De ses héros sur lui forme tous ses tableaux.
>
> 4, 195.

Mais là, le poème était fini; il ne s'agissait plus de l'art, et, pour chanter le roi, il fallait bien choisir des poètes contemporains. D'ailleurs, au même endroit et pour le même objet, il invoque Benserade et Segrais, et l'on ne doit nullement s'étonner de ne pas trouver le nom de Lafontaine en ce lieu, où la critique ne se serait pas contentée et n'aurait pas dû se contenter de le voir. Mais enfin, dira-t-on, Corneille et Racine sont loués là; ils le sont ailleurs; des épîtres charmantes sont adressées à Molière et à Racine qui se trouvent ainsi dédommagés. Oui, mais c'est là une autre question qui ne prouve rien contre moi; car ce n'est pas pour les dédommager qu'il leur a adressé ces épîtres qui n'ont point de rapport avec l'*Art poétique;* et s'il n'y a pas d'épître à l'adresse de Lafontaine, cela prouve, au contraire, en faveur de mon opinion, que Boileau ne sentait pas assez le mérite de ce poète. Je suis porté à croire avec plusieurs critiques qu'il estimait plus les contes que les fables : son analyse de *Joconde* en serait une preuve. Mais les contes blessent trop la morale, pour que le rigide Boileau ait pu en parler autrement que dans les vers cités plus haut. Il était fort jeune quand il vanta le mérite de *Joconde;* il s'en repentit plus tard.

Ceux qui supposent que Boileau commit une telle faute pour plaire au roi, n'exagèrent-ils pas beaucoup l'aversion supposée du prince contre le *bonhomme?* Celui-ci, sans doute, n'était pas courtisan; il n'était pas cependant si farouche qu'il n'eût quelques douceurs pour la cour. N'a-t-il pas dédié les six derniers livres de ses fables à Madame de Montespan? Il lui dit dans le prologue :

> C'est de vous que mes vers attendent tout leur prix.
> Eh ! qui connaît que vous les beautés et les grâces !
> (Prol. du 7e livre.)

Il dit dans la 18e fable du 7e livre :

> . . . . certains que la Victoire,
> Amante de Louis, suivra partout ses pas.

Pour haïr un tel homme, il aurait fallu que Louis XIV fût bien sot et bien méchant. Mais non, il ne s'agit dans tout cela que de goût : ni le prince, ni le poète n'ont compris Lafontaine, voilà tout; cela est purement littéraire. Louis XIV avait le goût des grandes, des nobles choses, mais il n'avait pas le goût vrai qui sent le génie dans les petites. Ses idées, en donnant le ton à la littérature, ont élargi la voie aux théories sur la noblesse des idées et du langage, qui ont fini par faire rejeter comme bas et indigne tout ce qui n'était pas ennobli. Tout cela a beaucoup contribué aux violentes réactions littéraires de notre siècle. Mais alors des fables, ces petits poèmes dont les principaux personnages sont des animaux, n'étaient guère pour la cour que des tableaux de Teniers. L'esprit de Lafontaine, nullement chevaleresque, procédant au contraire du vieil esprit gaulois, moins léger, moins brillant, mais plus caustique, plus profond et surtout populaire, cet esprit d'une si haute portée philosophique dans sa naïveté insouciante, et qui venait de Jean de Meüng, de Rabelais et de Villon, n'était pas compris à la cour. Molière, de la même école, le sentait parfaitement; mais Molière faisait de grands ouvrages; il amusait le roi, qui put prendre goût à ses comédies sans en comprendre tout l'esprit. Tandis que pour Lafontaine, dès-lors que son prodigieux talent n'était pas apprécié, il ne restait de ses petits drames qu'une leçon qui pouvait paraître vulgaire et inutile, ou dont on était trop grand pour vouloir profiter.

Si l'on me dit que le roi lui avait gardé rancune pour son chef-d'œuvre de sentiment et de grâce sur le malheur de Fouquet, je répondrai que si la chose est possible elle n'est pas sûre, que le contraire est plus probable, puisque Pélisson était rentré en grâce; mais qu'enfin fût-elle sûre, 1° le roi, pensant à ces vers dictés par un noble sentiment, n'en aurait sans doute que plus estimé le poète au fond de son cœur, comme il fit pour Boileau, lorsque celui-ci se retira devant Lafontaine aux portes de l'académie, et lorsqu'il accourut pour résigner sa pension, lors de la suppression de celle de Corneille. Il eut la double satisfaction d'attirer sur lui une plus grande estime, et de faire continuer la pension au grand poète. Ce sentiment d'estime pour tout ce qui tient à la noblesse du cœur ne se peut nier dans Louis XIV. Ne sait-on pas qu'il loua d'Ormesson, ce courageux rapporteur dans le procès de Fouquet, et qu'il le loua pour ce fait même? *Je vous engage*, dit-il au petit fils de d'Ormesson, *à être aussi honnête homme que.....* (votre grand-père, sans doute? non!) *que le rapporteur de M. Fouquet.* Voilà, il me semble, qui est significatif. 2° Cette rancune éloignée, qui pouvait très-bien s'allier avec l'estime, ne dut, par conséquent, avoir aucune influence sur la composition de l'*Art poétique*, car, en définitive, c'est de cet ouvrage qu'il s'agit; le caractère du roi et celui de Boileau en fournissent la preuve la plus convaincante. Il aurait donc fallu que Boileau allât scruter la pensée intime du roi pour tâcher d'y découvrir une haine qui n'y était pas, et, s'il avait cru l'y découvrir, flatter cette haine dans un ouvrage d'esprit! et supprimer un genre pour la flatter! et cela, sans pouvoir espérer qu'une telle flatterie dût être agréable, puisqu'elle aurait été maladroite! En vérité, nous sommes bien légers dans nos jugemens.

Si Louis XIV n'a pas compris ce rare, cet unique génie de Lafontaine, Boileau, et par son propre caractère, et par l'influence de la cour, ne l'a pas compris non plus. Cela nous étonne; mais, comme tout homme, il se trompe, il fait des fautes, il a des distractions.

Quand il a écrit ce vers :

Et qu'à moins d'être au rang d'Horace ou de Voiture,

il donnait Voiture au moins comme excellent, puisqu'il le met à côté d'Horace qu'il regardait comme parfait. Je n'ai pas besoin de passer en revue les quelques erreurs de Boileau, aujourd'hui reconnues et avouées. Je m'arrête à ce vers qui nous apprend plus d'une chose : d'abord que Boileau a pu se tromper en fait de goût (il suffit d'un exemple), ensuite, et ceci est essentiel, que le genre d'erreur dans lequel il devait naturellement donner, c'était de ne pas apprécier à sa juste valeur le vieil esprit national, l'esprit naïvement incisif de Lafontaine, puisqu'il admirait les phrases prétentieuses, le style artificiel et si souvent maniéré de Voiture, et que, pour rendre la faute plus lourde, il le citait avec Horace, ce poète éminemment simple et naturel. D'un autre côté, Boileau a une forte propension à confondre le simple et le naturel avec le plat et le grossier. Il veut, par exemple, qu'on fasse des idylles qui ne soient ni pompeuses ni vraies; il trouve absurde qu'on fasse parler les bergers *comme on parle au village;* il donne pour modèle entre ces deux excès Théocrite et Virgile; et il ne voit pas que l'églogue est une production spontanée qui tient au climat et aux mœurs, et qu'il n'y en a plus à faire dès-lors que ce sera être absurde que d'employer les noms et le langage des personnes que l'on met en scène. Il faut à Boileau des Phyllis et des Lycidas, des bergers d'opéra, enfin. Il trouve fort ridicules les Pierrot et les Toinon : je suis de son avis; mais alors ne faisons pas d'idylles. On le voit, Boileau est toujours dominé par la pensée d'ennoblir. L'idylle est un genre, puisqu'on en trouve chez les Grecs et les Latins; faites donc des idylles. Nos bergers sont grossiers et sifflent au lieu d'improviser; élevez, polissez, ennoblissez leur langage, et donnez-leur des noms sonores. Théocrite et Virgile vous apprendront

> Par quel art sans bassesse un auteur peut descendre.

Eh parbleu ! Boileau, avez-vous lu Théocrite? Cette bassesse qu'il réprouve est, en effet, toujours mauvaise et pour le fond et pour la forme; mais il y a deux manières de l'éviter : l'une, c'est de polir, comme il le recommande, d'ennoblir, au risque d'être pompeux et vague; l'autre, c'est de savoir être vigoureux, simple, profond, naïf, sans changer le modèle, sans avoir besoin d'ornemens extérieurs, osant appeler les gens et les choses par leurs noms. C'est le plus difficile, car le trivial est toujours là qui menace votre phrase, et la bassesse et la platitude ne sont jamais poétiques. Lafontaine a donc su être un grand poète sans avoir recours à des ornemens que Boileau regardait habituellement comme nécessaires, et qu'il croyait trouver chez les Anciens, même chez Homère, le moins *ennoblisseur* de tous les poètes [1]. Il

---

[1] Boileau, dans son vague et pompeux éloge d'Homère (*Art poétique, 3,* 295), ne paraît pas avoir senti parfaitement le caractère de cet immense génie. Il n'y a pas un bon poète épique auquel ce portrait ne puisse ressembler. Et, pour que rien ne manque au vague, il finit par une idée de Quintilien, mais que Quintilien appliquait à Cicéron !

se trompait. Le style, charmant, du reste, dont il prêche la mythologie dans son 3ᵉ chant, prouve qu'il ne comprenait pas le rôle des Dieux dans les anciens poèmes, et, en même temps, qu'il attachait le plus grand prix à ces fictions à l'aide desquelles le poète

> Orne, élève, embellit, agrandit toutes choses.

Lafontaine n'est pas du tout de cette école-là, et il savait ce qu'il faisait, lorsqu'il dit de Malherbe :

> Il pensa me gâter.

Il nous donne le secret de son travail et de ses méditations. Malherbe, en effet, c'est l'esprit français avec les défauts du temps ; Lafontaine, c'est la vieille satyre gauloise, bien naïve, bien poétique, bien mordante. On conçoit que Boileau n'ait pas deviné Lafontaine. Il était pour lui un poète *charmant*, mais non un profond penseur ; on ne doit donc pas s'étonner d'un oubli dont une partie s'explique par la nature humaine elle-même qui oublie toujours quelque chose, et l'autre par le défaut d'une appréciation complète que rendent très-vraisemblable l'esprit même de Boileau et ses doctrines littéraires.

En résumé, je crois avoir prouvé que ce n'est pas pour flatter Louis XIV que Boileau a omis la fable et le nom de Lafontaine dans son *Art poétique ;*

Qu'une telle flatterie eût été inutile et maladroite, puisque le poète pouvait parler de la fable, comme il a parlé de la tragédie ;

Que, d'ailleurs, rien ne prouve chez Louis XIV une telle aversion ;

Que cette omission s'explique très-naturellement par le caractère de Boileau comme homme, comme critique, comme contemporain de Lafontaine ;

Que c'est enfin pour n'avoir pas assez réfléchi sur tous les élémens de cette accusation qu'on s'est accoutumé à répéter cette accusation banale, formellement démentie par l'histoire et par l'*Art poétique* même, dont une lecture attentive témoignera toujours, sauf quelques erreurs, de la haute raison de Boileau, de son esprit et de la noblesse de ses sentimens.

MAIGNIEN,
Professeur de seconde au collége royal de Grenoble.

BULLETIN

LITTÉRAIRE ET SCIENTIFIQUE.

BIBLIOGRAPHIE.

Manuel du Jurisconsulte Savoisien, par J. REPLAT, docteur en droit, avocat au sénat de Savoie. Annecy, 1838, in-8°.

Sous une forme très-modeste, ce manuel sera d'une grande utilité pratique pour comparer les textes des lois civiles qui ont régi la Savoie depuis la promulgation du code français. Voici le plan de l'auteur :

En regard des articles du code savoisien, M. Replat a placé les articles du code français conformes, ou différens, ou contraires : la pensée du second se trouvant en grande partie dans le premier, leur comparaison fait mieux sentir l'esprit qui est propre à chacune des deux législations. Lorsque le code savoisien renferme des dispositions étrangères au code Napoléon, mais qui trouvent leurs analogues dans les autres codes français, ou dans les arrêts des cours, il a cité ces analogues, avec les lois ou décrets promulgués avant 1816; enfin, pour mettre en saillie les avantages de la législation nouvelle, il a eu soin d'indiquer les questions tranchées par le code et sur lesquelles il y a eu controverse parmi les commentateurs français. Puis, prenant toujours le code Albert pour base de comparaison, il a distribué les dispositions qui composaieut le dernier état de la législation savoisienne, et qui ont cessé d'être en vigueur le 31 décembre 1837. A défaut de décisions spéciales, il cite les arrêts ou les auteurs dont les opinions étaient suivies dans la pratique, tels que Voët, Pothier, etc. Quelquefois enfin, ne trouvant point dans les autres législations ou dans les auteurs des termes habiles de comparaison, il s'est abstenu de toute citation qui n'eût pas été directe.

Le *Manuel du Jurisconsulte Savoisien* n'a pas une utilité restreinte à la Savoie; le jurisconsulte français peut y trouver aussi des élémens qui le guideront dans l'étude d'une législation qui a tant d'analogie avec la législation nationale, et qui d'ailleurs se lie si intimément à la France par les souvenirs historiques et la sympathie des idées.

Mémoire à la Cour de cassation, etc. Question du Duel, par M. MIRABEL-CHAMBAUD. Paris, Cosse, 1839, in-4°.

L'auteur de ce mémoire ne s'est pas laissé effrayer par la jurisprudence nouvelle de la cour de cassation, et il a bien fait; car ce n'est qu'à force de luttes et de persistance que la vérité finit par triompher, et que les idées repoussées jusqu'alors obtiennent le succès de la conquête. Tout le monde sait les vives controverses qu'a fait éclater la doctrine nouvellement introduite par la cour de cassation sur le duel, doctrine qui, en renversant les monumens d'une jurisprudence contraire émanés unanimement, pendant trente ans, et de la cour de cassation elle-même et des cours du royaume, a trouvé une si vive répulsion au sein des cours et tribunaux, lorsqu'il s'est agi de statuer, en dehors de la spéculation, sur la pratique des choses.

L'auteur du mémoire a pris pour base de sa discussion cette question : *Le duel est-il réprimé par la législation actuelle ?* et avec plus d'extension : *Par sa nature, le duel est-il un fait qui puisse être atteint sans qu'aucune loi pénale le punisse nominativement ? Les législateurs ont-ils voulu comprendre, sans le nommer, le duel dans la répression telle qu'elle existe des crimes, contraventions et délits ?*

L'auteur du mémoire a, ce nous semble, résolu ces deux propositions avec une grande force, parce qu'il l'a fait avec beaucoup de lucidité et de simplicité, et que son argumentation se réduit à prouver que notre législation criminelle ayant omis de régler ce qui se réfère au duel, aucune de ses dispositions ne peut, par conséquent, lui être applicable. Faisant mieux encore, il a démontré par la production de pièces originales que les rédacteurs du code de 1791 ne firent pas entrer dans l'ordre de leurs méditations la répression du duel. Il démontre aussi que celui de 1810 a gardé volontairement le même silence, et que l'on jugeait si bien en 1829 que le duel n'était pas prévu par les dispositions sainement entendues de ce code, que l'on en fit une proposition spéciale de loi qui fut présentée à la chambre des pairs.

La thèse développée par M. Mirabel-Chambaud ne sera pas la seule, nous l'espérons, qui se produira sur l'application violente et sophistique que l'on a faite des dispositions du code pénal à un fait qui, sainement et impartialement apprécié, ne peut rentrer dans aucune de leurs prévisions.

ARCHÉOLOGIE.

Des fouilles faites, par les ordres de M. le comte de Mac-Carthy, dans une propriété située près de Crest, sur les bords de la route de Valence à Die, ont amené la découverte de plusieurs mosaïques et de quelques autres vestiges archéologiques appartenant à la période romaine. Il paraît, d'après la superficie occupée par ces mosaïques et la distribution des murs dont on a retrouvé les fondations, que ces ruines sont celles d'une *villa* considérable. Les fouilles ont produit des mosaïques dans un état de conservation assez satisfaisant, mais qui, sous le rapport de l'art, n'offrent pas un grand intérêt. Les unes sont composées d'un champ semé de rosaces encadrées uniformément et ceintes d'une grecque ; les autres sont d'un dessin plus simple encore : l'une d'elles cependant présente l'image élégante et correcte d'un oiseau. On a trouvé aussi quelques monnaies de petit bronze, une fibule mutilée, des fragmens d'amphores, beaucoup de tuiles et de briques de grande dimension, une tête de marbre d'un bon style, qui malheureusement a été mutilée, et enfin l'inscription funéraire suivante tracée sur une petite table de marbre brisée, et dont les diverses pièces n'ont pas toutes été retrouvées :

ARAM · CVM · SIC
SILVANO · VFXIT
CRISPIANA · DIS
CLARISSIMA
VOTA · FERENS
VALERIANV

Des fouilles faites dans la même propriété, il y a dix ans environ, avaient fait rencontrer les restes d'un cénotaphe auprès duquel se trouvèrent deux bustes en marbre, que des signes caractéristiques portaient à croire que c'étaient des portraits. Sur l'un de ces bustes le sculpteur avait tracé son nom en lettres grecques : on y lisait le nom de *Praxitèles*. Il est inutile de dire que le nom seul de cet artiste célèbre en rappelait le souvenir.

Le désordre et la mutilation des objets trouvés dans les fouilles dont nous venons de parler, la présence de dépôts de cendres et de quelques métaux qui ont subi une fusion, font présumer qu'un incendie a dévoré la *villa* dont on n'aperçoit aujourd'hui que quelques vestiges.

BULLETIN BIBLIOGRAPHIQUE.

§ 1er. *Ouvrages relatifs à l'histoire du Dauphiné.*

Quatrième Bulletin de la Société d'agriculture de l'arrondissement de la Tour-du-Pin (Isère). Bourgoin, impr. de Simonnet frères, 1838, in-8° de 59 pag. — Les deux premiers ont été imprimés en 1835, chez Baratier, à Grenoble, et le 3e à Bourgoin, en 1838, chez Simonnet frères.

— *Annuaire statistique de la Cour royale de Grenoble et du département de l'Isère, pour l'année* 1839, par M. OLLIVIER JULES. Grenoble, Baratier frères, 1839, in-12 de 310 pag. — Cet annuaire renferme de notables améliorations qui le rendent bien préférable à ceux qui ont été publiés jusqu'à nos jours dans le département de l'Isère. Il a été analysé dans le *Courrier de l'Isère* (24 janvier 1839), et dans le *Journal de Vienne* (26 janvier 1839).

— *Études sur l'action populaire dans le gouvernement primitif du Dauphiné*, par TH. CORBET. — Insérées dans le *Courrier de l'Isère* (10 et 12 janv. 1839).

— *Notice historique sur la Grande-Chartreuse*, avec cinq vues nouvelles dessinées d'après nature et lithogr. par CHAMPIN. Paris, Rittner et Goupil, 1839, grand in-8° de 29 pag. — Cet opuscule se vend au profit d'une salle d'asyle destinée à l'enfance et à la vieillesse. C'est une réimpression de l'introduction à l'ouvrage intitulé : *Excursion à la Grande-Chartreuse* (Voyez la *Revue*, tome IV, pag. 383), pour laquelle M. Champin a dessiné cinq nouvelles vues. On en trouve une courte analyse dans la *Revue de Vienne* (N.° de février 1839, page 246). — Depuis que j'ai mentionné dans la *Revue* (tom. II, page 134 ; tome IV, page 383) les principaux ouvrages modernes qui existent sur la Grande-Chartreuse, M. Albert Duboys a publié une *Promenade à la Grande - Chartreuse* (*Revue du Dauphiné*, pag. 284-298), et Mme Laure Colombet, de l'Isère, des *Souvenirs de la Grande-Chartreuse* (*Revue de Vienne*, tome Ier, pag. 401-407).

— *Histoire de Championnet*, par **Henri Dourille**. Valence, H. Dourille, 1839, in-12 de x et 226 pag. — J.ⁿ-Ant.ᵉ-Ét.ᵉ Championnet, général en chef de l'armée d'Italie, et l'une des illustrations militaires de la république, né à Valence le 24 mai 1762, mourut à Antibes le 19 nivôse an VIII. M. Dourille a mis à contribution pour la rédaction de son histoire la biographie de Championnet insérée dans l'*Histoire des grands capitaines de la France pendant la guerre de la Liberté*, par **Chateau-Neuf** (Paris, 1820, 2 vol. in-8°). Il cite de plus quelques extraits de notes manuscrites laissées par Championnet, qui, au dire de la *Biogr. des contemp.* de MM. Jay et Jouy, avait composé des *Mémoires* précieux pour l'histoire. On trouve à la fin plusieurs pièces justificatives parmi lesquelles nous citerons : 1° des *Stances* composées par M. Fontaine, alors secrétaire de la préfecture de Valence, et insérées dans le *Journal de Grenoble* du 19 avril 1800 ; 2° l'*Extrait des registres des délibérations* du conseil municipal de Valence, qui a arrêté, le 4 novembre 1838, qu'une statue serait érigée à Championnet dans sa ville natale. — M. Dourille annonce une *Vie du général Hoche*.

— *Recueil de circulaires, mandemens, etc.*, de Mgr. **Arbaud**, évêque de Gap, précédé d'un *Aperçu sur les traditions religieuses de cette église*, et d'une *Notice sur chacun des évêques qui l'ont gouvernée jusqu'à ce jour*, par l'abbé **Aurel**, ancien secrétaire de l'évêché. Gap, impr. de J. Allier, 1838, grand in-8° de lxxxviij et 336 pag., avec le portrait de M. Arbaud, lithogr. à Grenoble, chez Pégeron. — François-Antoine Arbaud, nommé à l'évêché de Gap le 13 janvier 1823, est mort le 27 mars 1836. — Dans sa *Notice sur les évêques de Gap*, M. Aurel cite quelques extraits d'un ouvrage Ms. de M. Farnaud, intitulé : *Vies de Saint-Arey et de Saint-Arnoux, évêques de Gap*.

— *Bulletin des travaux de la Société départementale d'agriculture de la Drome*, N.° VII. Valence, impr. de Marc-Aurel frères, mai, 1838, in-8° de 56 pag. — Ce recueil, publié à des époques indéterminées, a commencé à paraître en 1836. Les principaux articles contenus dans le N.° VII sont un *Rapport sur la culture du mûrier*, par M. **Baboye-Villeneuve**, et des *Conseils à la magnaudeuse*, morceau extrait d'un *Manuel d'agriculture à l'usage des écoles primaires du département de la Drome*.

— *Bulletin de la Société de statistique, des sciences naturelles et des arts industriels du département de l'Isère*. Grenoble, impr. de Prudhomme, 1838, tome Iᵉʳ, feuille 1-2, in-8° de 32 pag. — Cette Société, constituée au mois d'août 1838, a pour but spécial l'étude de la statistique complète dans le département de l'Isère ; 2° l'avancement des sciences naturelles et des arts industriels dans ce département. Le *Bulletin* qu'elle publie renferme l'analyse des lectures et des communications verbales faites à la Société. On trouve dans le N.° publié une *Notice sur les eaux minérales du département de l'Isère*, par M. **Albin Gras** (reproduite dans le *Journal de Vienne*, N.° du 13 avril 1839), une *Note sur le bitume pétrole du calcaire de la porte de France à*

Grenoble, par M. Scipion Gras, une communication de M. Eugène Gueymard sur les *gîtes d'argent de la montagne de Chalanches, près d'Allemont.* — M. le docteur Albin G. (Gras) publie dans le *Courrier de l'Isère* et dans le *Patriote des Alpes* simultanément une analyse détaillée des séances de la Société de statistique du département de l'Isère.

— *Grande-Chartreuse (la), au mois de janvier*, journal de route, écrit heure par heure (1838), par Évariste Marandon de Montyel. — Cet article a été inséré dans la *Revue du Lyonnais* (N.° d'octobre 1838, pag. 251-264). On trouve dans le même N.° une pièce de vers sur le même sujet (pag. 243-245), par M. J. B. P. (Bordes de Parfondry).

— *Chronique Dauphinoise. La Fontaine miraculeuse*, par Magallon. — Cette chronique, d'abord insérée dans l'*Europe industrielle*, a été reproduite dans le feuilleton de l'*Industriel Elbeuvien* (N.°s des 27 janv. et 3 fév. 1839).

— *Notices historiques sur Vienne et son ancien diocèse* (*Journal de Vienne*, N.°s des 16 et 30 mars 1839). — Ce sont de courtes notices destinées à retracer les époques les plus remarquables de l'ancien diocèse de Vienne. Voici le titre de celles qui ont été publiées dans les deux N.°s précités : I. *Fête des fous à Vienne.* II. *Passages de Charles VII et Charles IX à Vienne.* III. *Bailliage de Vienne.* IV. *Jurisprudence Viennoise contre l'adultère.*

— *Notice historique et bibliographique sur les Cartulaires de Saint-Hugues, évêque de Grenoble*, Mss. inédits de la fin du XIe siècle et du commencement du XIIe, par M. Ollivier Jules. Valence, impr. de L. Borel, 1838, gr. in-8° de 63 pag. Tirage à part à une douzaine d'exemplaires des *Mélanges relatifs à l'histoire littéraire du Dauphiné* (tome Ier, pag. 233-292). Le *Courrier de l'Isère* en a publié un extrait (N.°s des 13, 15 et 18 déc. 1838).

— *Faits militaires du capitaine Druge, de Vienne.* Vienne, impr. de J.-C. Timon, 1839, in-8° de 19 pag. — Réimpression au nombre de 200 exempl., dont 2 sur papier rose, d'un article inséré dans la *Revue de Vienne* (tome II, pag. 143-154). Cette biographie militaire a été rédigée par M. A. F. (Adrien Feytaud) d'après les documens qui lui ont été fournis par M. Druge, docteur en médecine à Vienne, et neveu du capitaine Druge.

— *Notice biographique sur Clerjon*, par F.-Z. Collombet. — Cette notice, insérée d'abord dans la *Biographie universelle* (Supplément, tome LXI), a été reproduite avec quelques augmentations dans la *Revue du Lyonnais* (N.° de février 1839, pag. 122-125), et dans le feuilleton du *Journal de Vienne* (N.° du 6 avril 1839). — Pierre Clerjon, auteur d'une *Histoire de Lyon* qui est assez estimée (Voy. la *Revue*, tome IV, page 258), né à Vienne, au mois de mars 1800, est mort à Lyon le 20 février 1832.

— *Nouvelle Topographie descriptive du département de la Drome*, par Duboys. Valence, Joland aîné, 1839, in-12 de 116 pag., avec une carte du département lithographiée par L. Borel.

§ 2. *Ouvrages imprimés en Dauphiné.*

Lettre à l'archevêque de Toulouse, suivie d'un examen impartial du fameux passage : Tu est Pierre et sur cette pierre j'édifierai mon église (Saint-Mathieu, XVI, 18), par A. BOST, ministre du Saint–Évangile à Genève. Valence, Marc-Aurel frères, 1838, in-8°.

— *Protestantisme (le) en divorce avec la raison, ou Réponse à la dernière brochure de M. Bonifas, intitulée : Rome et ses défenseurs,* par M.***. Grenoble, Baratier frères, 1839, in-8° de 90 pag.

— *Rome et ses défenseurs, ou Réponse à la brochure de M. l'abbé Desmoulins,* etc., *faisant suite à la Lettre de M. l'abbé Guyon,* par G. BONIFAS, pasteur de l'église réformée de Grenoble. 2e édition revue et augmentée. Grenoble, 1839 , in-8°. La 1re édition a été publié en 1838.
Ces trois brochures concernent la polémique suscitée à Grenoble entre les catholiques et les protestans par les prédications de l'abbé Guyon. (Voy. la *Revue*, tome III, pag. 254; tome IV, pag. 126, 257 et 385.)

— *Combat et victoire, ou Récit des derniers momens d'Anaïs B....., morte à Grenoble le 16 avril 1838.* Valence , impr. de Marc-Aurel frères, 1838, in-12.

— *Code civil pour les états de S. M. le roi de Sardaigne, avec un appendice,* etc. Grenoble, impr. de Prudhomme, 1838, in-32.

§ 3. *Ouvrages composés par des Dauphinois.*

Abrégé de l'Histoire sainte à la portée du jeune âge, par JULES TAULIER (de Grenoble). Lyon, Giberton et Brun, 1839, in-12, avec un frontispice et un *fac simile.* Édition illustrée, avec texte entremêlé de vignettes. — Le *fac simile* contient l'approbation de l'ouvrage par l'évêque de Grenoble, en date du 12 octobre 1836. M. J. Bard a rendu compte de cet ouvrage dans le *Fanal du commerce de Lyon* (8 février 1839). L'*Histoire sainte* de M. Taulier avait déjà été publiée à Grenoble par le libraire Prudhomme. (Voy. la *Revue,* tome IV, page 64). Cette première édition était anonyme.

— *Discours sur l'enseignement du droit en France, avant et depuis la création des écoles actuelles, prononcé le 5 nov. 1838 à la séance solennelle de rentrée de la faculté de droit de Paris,* par BERRIAT-SAINT-PRIX (de Grenoble). Paris, Langlois, 1838, in-8°. — Analysé dans la *Revue* (tome V, pag. 55-56).

— *Traduction du livre XX et du titre VII du livre XIII des Pandectes, suivie d'un Commentaire, et précédée d'un Exposé historique des principes du gage et de l'hypothèque chez les Romains,* par M. PELLAT (de Grenoble). 1re livraison, contenant la traduction avec le texte en regard. Paris, Thorel,

1838, in-8°. — M. Pellat a publié en 1837 (Paris, Gobelet, in-8°) la *Traduction du livre VII des Pandectes*.

— *Nouveaux élémens de Physique destinés à l'enseignement, suivis des principes du calcul des interpolations*, par A. MEISSAS (des Hautes-Alpes), tome II. Paris, veuve Maire-Nyon, 1839, in-12. Le tome Ier a été publié en 1838.

— *Martin Luther*, par A. BARGINET (de Grenoble). Paris, J. Laisné, 1838, 2 vol. in-8°. — On prépare en Allemagne une traduction de ce roman. M. Barginet annonce sous presse un autre roman intitulé : *L'Ange exilé*.

— *Maximes des Saints Pères et des maîtres de la vie spirituelle sur l'examen particulier*. A. M. D. G. (par l'abbé MARTEL, prêtre à Gap). Paris, Gaume, 1838, in-12 de xx et 358 pag.

— *Ame (l') pénitente*, etc., par l'abbé BAUDRAN (de Vienne). Clermont, Thibaud-Landriot, 1839, in-24. Ouvrage réimprimé un grand nombre de fois.

— *Droit (le) des gens, ou Principes de la loi naturelle, appliqués à la conduite et aux affaires des nations et des souverains*, par DE VATTEL. Édition précédée d'un *Essai* (de l'auteur) *sur le droit naturel, pour servir d'introduction à l'étude du droit des gens*, illustrée de questions et d'observations par M. le baron DE CHAMBRIER D'OLEIRES, ancien ministre, et un *Compendium bibliographique du droit de la nature et des gens et du droit public moderne*. Paris, Rey et Gravier, 1839, 2 vol. in-8°. — On lit sur le titre de cette nouvelle édition de Vattel qu'elle est publiée par M. le comte d'Hauterive (de Gap), député; il serait bon d'ajouter qu'il a été grandement aidé dans ce travail par M. de Hoffmanns, qui est notamment l'auteur du *Compendium bibliographique*. Je ferai remarquer de plus que cette édition a été donnée d'après les matériaux laissés par feu M. le comte d'Hauterive, garde des archives au ministère des affaires étrangères, et neveu du député.

— *Chemin de fer de Paris à Versailles (rive gauche). Causes de la ruine de l'entreprise, et réponses critiques aux attaques de la compagnie*, par ALEX. CORREARD (de Serres). Paris, Mathias, 1839, in-4°. — Brochure distribuée aux chambres.

— *Guide pratique du Cultivateur de mûriers, ou Manuel complet de tout ce qui concerne la culture de cet arbre, ainsi que les moyens à employer pour rendre propices à sa végétation toutes espèces de terrains, suivi d'une instruction détaillée pour diriger jour par jour l'éducation des vers à soie*, par A.-P.-F. MICHEL, de Saint-Maurice. Valence, Marc-Aurel frères, 1839, in-8° de xiij et 310 pag.

— *Leçons d'Arithmétique théorique et pratique, renfermant un très-grand nombre d'exemples*, par ALEX. MEISSAS (des Hautes-Alpes), 4e édit. Paris, Hachette, 1839, in-8°. — La 1re édit. est de Paris, Firmin-Didot, 1831, in-8°.

— *Mémoire sur l'origine psychologique et physiologique des sons articulés*, *lu au Congrès historique de* 1838, *et à la Société philotechnique*, par Co-LOMBAT (de Vienne). Paris, Labé, 1839, grand in-8° de 16 pag. — Un extrait de ce *Mémoire* a été inséré dans le *Journal de Vienne* (9 février 1839). — M. Colombat doit publier prochainement deux ouvrages intitulés : *Le mécanisme des cris, et leurs intonations dans chaque espèce de douleurs*, in-8° ; — *De l'histoire philosophique de la musique, et de l'influence de cet art sur les passions et la santé de l'homme*, in-8°.

— *Réforme électorale et Élections suivant la Charte.* Brochure de 22 pag. in-8°, publiée sous le pseudonyme de *Durand.* Lyon, impr. de Boursy, 1839.

— *Chartreuse (la) de Parme*, par l'auteur de *Rouge et Noir* (M. BEYLE, de Grenoble). Paris, Ambroise Dupont, 1839, 2 vol. in-8°.

§ 4. *Iconograqhie Dauphinoise.*

Portrait de Casimir Périer (de Grenoble). Paris, quai Voltaire, N.° 21, 1839, lithographié.

— *Portraits de Condillac et de Mably* (de Grenoble). Paris, Delpech, 1839, lithographiés (46e livraison de l'*Iconographie Française*).

— *Portrait de Joseph-François de Payan-Dumoulin* (de la Drome). Valence, Saint-Étienne, 1839, lithographié.

Vte COLOMB DE BATINES.

TABLE

DES MATIÈRES DU CINQUIÈME VOLUME.

LITTÉRATURE.

BEAUX-ARTS.

ALBUM PITTORESQUE.

POÉSIE.

BULLETIN LITTÉRAIRE ET SCIENTIFIQUE.